康养政策法规与标准

顾　问　李传福
主　编　雷志华　张雅静　王思
副主编　李红武　齐楠　孟爽　刘隽铭

复旦大学出版社

本书编委（按姓氏笔画排列）

王　晓（内蒙古建筑职业技术学院）
王　思（湖南湘江新区教育局）
王　琦（山西保君养老服务有限公司）
白　晓（辽宁福禄健康产业集团）
史明宇（江苏经贸职业技术学院）
齐　楠（国投健康产业投资有限公司）
吕　雪（乐山职业技术学院）
刘隽铭（长沙民政职业技术学院）
何　平（长沙县星城颐养院有限公司）
李红武（北京青年政治学院）
李传福（上海瑞福养老服务中心）
李美华（湖南万众和社区服务管理有限公司）
陈艳茜（保险职业学院）
张雅静（国投健康产业投资有限公司）
孟　爽（菏泽医学专科学校）
钟　扬（丽水职业技术学院）
聂　影（国投健康产业投资有限公司）
袁钰娟（光大养老健康产业发展有限公司）
蒋　玲（长沙市雨花区怡养康年老年养护院）
雷志华（长沙民政职业技术学院）
熊　炜（湖南中医药高等专科学校）

健康养老专业系列教材编委会

学术顾问 吴玉韶（复旦大学）
编委会主任 李 斌（长沙民政职业技术学院）

编　　委

唐四元（中南大学湘雅护理学院）
张永彬（复旦大学出版社）
黄岩松（长沙民政职业技术学院）
范　军（上海开放大学）
田奇恒（重庆城市管理职业学院）
杨爱萍（江苏经贸职业技术学院）
朱晓卓（宁波卫生职业技术学院）
罗清平（长沙民政职业技术学院）
王　婷（北京劳动保障职业学院）
高　华（广州卫生职业技术学院）
张国芝（北京青年政治学院）
陶　娟（安徽城市管理职业学院）
李海芸（徐州幼儿师范高等专科学校）
王　芳（咸宁职业技术学院）
罗　欣（湖北幼儿师范高等专科学校）
刘书莲（洛阳职业技术学院）
张伟伟（聊城职业技术学院）
朱建宝（复旦大学出版社）

石晓燕（江苏省社会福利协会）
郭明磊（泰康医疗管理有限公司）
邱美玲（上海九如城企业（集团）有限公司）
丁　勇（上海爱照护医疗科技有限公司）
关延斌（杭州暖心窝科技发展有限公司）
刘长松（上海福爱驿站养老服务集团有限公司）
李传福（上海瑞福养老服务中心）
谭美花（湖南康乃馨养老产业投资置业有限公司）
马德林（保利嘉善银福苑颐养中心）
曾理想（湖南普亲养老机构运营管理有限公司）

编委会秘书 张彦珺（复旦大学出版社）

前言

Preface

当前我国正经历全球规模最大、速度最快的人口老龄化进程。据国家统计局最新数据显示，截至2024年末，我国60岁及以上人口已达3.1亿，占全国总人口的22%。康养服务需求从基础照料到医疗护理、权益保障等全领域急剧增长，而行业政策法规体系尚在完善、标准不统一等问题突出，系统整合政策法规与标准的教材匮乏，难以满足职业教育与行业实践需求。基于此，本书旨在构建兼具系统性、实用性与前瞻性的知识体系，为康养服务行业培养"懂政策、通法规、精标准"的专业人才和行业规范化发展提供支撑。

本教材立足职业教育需求，以"扎根实践、服务产业、引领发展"为核心理念，坚持"政策解读—标准解析—实践应用"三位一体思路，紧密围绕行业需求整合最新政策法规与标准，注重理论与案例结合，突出"学用结合、知行合一"，同时通过情景任务、案例分析等形式强化"尊老、爱老、助老"职业价值观与法治意识培养，并融入智慧康养、产业融合等前沿理念，培养具有创新思维的复合型人才。

全书系统设计九大模块，覆盖康养服务各领域，融合政策解析、法律实务、标准规范与实践案例，形成立体化知识网络。模块一康养服务政策法规导论，集中探讨康养服务政策法规的核心架构，深入解析康养服务的内涵、行业现状及其标准体系的构建逻辑；模块二老年人权益保障政策，涵盖家庭赡养、社会保障及人身财产权益保护等法律实务；模块三老年人社会保障政策，重点阐述养老、医疗、社会救助及社会福利等制度内容；模块四康养友好环境建设政策，以《老年人居住建筑设计规范》等政策为依据，详细介绍公共环境无障碍设计、适老化社区及居家改造标准；模块五居家社区养老政策，深入解读《关于全面推进居家养老服务工作的意见》等政策文件，分析居家养老服务的内容与形式，探讨社区养老服务设施的规划与配置标准；模块六机构养老运营管理政策，以《养老机构管理办法》为核心，详细介绍养老机构的设立流程、登记备案要求及运营管理规范，重点解析医养结合模式的政策支持与实践路径。模块七银发经济与智慧养老，分析银发经济的发展趋势，解读《智慧健康养老产业发展行动计划》等政策文件；模块八康养服务人才队伍建设政策，以《养老护理员国家职业技能标准》为依据，解析康养服务人才的培养体系，探讨养老服务人员职业培训路径；模块九境外康养服务政策，对比分析我国港澳台地区、东亚、北美及欧洲康养服务政策模式，为我国康养政策的优化提供借鉴，培养学生的国际化视野与创新思维。

本教材具有以下编写特点。

其一，紧扣国家养老战略，服务产业发展需求。对接"积极应对人口老龄化国家战略"，以国务院《"十四五"国家老龄事业发展和养老服务体系规划》为纲领，全面整合康养服务各领域政策法规与标准，确保内容紧密贴合国家战略与行业规范，为养老服务体系规范化建设提供坚实的政策依据。

其二，遵循职业教育规律，强化"岗课赛证"融合。以职业岗位需求为导向，将康养服务岗位的典型工作任务转化为教学内容。例如，在社区居家养老模块中，围绕"15分钟养老服务圈"建设，着重培养学生整合社区资源、科学设计服务方案的综合能力；借助"制定老年人权益保障方案"等模拟情景任务，让学生在实践中学习、在学习中实践，完美契合职业教育"知行合一"的教育理念。

云平台
使用方法

其三,突出实践导向,强化"教—学—做"一体化。精选行业实务中的关键痛点与基层实践典型案例,将政策法规精准转化为易于操作的具体方案,例如,依据《无障碍设计规范》,深入剖析居家环境改造中的防滑地面铺设、扶手安装等细节标准,确保"政策理论—技术应用—岗位实践"链条的无缝对接,从而切实提升学生解决实际问题的能力。

本教材配有丰富的数字资源,使用者可以扫描"延伸阅读"和"在线练习"的相关二维码,进行拓展学习和自我测试。更多在线资源可登录复旦社云平台(www.fudanyun.cn)搜索书名下载。复旦社云平台使用方法可扫描二维码查看。

本教材由长沙民政职业技术学院牵头,联合北京青年政治学院等 10 余所院校及国投健康产业投资有限公司、上海瑞福养老服务中心等行业领导、专家共同编写。雷志华、李红武、孟爽、史明宇、王晓、陈艳茜、熊炜、刘隽铭等学者分领康养政策法规与标准认知、银发经济与智慧养老、居家社区与机构养老服务政策法规等板块,张雅静、齐楠、李美华、何平、聂影、王思、袁钰娟、王琦、白晓等专家贡献养老人才队伍建设等内容。

特别感谢中国社区养老服务体系奠基人、上海瑞福养老服务中心主任李传福,为教材提供政策实务指导与标准化建设建议;感谢国投健康产业投资有限公司党委委员、副总经理张雅静等领导专家的大力支持,基于"国投健康乡村振兴定点帮扶项目",深度诠释了"政策－实践－教育"三位一体的校企协同育人创新价值。感谢复旦大学出版社责任编辑谢少卿女士一直来的辛勤付出与专业指导!

因康养服务政策及行业实践迭代更新快,且本教材成书时间较紧、编者知识能力所限等原因,书中还有不少瑕疵与缺陷,恳请读者与同仁批评指正,共促教材完善与行业发展。

目 录
Contents

模块一　康养服务政策法规导论 001
　　项目一　康养服务的内涵与行业现状 002
　　项目二　康养服务政策法规认知 009
　　项目三　康养服务标准体系构建 018

模块二　老年人权益保障政策 027
　　项目一　老年人家庭赡养责任与法律实务 028
　　项目二　老年人基本生活权利保障体系 035
　　项目三　老年人人身及财产权益保护 042

模块三　老年人社会保障政策 049
　　项目一　养老保险政策解析 050
　　项目二　老年医疗保险政策 059
　　项目三　老年社会救助政策 070
　　项目四　老年社会福利政策 076

模块四　康养友好环境建设政策 082
　　项目一　公共环境无障碍建设 083
　　项目二　适老化社区生活环境 091
　　项目三　老年人居家环境无障碍改造 099

模块五　社区居家养老服务政策法规 108
　　项目一　社区居家养老服务认知 109
　　项目二　社区居家养老服务政策法规 116
　　项目三　社区居家养老服务标准 128

模块六　养老机构运营管理政策法规 ... 138

项目一　养老机构登记备案 ... 139
项目二　养老机构财税与融资政策 ... 144
项目三　养老机构服务规范与标准 ... 153
项目四　医养结合相关政策法规 ... 160

模块七　银发经济与智慧养老政策法规 ... 169

项目一　银发经济的概念、发展背景及相关政策 ... 170
项目二　智慧养老相关政策法规 ... 178

模块八　康养服务人才队伍建设政策 ... 188

项目一　康养服务相关专业人才培养政策 ... 189
项目二　康养服务专业人才培训政策 ... 196
项目三　康养服务人才发展体系构建政策 ... 203

模块九　境外康养政策法规 ... 209

项目一　我国港澳台地区康养政策法规 ... 210
项目二　东亚国家康养政策法规 ... 216
项目三　北美国家康养政策法规 ... 223
项目四　欧洲国家康养政策法规 ... 228

参考文献 ... 235

模块一

康养服务政策法规导论

模块导读

本模块聚焦康养服务政策法规体系的核心框架，旨在培养学生对康养服务内涵、政策法规及标准体系的综合认知能力。通过剖析行业现状、解读政策法规、构建标准体系，引导学生掌握从政策分析到实践应用的全流程能力。本模块作为教材开篇，为后续深入学习居家养老、医养结合等专项政策奠定基础，强化学生依法服务、规范运营的职业素养。

思维导图

- **项目一 康养服务的内涵与行业现状**
  - 内涵
    - 概念：健康管理、医疗护理、康复保健等综合服务体系
    - 对象：老年人、亚健康人群、慢性病患者等
    - 内容：医疗服务、护理服务、健康管理等
    - 模式：居家、社区、机构、医养结合
  - 发展背景
    - 人口老龄化加剧
    - 居民健康意识提升
    - 政策支持力度加大
    - 科技进步推动
  - 现状与趋势
    - 现状：市场规模扩大但供给不足，服务多元化但质量参差不齐等
    - 趋势：专业化、智慧化、多元化融合，社区居家服务为重点

- **项目二 康养服务政策法规认知**
  - 内涵与特点
    - 概念：国家和地方政府制定的法律、法规等总称
    - 作用：引导产业发展、优化产业布局等
    - 特点：导向性与战略性、系统性与综合性等
  - 主要类型
    - 按适用主体：机构养老、社区养老、居家养老政策法规
    - 按服务内容：养老服务保障、医疗康复服务、健康管理服务法规
    - 按政策目标：促进发展类、规范管理类、权益保障类法规
  - 效力等级
    - 宪法
    - 法律
    - 行政法规
    - 地方性法规
    - 部门规章
    - 地方政府规章
    - 规范性文件
  - 法律法规层次
    - 战略层面
    - 规划层面
    - 制度层面
    - 操作层面

- **项目三 康养服务标准体系构建**
  - 标准的概念与作用
    - 概念：为实现最佳秩序制定的统一准则
    - 作用：确保服务质量、提升行业形象、为监管提供依据
  - 分类与识别
    - 按适用范围：国家标准、行业标准、地方标准、团体标准、企业标准
    - 按性质：强制性标准、推荐性标准
    - 按对象：技术标准、管理标准、工作标准
  - 现有标准体系
    - 基础通用标准
    - 服务标准
    - 管理标准
    - 支撑保障标准
  - 建设目标、原则和任务
    - 目标：建成覆盖全面、结构合理的养老服务标准体系
    - 原则：政府引导、突出重点、市场导向、注重实效
    - 任务：健全标准体系、强化标准实施等

项目一 康养服务的内涵与行业现状

学习目标

1. 知识目标
(1) 理解康养服务的内涵、服务对象、核心内容及主要模式。
(2) 了解我国康养服务业的发展背景。
(3) 了解我国康养服务业发展现状与趋势。

2. 能力目标
(1) 能够基于康养服务对象的实际情况分析其需求。
(2) 能够运用康养政策法规知识,分析行业发展中的问题并提出改进建议。
(3) 具备初步的市场调研能力,能够收集、整理和分析康养服务资源信息。

3. 素养目标
(1) 培养对康养服务行业的认同感和责任感,树立"尊老、爱老、助老"的职业价值观。
(2) 增强政策法规意识,理解政策对行业发展的引导作用。
(3) 提升团队协作能力和沟通能力,能够与服务对象、家属及相关机构有效合作。

情景任务

某市阳光社区,72岁的王爷爷和68岁的李奶奶是一对退休教师。近年来,王爷爷因脑梗导致行动不便,需要轮椅辅助,日常生活依赖他人照料;李奶奶则患有糖尿病和轻度阿尔茨海默病,记忆力逐渐衰退,需要定期监测血糖和用药指导。两位老人的子女均在外地工作,无法长期照料。他们希望在家中接受专业的康养服务,同时也考虑社区或机构养老的可能性。

1. 任务要求
(1) 需求分析:采用入户访谈、问卷调查等手段,全面收集王爷爷和李奶奶的生活习惯、健康状况、经济条件及家庭支持情况等信息,进而明确他们在生活照料、医疗护理、精神慰藉等方面的具体需求,并对需求的紧急性和重要性进行细致评估。

(2) 资源调查:对阳光社区及其周边的康养服务资源进行全面调查,涵盖居家养老服务机构、社区日间照料中心、医养结合机构等,深入剖析其服务内容、可及性及服务质量。

(3) 方案制定:依据需求分析和资源调查结果,为两位老人量身定制康养服务方案,推荐适宜的服务模式,并详细阐述方案的制定依据及优势所在。

2. 任务目的
通过本任务,学生能够综合运用康养服务相关知识,从实际案例出发,掌握需求评估、资源整合和方案制定的能力,培养解决实际问题的专业素养。

知识点一　康养服务的内涵

一、康养服务的概念

康养服务是以"全生命周期健康管理"为核心的综合性健康服务体系，通过整合健康促进、疾病预防、康复护理及精神文化支持，实现个体"身心社灵"多维健康目标。其广义内涵覆盖全年龄段人群：面向健康群体提供运动健身与休闲文旅服务以维持最佳状态，针对亚健康群体实施中医调理与营养干预以预防疾病，为疾病康复者设计术后护理与功能训练方案，同时聚焦老年群体需求，通过医养结合模式解决慢病管理、失能照护等老龄化挑战，形成覆盖"预防—干预—康复—养护"全链条的健康管理生态。本教材所定义的康养服务特指其狭义范畴——健康养老服务，即面向老年人群的垂直化服务分支，以医疗护理、适老化生活支持及精神慰藉为核心内容，依托智能监测设备与远程医疗技术提升服务效能。作为"健康中国"战略的实践载体，健康养老服务以政策支撑与技术创新为驱动，推动医疗资源与养老体系深度融合，降低社会照护成本，促进银发经济可持续发展，最终构建覆盖医疗、康复与养老的无缝衔接生态，为实现健康老龄化提供系统性解决方案。

二、康养服务的对象

本教材定义的康养服务对象特指老年群体，依据健康状态与需求差异细分为以下四类。

1. 失能失智与功能衰退老年群体

此类群体因疾病或身体衰老导致生活部分或完全不能自理，典型代表包括阿尔茨海默病患者、重度肢体功能障碍者及术后需持续康复的老年人。服务以专业医疗护理为核心，涵盖压疮预防、鼻饲营养支持、认知功能训练等，辅以适老化居住环境改造和临终关怀，旨在维护其生命尊严与基础生活质量。

2. 慢性病管理需求老年群体

该群体以高血压、糖尿病、心脑血管疾病等慢性病老年患者为主，占老年人口的多数。服务需通过家庭医生签约和远程监测设备实时追踪健康数据，制定个性化饮食方案和规范化用药计划，强化并发症预防教育，重点通过长期动态干预延缓病情恶化，提升患者自主生活能力。

3. 高龄空巢与困境保障老年群体

包括城乡特困老人、低保家庭失能/高龄老人、独居空巢老人等。服务需整合社区资源，提供助餐助浴、日间托管等基本生活保障，同步开展心理健康疏导与代际互动活动，缓解孤独感并增强社会归属感。针对退役军人、劳动模范等特殊贡献群体，优先保障医疗资源可及性及应急响应支持。

4. 活力老人与康养旅居群体

以具备自理能力且追求高品质生活的中高端老年人群为主，偏好健康养生与社交体验。服务侧重开发旅居养老基地、文化康养课程及智慧健康管理平台，例如森林疗养、老年大学艺术培训、智能穿戴设备应用等，满足其预防保健、精神文化及社交活动的多元化需求。

三、康养服务的内容

康养服务致力于为用户提供全面且贴心的身心健康保障，涵盖丰富多样的内容。具体来说，康养服务主要包括以下五个方面。

1. 医疗服务

包括基础医疗诊断、疾病治疗、康复治疗等。如社区卫生服务中心提供的常见疾病诊治，康复医院开展的物理治疗、作业治疗等。

2. 护理服务

涵盖生活护理和专业护理。生活护理涵盖协助穿衣、洗漱、进食等日常照料；专业护理则涉及伤口处理、管道维护、康复指导等医疗专业操作。

3. 健康管理

通过健康体检、健康评估，为服务对象制定个性化的健康管理方案，包括饮食、运动、心理等方面的指导，预防疾病发生。

4. 养老服务

为老年人提供居住、餐饮、娱乐等生活照料服务，以及精神慰藉、文化娱乐等服务，丰富老年人的精神生活。

5. 养生保健

开展中医养生、食疗、按摩、艾灸等保健服务，增强体质，预防疾病。

四、康养服务的主要模式

1. 居家康养模式

这种模式符合大多数人传统的生活习惯。老年人能在熟悉的家庭环境中安享晚年，维持原有生活习惯和社交圈，同时得到家人的悉心陪伴与照料，且成本较为经济。其服务内容主要是对老年人居住环境进行适老化改造，如安装扶手、防滑地砖等，以及提供上门的医疗护理、生活照料、康复服务等服务。

2. 社区康养模式

这种模式能够整合社区资源，让服务对象在熟悉的社区环境中享受康养服务，同时也便于家人随时探访。服务内容涵盖在社区内设立养老服务中心、日间照料中心、社区医院等，提供日间照料、康复护理、文化娱乐等多元化服务，并打造优美绿化环境，确保老年人享有舒适便捷的居住条件。

3. 机构康养模式

该模式依托养老院、康复医院、护理院等专业机构，配备专业护理人员和先进医疗设备，构建完善的康养服务管理体系，为老年人提供集居住、医疗、护理、康复于一体的全方位服务。具有专业化程度高、服务规范等优点，但也存在成本较高、部分服务对象可能不适应机构环境等问题。

4. 医养结合模式

这种模式是将医疗资源与养老服务相结合，实现资源共享、优势互补。如在养老院中设立医务室，或医疗机构与养老机构建立合作关系，为服务对象提供一站式的医疗和养老服务，满足老年人在养老过程中的医疗需求。医养结合模式可以分为多种类型，如"大养老＋小医疗"型、"医疗、养老并重"型、"大医疗＋小养老"型等。这些模式均注重医疗与养老的深度融合，全方位满足老年人的健康管理与照护需求。

1-1-1

延伸阅读

日照山海天：创新康养服务"新模式"，擘画养老"新蓝图"[EB/OL]. https://cn.chinadaily.com.cn/a/202412/20/WS67652cafa310b59111daa07f.html.

知识点二　我国康养服务业的发展背景

一、人口老龄化加速与社会需求升级

我国正经历全球规模最大、速度最快的人口老龄化进程。截至2024年底，全国60岁及以上老年人口达3.1亿，占总人口22%，较2010年增长超1.3亿。老龄化速度远超发达国家：法国从7%到14%用了115年，我国仅用25年。预计到2035年，老年人口将突破4亿，占总人口30%以上，进入深度老龄化社会。这一进程带来三重挑战：其一，失能老年人口达4500万，每年新增超百万，传统家庭养老模式难以为

继;其二,"未富先老"矛盾突出,2024年人均GDP约1.3万美元,仅为日本进入深度老龄化时的1/3,社会保障体系面临重压;其三,城乡差异显著,农村老龄化率比城市高3.8个百分点,但养老服务资源仅为城市的1/5。在此背景下,构建专业化、社会化康养服务体系成为国家战略重点,2024年中央财政投入养老服务资金超1200亿元,较2020年增长150%。

二、健康消费转型与服务多元化

居民健康消费呈现"量质双升"特征。2024年,我国大健康产业规模突破12万亿元,其中康养服务占比超40%,消费结构发生根本性转变,亚健康人群占比大,推动中医调理市场规模快速增长;中高收入老年群体(月收入4000—10000元)达1.8亿人,推动消费升级,从而催生三大趋势:一是服务场景延伸,旅居养老基地覆盖云南、海南等27省,年接待超500万人次;二是服务内容创新,北京推出"养老家庭照护床位",融合医疗护理、康复训练等8大类32项服务;三是支付方式变革,长期护理保险试点覆盖49城1.8亿人,上海将家庭适老化改造纳入医保支付。与此同时,"421"家庭结构催生社区嵌入式养老需求,全国建成家庭养老床位快速增长,社区日间照料中心覆盖率达92%。

三、政策创新与产业生态重构

国家构建"四梁八柱"政策体系,推动康养产业跨越式发展。《"健康中国2030"规划纲要》首次将医养结合上升为国家战略,明确要求所有医疗机构开设老年人绿色通道;2024年"银发经济一号文"提出30项发展举措,包括土地划拨、税费减免、人才补贴等。政策驱动下形成三大产业生态:其一,医养结合纵深发展,全国医养结合机构达7800家,护理型床位占比58.9%,北京协和医院等三甲医院开设老年医学专科;其二,智慧养老快速渗透,可穿戴设备市场规模突破1500亿元,上海"老有颐养"平台整合服务商,实现"15分钟响应";其三,资本跨界布局加速,泰康、万科等企业建成高端养老网络,保险资金投入上千亿元。政策红利还催生新业态,如:江苏推行"时间银行"互助养老,注册志愿者超80万人;浙江试点"家院互融",将机构专业服务延伸至家庭。

四、科技赋能与产业融合深化

5G、人工智能等技术正在重塑康养服务模式。2024年,全国智慧养老平台接入机构超4万家,北京试点AI跌倒检测系统,养老院意外事故率大幅下降;远程医疗覆盖85%县域,三甲医院专家可在线指导基层机构救治。技术突破催生四大创新场景:一是智能穿戴设备普及,华为、小米推出老年定制款手表,实时监测心率、血氧等10项指标;二是虚拟养老院兴起,杭州通过智能床垫、紧急呼叫装置实现居家照护"类机构化";三是机器人护理应用,上海养老机构引入AI喂饭机器人,效率显著提升;四是数据驱动决策,国家老龄科研中心建立全国养老大数据平台,动态监测老人健康数据。产业融合催生新增长点:"康养+文旅"形成数百个旅居基地,攀枝花康养产业增加值连续四年超百亿元;"康养+金融"创新长期护理保险与养老信托产品,平安集团推出"保险+养老社区"模式,锁定客户超10万人。

> **延伸阅读**
>
> 《中共中央、国务院关于深化养老服务改革发展的意见》:中共中央、国务院为加快建设适合我国国情的养老服务体系,更好保障老有所养,让全体老年人安享幸福晚年,印发的意见。文件提出:到2029年,养老服务网络基本建成,服务能力和水平显著提升;到2035年,养老服务网络更加健全,全体老年人享有基本养老服务,养老服务体系成熟定型。确定了未来几年康养产业的发展目标和重点任务,为企业发展提供了政策保障。

1-1-2

知识点三　我国康养服务业发展现状与趋势

一、我国康养服务业发展现状

1. 市场规模持续扩张与结构性矛盾交织

我国康养服务业已进入高速发展期,2024年产业规模突破12万亿元。其中,旅居养老、智慧康养等新兴领域增速超20％,云南、海南旅居养老基地年接待老年游客超500万人次。然而,供需错配问题依然严峻:城市每千名老人拥有养老床位32张,农村仅18张;高端养老社区入住率较高,而中西部县域养老机构床位闲置率达30％。结构性矛盾还体现在服务类型上,认知症照护机构仅占总数2％,远低于发达国家15％的水平,失智老人家庭照护负担沉重。

2. 三级服务体系初具雏形与质量分化并存

"居家—社区—机构"三级服务体系基本建立,2024年社区养老服务设施覆盖90％以上城市社区,家庭养老床位大幅增长,居家上门服务惠及超2000万老人。但服务质量呈现"东高西低"特征:上海、江苏等地连锁机构100％通过ISO质量认证,北京养老机构护理员持证率较高,而中西部县域机构设施达标率不足40％,部分农村敬老院仍采用大通铺模式,缺乏基本医疗配套。标准化建设取得初步进展,国家发布《养老机构服务安全基本规范》等27项标准,但落地执行率还有待进一步提高。

3. 区域资源配置失衡与政策执行偏差凸显

我国康养服务资源配置呈现显著的区域分化特征,形成"东部集聚强化、西部基础薄弱"的二元格局。东部发达省份依托经济优势和政策先发效应,构建多层次服务体系:江苏省累计建成老年食堂1.2万家,日均服务超40万人次,南京创新"中央厨房＋助餐点"模式实现餐食精准配送;浙江省"15分钟养老服务圈"覆盖98％城镇社区,杭州家庭养老床位整合医疗护理、康复训练等8大类服务,惠及10万居家老人。数字化平台深度赋能资源整合,上海"老有颐养"系统联动上万家服务商,服务响应效率提升50％,需求匹配精准度达85％。相比之下,西部及农村地区面临系统性短板。西南省份虽依托生态资源发展旅居养老,但基层服务供给严重滞后:西部某省60％行政村未覆盖日间照料中心,西部牧区老人年均接受专业护理不足3次,政策执行存在"重硬件轻服务"现象,服务可及性仅为东部城市的1/4。城乡差距进一步拉大,2024年城市社区养老设施覆盖率达92％,而农村互助养老设施仅覆盖45％行政村,大多缺乏基本医疗配套,部分机构仍采用大通铺模式。

4. 消费能力分层与支付体系短板制约发展

老年群体消费能力呈现"哑铃型"结构:近半老年人月收入低于3000元,依赖政府补贴购买基础服务;而中高收入群体推动高端养老市场爆发,泰康之家客户中企业高管占比达65％,月均消费超1.5万元。支付体系尚未健全:长期护理保险试点日均支付标准不高,难以覆盖专业机构成本;商业养老保险覆盖率不足10％,个人养老金账户开户率仅28％。农村地区支付能力尤为薄弱,西部某山区老人年均医疗自付费用占比收入达40％。

二、我国康养服务业发展趋势

1. 专业化与标准化建设全面提速

教育部实施"康养人才振兴计划",全国开设智慧健康养老服务与管理及其关联专业院校已达400余所,年培养专业人才近5万人;江苏试点"职业资格认证＋继续教育"模式,护理员持证率提升至50％。标准化体系加速完善,2024年新增《认知症老人照护指南》等12项行业标准,北京、上海推行服务质量星级评价,90％机构纳入动态监管。配套政策持续加码,民政部设立200亿元专项基金支持适老化改造,要求2025年前所有机构护理型床位占比超60％。

2. 智慧化技术重塑产业生态

人工智能与物联网深度渗透服务场景:上海"老有颐养"平台整合上万家服务商,实现15分钟应急响应。家庭智能化改造快速推进,全国安装紧急呼叫装置500万余套,杭州试点"智能水表监测",独居老人

12小时无用水自动触发预警。2024年可穿戴设备市场规模突破1500亿元,华为推出老年定制手表,可监测心率、血氧等10项指标,异常数据直连社区医院。

3. 社区居家服务迈向精准化创新

"一刻钟服务圈"进入2.0阶段,将覆盖所有城市社区:成都创新"养老顾问"制度,为老人匹配个性化服务包;南京推行"中央厨房+助餐点"模式,日均供餐超30万份。家庭养老床位实现"类机构化"升级,上海将远程查房、智能药箱等20项服务纳入医保支付,10万老人足不出户享受专业护理。适老化改造纳入民生工程,2024年全国完成居家改造148万户,加装电梯3.2万台,惠及超500万老人。

4. 产业融合催生千亿级新赛道

"康养+文旅"形成攀枝花、秦皇岛等区域增长极,2024年旅居养老市场规模达2800亿元;"康养+医疗"推动中医理疗服务爆发,同仁堂推出"治未病"套餐,年服务超100万人次。金融创新突破支付瓶颈:平安保险推出"保单锁定养老社区入住权"产品,预售金额超200亿元;长期护理保险试点扩至全国100城,财政补贴比例提升至60%。产业跨界融合催生新物种,绿城集团在杭州打造"养老综合体",融合医疗、文娱、代际共居等复合功能。

5. 市场格局向品牌化集约化演进

行业进入整合加速期,2024年发生并购超50起,头部企业市占率提升至20%:万科布局15城养老社区,定位中高端市场;国药集团收购12家康复医院,构建"医疗—养老"闭环。细分领域呈现专业化竞争,北京成立全国首家认知症照护联盟,深圳涌现康复辅具研发企业,产品出口30余国。政府引导产业集约化发展,成渝地区建成国家级康养产业集群,汇聚上下游企业超2000家,年产值突破800亿元。

> **延伸阅读**
>
> 让亿万老年人的幸福成色更足:老龄和养老服务工作五年发展综述[EB/OL]. https://zyzx.mca.gov.cn/n1042/c1662004999980003602/content.html.

1-1-3

任务实施与评价

任务一 分析王爷爷和李奶奶的康养服务需求

1. 任务实施

(1) 信息收集:通过入户访谈、问卷调查及与家属沟通,全面了解两位老人的生活习惯(饮食、作息、兴趣爱好)、健康状况(疾病史、用药、日常护理)、经济条件(退休收入、储蓄、子女资助)、家庭背景(子女工作地点、照顾能力)及心理需求(社交愿望、养老模式偏好)。

(2) 需求分类与评估:将收集的信息分为生活照料、医疗护理、精神慰藉等几类,并评估每项需求的紧急性和重要性,如医疗护理需立即解决,精神慰藉则影响生活质量,虽重要但不急迫。

(3) 资源调查:利用网络查询、电话咨询等手段,调查阳光社区及其周边的康养服务资源,涵盖居家养老、社区卫生服务、日间照料、医养结合等机构,并详细记录其服务内容、地址、联系方式、费用标准及用户反馈。

(4) 需求匹配与沟通:将调查结果与老人需求匹配,筛选出可行服务资源,并与老人及其家属沟通确认需求准确性与资源可及性。

2. 任务评价

(1) 调查方法科学性:问卷设计是否全面、访谈提纲是否有效引导需求表达。

(2) 需求分析准确性:需求识别是否完整、分类是否合理、优先级判断是否依据充分。

(3) 沟通解释清晰：能否清晰易懂地向老人及其家属传达需求分析结果。

任务二　为两位老人制定康养服务方案

1. 任务实施

(1) 模式介绍：向老人及其家属详细阐述我国现有康养服务模式，包括居家康养、社区康养、医养结合等的特点与内容。

(2) 方案推荐：根据需求分析结果，推荐适合的服务模式。例如，王爷爷和李奶奶需要医疗护理和生活照料，可推荐居家康养结合社区服务模式，同时考虑医养结合机构作为备选。

(3) 方案制定：制定具体方案，涵盖生活照料（家政、送餐）、医疗护理（家庭医生签约、健康监测）、精神慰藉（社区活动、心理咨询）等服务，明确服务频率、提供方及预算。

(4) 沟通与调整：向老人及其家属解释方案细节，根据反馈意见进行调整，确保方案符合其意愿和经济能力。

2. 任务评价

(1) 需求匹配度：方案是否精准满足需求，是否挖掘潜在需求。

(2) 方案可行性：资源是否可获取、成本是否合理、时间安排是否协调。

(3) 服务效果预期：评估方案是否能显著提升个体的生活质量，同时考察其是否具有长期的可持续性和良好的适应性。

(4) 方案完整性与规范性：内容是否完整、格式是否规范。

课后练习与拓展

一、课后练习

（一）选择题

1-1

1. 我国康养服务的主要对象不包括（　　）。
　　A. 老年人　　　　　B. 亚健康人群　　　　C. 健康成年人　　　　D. 慢性病患者
2. 以下哪种模式不属于康养服务模式？（　　）
　　A. 居家康养　　　　B. 社区康养　　　　　C. 旅游康养　　　　　D. 机构康养

（二）填空题

1. 康养服务的核心目标是提升个体＿＿＿＿＿＿水平。
2. 我国康养服务业的发展趋势包括专业化、智慧化、多元化融合和＿＿＿＿＿＿。

（三）简答题

1. 简述康养服务的内涵及主要内容。
2. 分析我国康养服务业发展的政策背景及其作用。

（四）讨论题

1. 结合案例，讨论如何通过社区资源优化老年人的康养服务体验。
2. 探讨智慧康养模式在解决人口老龄化问题中的优势与挑战。

二、课后拓展

1. 调研任务：选择本地一个社区，调研其康养服务资源配置情况，分析存在的问题并提出改进建议，撰写调研报告。

2. 政策宣讲：组织面向老年人的康养政策宣讲会，介绍居家养老补贴、医养结合等政策，帮助老年人了解并利用相关福利。

3. 案例分析：收集国内外康养服务创新案例，分析其成功经验，撰写案例分析报告。

项目二 康养服务政策法规认知

学习目标

1. 知识目标

(1) 了解我国康养服务政策法规的内涵与特点。
(2) 熟悉我国康养服务政策法规的效力等级。
(3) 理解我国康养服务政策法规体系的内容与层次。

2. 能力目标

(1) 能够基于康养服务实践进行法律条文剖析。
(2) 能够运用康养服务政策法规解决养老服务实际问题。

3. 素养目标

(1) 树立正确的法律观念,具有良好的知法、守法的意识。
(2) 遵守康养政策法规,严格按照康养政策法规处理养老服务问题。

情景任务

在社区养老服务领域,尽管存在一些挑战,如服务质量不一、员工资质参差不齐以及收费透明度不足等问题,但也有许多社区养老服务中心通过创新和改进,成功地提升了服务质量和居民满意度。例如,某社区养老服务中心在运营过程中,通过引入专业团队和智能化技术,有效解决了服务人员资质和收费透明度的问题,从而避免了居民王大爷在中心摔倒导致骨折后出现的赔偿纠纷。王大爷的家属认为养老机构未履行其法定的安全保障义务,导致了王大爷的伤害,而养老机构则依据合同中的免责条款拒绝承担责任。

任务:法律条文关联剖析与政策应用建议

要求:以学习小组为单位,深入研究上述案例。查阅《中华人民共和国老年人权益保障法》《养老机构管理办法》等相关政策法规,找出至少三条与本案例紧密相关的法律条文,详细解读条文含义、适用条件及在本案例中的指向。同时,结合我国康养服务相关政策法规内容,提出该社区养老服务中心规范化运营的政策建议。

目的:引导学习者精准定位与康养服务纠纷相关的法律条文,理解政策法规在实际场景中的应用逻辑,提升运用政策法规分析和解决问题的能力。

知识链接

知识点一 康养服务政策法规的内涵与特点

随着人口老龄化加剧,康养服务业的健康发展愈发重要。为促进康养服务行业的健康发展,维护康养服务消费者与提供者的合法权益,国家和地方政府出台了一系列政策文件和法律法规,旨在规范行业发展。

一、康养服务政策法规的概念

康养服务政策法规是国家和地方政府为规范康养服务行业发展、保障老年人及其他服务对象权益而制定的一系列法律、行政法规、部门规章、地方性法规及规范性文件的总称。其核心在于借助科学严谨的制度设计，清晰界定康养服务各方的权利与义务边界，从而确保服务质量的稳步提升，有效维护市场秩序，并推动康养产业朝着可持续的方向蓬勃发展。

二、康养服务政策法规的作用

1. 引导产业发展

政府通过制定康养产业发展规划，明确产业发展的目标、重点任务和空间布局，为产业发展提供宏观指导。如《"健康中国2030"规划纲要》就对健康养老服务等方面提出了目标和任务，引导康养产业朝着积极的方向发展。

2. 优化产业布局

通过制定康养服务政策法规，积极鼓励各地结合自身独特的资源禀赋和经济社会发展的实际情况，探索差异化的发展路径，以推动康养产业的多元化、特色化发展。例如，《安康市人民政府关于加快生态康养产业发展的指导意见》明确提出，要依托资源禀赋，统筹谋划，围绕"绿养""硒养""水养""文养""药养""动养""食养"等特色路径，促进形成特色鲜明、生态高效的产业协调发展格局，鼓励安康市各县区因地制宜发展生态康养产业，实现产业多元化、特色化。

3. 规范服务行为

（1）制定严格的康养服务政策，明确设立准入门槛，以确保所有康养服务机构均具备满足基本服务需求的能力和条件，从而保障服务质量和安全。例如，《中华人民共和国老年人权益保障法》对养老机构的设立与运营制定了原则性框架，明确规定养老机构需依法完成登记、备案手续，以保障老年人的人身安全及合法权益。《养老机构管理办法》进一步细化了养老机构的备案许可流程、服务内容规范及运营管理要求。

（2）为了提高康养服务质量，保障服务对象的合法权益，政策法规制定了一系列康养服务标准。例如《老年人照料设施建筑设计标准》（JGJ 450-2018），该标准规定了老年人照料设施的建筑设计要求，涵盖选址、总平面布局、建筑设计、防火设计等多个方面。这些要求旨在确保养老机构的建筑环境不仅满足安全、健康、卫生、适用、经济和环保的基本要求，而且符合老年人的生理和心理特点，保护他们的隐私和尊严，确保老年人的基本生活质量。

4. 保护消费者权益

康养服务主要面向身体较为脆弱的老年人，他们在享受康养服务时，易受到多种潜在风险的威胁。因此，根据我国《养老机构服务安全基本规范》等强制性国家标准，养老服务机构必须采取一系列有效措施，确保服务对象在机构内的人身安全。例如，《中华人民共和国老年人权益保障法》规定了老年人在养老服务和消费等方面的权益，并明确了养老服务机构及其经营者应承担的义务和责任。《养老机构设施设备配置》规定了养老机构各类设施设备的配置要求，包括安全设施设备等，以确保老年人生活环境的安全性和便利性；《北京市养老服务机构监管办法》规定养老服务机构要建立老年人个人信息保护制度，对工作人员进行信息安全培训，强化个人隐私保护意识和能力。

三、康养服务政策法规的特点

康养服务政策法规旨在促进康养服务行业的健康发展，确保服务对象合法权益，具备综合性、地域性及动态调整等特点。

1. 导向性与战略性

（1）康养服务政策法规明确了康养产业的发展方向。例如，《关于加快发展养老服务业的若干意见》明确提出要充分发挥市场在资源配置中的决定性作用，逐步使社会力量成为发展养老服务业的主体，鼓励民间资本参与养老服务设施建设和运营，引导资源向养老服务领域集聚，推动养老服务业与医疗、保险、旅游等产业融合发展。

（2）康养服务政策法规与国家整体发展战略紧密结合，如中共中央、国务院印发的《"健康中国2030"

规划纲要》等政策文件,为康养服务的发展提供了明确的目标和方向,围绕提升全民健康的战略目标,制定了一系列具体政策措施,这些措施包括支持康养旅游多元化发展、加强康养服务供给能力、推动康养产品创新、加强康养文化建设等,旨在推动健康养老服务的普及和质量提升。

2. 系统性与综合性

(1) 康养服务涵盖医疗、养老、康复、护理、旅游、文化等多元领域,故相关政策法规需全面考量各领域特性与需求,实施系统性规划与设计。例如,《关于促进医养结合服务高质量发展的指导意见》要求深化医疗卫生机构与养老机构协议合作,推广团队服务模式,推进"互联网+医养结合"。

(2) 康养服务政策法规,从宏观规划到微观操作,从机构设立到人员管理,从服务内容到质量监督,对康养服务的各个方面进行了全方位的覆盖。例如,《关于推进养老服务发展的意见》对养老机构的设立条件、运营管理等方面都作了详细规定,确保养老机构的规范运营和服务质量。不仅如此,目前从国家到地方,从宏观规划到具体实施,形成了一套完整的政策法规体系,体现了其综合性特色。

3. 强制性与规范性

(1) 康养服务政策法规以法律法规、规章等形式明确了相关主体的权利和义务,以及违反规定应承担的法律责任。例如,根据《养老机构管理办法》的规定,养老机构若存在虐待老年人、未建立入院评估制度、未与老年人签订服务协议等违法行为,将面临相应的行政处罚措施,包括责令改正、警告,以及在情节严重的情况下,处以不超过3万元的罚款。

(2) 政策法规制定了严格的康养服务标准和规范,对服务机构的设施设备、人员资质、服务流程、服务质量等方面进行了详细的规定。例如,《养老机构服务安全基本规范》不仅规定了养老机构服务安全的基本要求、安全风险评估、服务防护、管理要求等内容,还通过分析养老院安全事故案例,为养老机构的安全管理提供了明确的规范和标准,以期减少跌倒、火灾、食物中毒等安全事故的发生。

4. 灵活性与适应性

(1) 考虑到不同地区在经济发展水平、人口结构、资源禀赋、文化传统等方面存在差异,康养服务政策法规赋予地方一定的自主权,鼓励地方根据自身实际情况制定符合本地特色的康养服务政策。例如:一些自然环境优美、生态资源丰富的地区,鼓励发展生态养生、森林康养、温泉疗养等特色康养服务;而一些历史文化名城,可以结合本地的历史文化资源,鼓励发展文化养老、老年旅游等特色康养服务。

(2) 随着社会经济的发展、人口老龄化程度的加深、科技进步以及人们对康养服务需求的不断变化,康养服务政策法规也需要不断进行调整和完善,以适应新形势的发展需要。例如《智慧健康养老产业发展行动计划(2021—2025年)》鼓励企业开发具有多方面健康管理分析功能及远程医疗服务功能的应用软件及信息系统;完善数据要素体系,鼓励各地建设区域性健康养老大数据中心,搭建健康养老数据中台,提升数据的使用效率。

> **延伸阅读**
>
> 1. 《"健康中国2030"规划纲要》
>
> 制定部门:中共中央、国务院
>
> 实施时间:2016年10月
>
> 主要内容:
>
> 老年健康整合:推动医养结合纳入健康中国战略,要求医疗机构与养老机构深度合作,提供"治疗—康复—护理"一体化服务。
>
> 疾病防控:加强老年慢性病全程管理,开展老年心理健康干预,推广中医养生保健技术。

1-2-1

1-2-2

> **2.《关于加快发展养老服务业的若干意见》**
> 制定部门:国务院
> 实施时间:2013年9月
> 主要内容:
> 市场导向:首次明确"社会力量为主体"的发展方向,鼓励民间资本通过公建民营、委托运营等方式参与养老服务。
> 土地政策:要求城市新建小区按人均0.1平方米配建养老设施,允许闲置厂房、学校改建为养老机构。
> 医养结合:支持养老机构内设医疗机构,探索"养中有医"模式,推动医保定点向养老机构延伸。

知识点二　我国康养服务政策法规的主要类型

2012年以来,以习近平同志为核心的党中央高度关注养老服务和老龄工作,出台了多项康养服务相关政策。我国已经初步形成了以《中华人民共和国宪法》为指导,以《中华人民共和国老年人权益保障法》为核心,以《中华人民共和国社会保险法》《养老机构管理办法》等相关法律法规为支撑,以《关于加强新时代老龄工作的意见》《国务院关于印发"十四五"国家老龄事业发展和养老服务体系规划的通知》等政策文件为补充的康养服务政策法规体系。康养服务相关政策分类方法有很多,由于篇幅有限,此处仅介绍按照适用主体、服务内容、政策目标的分类。

一、按适用主体的分类

按照适用主体,康养服务相关政策法规大致可分为适用于机构养老、社区养老、居家养老的政策法规。

1. 适用于养老机构的政策法规

针对养老机构的政策法规有《养老机构管理办法》《养老机构服务质量基本规范》《养老机构等级划分与评定》《关于规范养老机构服务行为　做好服务纠纷处理工作的意见》等。这些政策法规涵盖了养老机构的设立、运营、管理及服务质量,明确了资质审批、安全管理、服务标准与人员配备等要求,旨在保障老年人享受安全、优质的服务。

2. 适用于社区养老的政策法规

针对社区养老服务的政策法规有《关于推进居家和社区养老服务改革试点工作的通知》《南京市养老服务条例》等,重点鼓励和支持社区养老服务,涉及设施建设、组织培育及资源整合,旨在构建以居家为基础、社区为依托的养老服务体系,满足老年人社区养老需求。

3. 适用于居家养老的政策法规

针对居家养老服务的政策法规有一些地方政府出台的居家养老服务条例,如《北京市居家养老服务条例》《深圳市居家养老服务若干规定》《上海市养老服务条例》等,规定了居家养老服务的供给主体、内容、质量监督及补贴政策,确保老年人居家享受生活照料、康复护理及精神慰藉等服务。

二、按服务内容的分类

按照服务内容,康养服务相关政策法规大致可为养老服务保障、医疗康复服务以及健康管理服务三大类。

1. 养老服务保障类法规

《中华人民共和国老年人权益保障法》作为基础性法律,旨在保障老年人的合法权益,发展老龄事业,并弘扬中华民族敬老、养老、助老的美德。该法律详细规定了老年人在经济供养、生活照料、精神慰藉等方面的权益,并对侵害老年人权益的行为设定了处罚措施,从而为老年人的养老服务提供了全面的法律保障。此外,《关于推进基本养老服务体系建设的实施意见》界定了基本养老服务的范围,并提出加快建设体系的具体措施,确保老年人获得基本养老服务。《北京市居家养老服务条例》《上海市养老服务条例》《山西省社区居家养老服务条例》等地方性政策规范了养老服务内容和质量监督等,为老年人提供全面、系统的养老服务保障。

2. 医疗康复服务类法规

医疗康复服务类法规有《综合医院康复医学科建设与管理指南》《综合医院康复医学科基本标准(试行)》《关于印发加快推进康复医疗工作发展意见的通知》等,对康复机构的建设、康复服务人员的资质和职责、康复评估的内容和方法、康复治疗计划的制定和实施等作出规定,以规范康复服务,提高康复服务的质量和效果。

3. 健康管理服务类法规

如《关于全面加强老年健康服务工作的通知》《健康管理保健服务规范》《健康体检管理暂行规定》等,要求建立老年人健康档案,定期为老年人提供健康体检、健康指导等服务,促进老年人的健康管理和疾病预防。

三、按政策目标的分类

1. 促进发展类的政策法规

如《智慧健康养老产业发展行动计划(2021—2025年)》《中共中央 国务院关于深化养老服务改革发展的意见》等,旨在鼓励和支持康养服务产业的发展,包括对养老机构、康复机构、健康管理机构等的扶持政策,以及对康养服务人才培养、技术创新、产业融合等方面的支持措施。

2. 规范管理类的政策法规

如《养老机构服务质量基本规范》《国家卫生健康委办公厅关于印发康复治疗专业人员培训大纲》等,侧重于对康养服务的各个环节进行规范和管理,明确服务标准、人员资质、操作流程等,以保障服务质量和安全,规范市场秩序。

3. 权益保障类的政策法规

这类政策法规以《中华人民共和国老年人权益保障法》为核心,还包括一些地方出台的老年人权益保障条例,如《重庆市老年人权益保障条例》《江苏省老年人权益保障条例》等,主要目的是保障老年人在康养服务中的合法权益,防止老年人受到侵害,同时为老年人提供维权的途径和机制。

> **延伸阅读**
>
> **1.《养老机构管理办法》**
>
> 制定部门:民政部
>
> 实施时间:2020年11月
>
> 主要内容:取消养老机构设立许可,实行备案制管理,明确备案流程(10日内提交材料)和动态监管机制。要求养老机构安装视频监控、建立24小时值班制度、制定突发事件应急预案。强制签订服务协议,明确服务内容、收费标准及纠纷处理条款,保障老年人知情权。
>
> 加大对违规行为的处罚力度,如虚假宣传、虐待老人等,最高可吊销登记证书。
>
> **2.《智慧健康养老产业发展行动计划(2021—2025年)》**
>
> 制定部门:工信部、民政部、国家卫健委
>
> 实施时间:2021年10月
>
> 主要内容:
>
> 技术方向:推动物联网、AI、大数据在健康监测、康复辅助等领域的应用,发展智能手环、健康监测床垫等适老化产品。

> 试点示范:建设200个智慧健康养老示范街道,培育100家示范企业,推广"时间银行"互助养老等新模式。
>
> 数据应用:建立区域性健康养老大数据中心,推动数据跨部门共享,优化老年人健康管理。

知识点三　康养服务政策法规的效力等级

我国法律位阶是指法律规范在法律体系中的层级地位,根据《中华人民共和国立法法》等相关规定,通常可以分为宪法、法律、行政法规、地方性法规、地方政府规章等。康养服务相关法规的效力等级遵循一般的法律法规效力等级规则。

1. 宪法

宪法是国家的根本大法,具有最高的法律效力。宪法中关于公民权利保障、国家发展目标等方面的规定,是所有康养服务相关政策法规的基础和依据,一切其他法律法规都不得与宪法相抵触。

2. 法律

由全国人民代表大会及其常务委员会制定,如《中华人民共和国老年人权益保障法》《中华人民共和国基本医疗卫生与健康促进法》《中华人民共和国民法典》中的相关规定等。这些法律在康养服务领域发挥核心指导作用,仅次于宪法,明确规定了康养服务行业的基本框架、核心原则及关键制度,为其他相关法规、政策的制定提供了坚实基础。

3. 行政法规

由国务院制定,如《国务院关于加快发展养老服务业的若干意见》《养老机构管理办法》等。行政法规进一步细化和补充了法律内容,具有全国范围内的普遍约束力,其效力虽低于宪法和法律,但针对康养服务的具体管理、操作流程及监督机制等制定了详细规定,是确保康养服务政策法规有效实施的关键。

4. 地方性法规

由省、自治区、直辖市以及设区的市、自治州的人民代表大会及其常务委员会根据本行政区域的具体情况和实际需要制定。如《海南省养老服务条例》《烟台市养老服务条例》等。其效力低于宪法、法律和行政法规,在本行政区域内有效,可根据本地实际情况,对康养服务的相关事项作出具体规定,以更好地满足当地居民的康养服务需求。

5. 部门规章

由国务院各部委等部门制定,如民政部、国家卫生健康委等部门发布的《关于促进医养结合服务高质量发展的指导意见》等关于康养服务机构管理、服务标准等方面的规章。这些规章主要是在本部门的职责范围内,就康养服务相关的特定领域或具体业务事项制定的规范性文件,在全国范围内的本部门管辖领域具有约束力,其效力低于宪法、法律和行政法规,与地方性法规处于同等效力层级,但在适用上存在一定的规则。

6. 地方政府规章

地方政府规章由省、自治区、直辖市及设区市、自治州政府制定,如安徽、福建等地出台的支持康养产业或养老服务体系建设的规章。其效力低于宪法、法律、行政法规及本级地方性法规,仅在本行政区域内有效,是地方政府结合实际管理康养服务的重要依据。

7. 规范性文件

虽然不属于严格意义上的法律法规,但如《养老机构服务质量基本规范》《养老护理员国家职业技能标准》等行业标准和规范,是行业内普遍遵循的技术准则和行为规范,对于规范康养服务行为、提高服务质量具有重要作用,在行业内具有较强的指导性和约束性。

> **延伸阅读**
>
> 《"十四五"国家老龄事业发展和养老服务体系规划》
> 制定部门：国务院
> 实施时间：2022年2月
> 主要内容：到2025年，养老机构护理型床位占比达55%，二级以上综合医院设老年医学科比例超60%。重点工程：发展社区嵌入式小微养老机构，支持物业企业拓展养老服务。建设县乡村三级养老服务网络，推广互助式养老，改造农村敬老院。规划布局10个国家级银发经济产业园，支持康复辅具、老年食品等产业发展。

1-2-5

知识点四　我国康养服务政策法律法规层次

根据国家及全国重点省市的政策文件和规划，我国康养服务政策体系已形成一个包含战略、规划、制度和操作四个层面的综合框架。

一、战略层面

1. 应对人口老龄化的国家战略与顶层设计

应对人口老龄化的国家战略在整个老龄政策体系中属于最高层次，具有提纲挈领的作用，同国家其他领域的发展战略一起共同构成中国特色社会主义现代化建设战略。习近平总书记强调，有效应对我国人口老龄化，事关国家发展全局，事关亿万百姓福祉。"十四五"规划和2035年远景目标纲要提出，实施积极应对人口老龄化国家战略，促进人口长期均衡发展。在内容上，应对人口老龄化的国家战略应当包括战略理念、战略定位、战略目标、战略规划、战略任务及重点、战略步骤和战略措施等一系列内容。

2. 老年人权益保障法的修订与法律保障

如2012年新修订的《中华人民共和国老年人权益保障法》规定的内容就包括基本养老保险保障生活、逐步开展长期护理保障、发展城乡社区养老服务、提供安全便利的舒适环境、鼓励老年人参与社会活动等内容。修订后的《中华人民共和国老年人权益保障法》更加符合时代精神，是加强老龄工作和推进老龄事业的旗帜，也是引领全社会积极应对人口老龄化严峻挑战的总动员令，将为老年人晚年生活的全面保障提供国家意志和行动指南。

3. 新时代老龄工作的顶层设计与养老服务体系构建

2021年11月，中共中央、国务院印发的《关于加强新时代老龄工作的意见》指出，要健全养老服务体系，完善老年人健康支撑体系，促进老年人社会参与，着力构建老年友好型社会，积极培育银发经济，强化老龄工作保障等，为新时代老龄事业发展提供了顶层设计。

二、规划层面

1. 老龄事业发展规划的性质与作用

中国老龄事业发展规划包括中长期规划和五年规划，是应对人口老龄化国家战略在老龄事业领域的具体体现，指导一个时期内老龄事业发展和老龄工作，解决老龄事业发展面临的重大、宏观、长远问题，在老龄政策体系中起承上启下的关键作用。中国老龄事业发展规划一方面属于应对人口老龄化的国家战略，构成中国老龄政策体系的基本要素；另一方面又成为其他具体领域的老龄政策的基础和行动指南。老龄事业发展规划包括发展老龄事业的基本理念、基本原则、指导思想、基本任务、保障措施等内容。

2. 老龄事业发展规划的重点方向

根据《"十四五"国家老龄事业发展和养老服务体系规划》，我国明确了"十四五"时期老龄事业发展的总体要求、主要目标、重点任务和保障措施。规划强调健全养老服务体系，完善老年人健康支撑体系，促进老年人社会参与,构建老年友好型社会,积极培育银发经济,并强化老龄工作保障。

三、制度层面

1. 老龄制度安排的作用

作为中国老龄政策体系中的核心集群,老龄制度安排不仅是一组成熟、稳定、规范化的老龄政策,而且在应对人口老龄化挑战、完善养老服务体系、提升老年人生活质量等方面发挥着中坚和支柱作用,具体体现了中国老龄事业发展规划的深化。

2. 老龄制度安排的主要内容

涉及养老、医疗、服务、教育、文化、就业、住房、产业等多个领域。其中最重要的制度安排是养老保障制度、老年医疗保障制度和为老服务制度,这三项制度安排既是应对人口老龄化挑战,也是保障当下老年群体福祉的三项最重要的制度安排。

(1) 养老保障制度

包括养老保险制度、机关事业单位离退休制度、最低生活保障制度和老年福利津贴制度等四项具体制度。其中,养老保险制度包括社会养老保险制度、补充性养老保险制度、商业性养老保险制度和非缴费性养老保险制度。

(2) 老年医疗保障制度

包括医疗保险制度、医疗救助制度和医疗津贴制度,其中医疗保险制度又包括社会医疗保险制度、补充性医疗保险制度和商业医疗保险制度。

(3) 为老服务制度

包括长期照料商业保险和社会保险制度、服务市场的培育、管理和服务队伍建设、服务设施和网络建设、行业标准和规范以及服务监管等多方面的内容。

2019年,国家卫生健康委等部门联合印发的《关于深入推进医养结合发展的若干意见》,提出要进一步推动医疗卫生和养老服务资源整合,优化医养结合服务模式,完善医养结合政策体系,提高医养结合服务质量,为老年人提供更高水平的医养结合服务。

四、操作层面

操作性老龄政策针对具体老龄问题制定措施、规划、计划及方案,位于老龄政策体系末端,是基础且核心组成部分。实践中,操作性政策以意见、通知等形式灵活存在,时效短且变化快,能随情况调整内容。

2022年,民政部等部门印发的《关于进一步推进医养结合发展的指导意见》,提出要深化医养结合服务模式,加强医养结合服务设施建设,提升医养结合服务质量,完善医养结合政策保障,推动医养结合高质量发展。

> **延伸阅读**
>
> **1.《中共中央 国务院关于加强新时代老龄工作的意见》**
>
> 制定部门:中共中央、国务院
>
> 实施时间:2021年11月
>
> 主要内容:
>
> 战略定位:首次以中共中央、国务院名义印发的老龄工作纲领性文件,提出"积极老龄观、健康老龄化"理念,强调将老龄工作融入经济社会发展全过程。
>
> 核心任务:构建居家社区机构相协调、医养康养结合的养老服务体系,推动社区养老服务设施覆盖率达100%。加强老年慢性病早期筛查(如老年痴呆症防治行动),完善长期护理保险试点,推

动医疗机构与养老机构资源共享。鼓励低龄老年人灵活就业,探索弹性退休制度,支持老年教育纳入终身教育体系。

2.《关于深入推进医养结合发展的若干意见》

制定部门:国家卫生健康委等12部门

实施时间:2019年10月

主要内容:允许养老机构内设医疗机构(如诊所、护理站)直接备案,缩短审批时间。

将符合条件的医养结合服务纳入医保支付范围,探索长期护理保险与医养结合衔接机制。

推动社区嵌入式医养结合模式,支持家庭病床、远程医疗等居家医疗服务。发展"互联网+照护服务",推广智慧健康监测设备,支持医疗机构转型为医养结合机构。

1-2-7

任务实施与评价

任务名称:法律条文关联剖析与政策应用建议

1. 任务实施

(1)案例涉及的政策法规条文。

《养老机构管理办法》第十七条:"养老机构按照服务协议为老年人提供生活照料、康复护理、精神慰藉、文化娱乐等服务。"该条文规定了养老机构的服务内容,社区养老服务中心有责任按照协议提供安全、规范的服务。

《养老机构服务安全基本规范》(GB 38600-2019)明确规定,养老机构需建立安全风险评估制度,针对老年人实施风险评估,并依据评估结果采取相应防护措施。若社区养老服务中心未履行此职责,导致如王大爷摔倒等安全事故,则应依法承担相应责任。

(2)政策应用建议。

机构规范化运营方面,社区养老服务中心应全面遵守《养老机构管理办法》及《养老机构服务安全基本规范》,完善安全管理制度体系,定期组织员工培训,不断提升服务质量。

纠纷处理机制:根据《关于规范养老机构服务行为 做好服务纠纷处理工作的意见》,建立健全纠纷处理机制,及时妥善处理与老年人及其家属的纠纷。

政策支持:积极申请政府购买养老服务项目,争取资金支持,改善设施设备,提高服务质量。

2. 任务评价

(1)法律条文查找能力:通过系统查阅《中华人民共和国老年人权益保障法》《养老机构管理办法》等法规,精准定位到与案例直接相关的《养老机构管理办法》第十七条,《养老机构服务安全基本规范》等条文,条文选择紧扣服务安全、风险评估等核心问题,完整性和相关性均达标。

(2)条文解读与应用能力:对条文含义、适用条件及案例的具体指向进行了详尽阐释,例如,《养老机构管理办法》明确规定机构需按协议提供安全服务,结合王大爷摔倒的实际案例,精准指出中心在风险评估方面的缺失,逻辑严谨且紧密联系实际。

(3)政策建议制定能力:提出的规范化运营、纠纷处理机制及政策支持建议,与《关于规范养老机构服务行为做好服务纠纷处理工作的意见》等政策导向一致,内容全面且具备可操作性。例如,建议申请政府购买服务以改善设施,以及通过多部门联动和综合监管制度来提升养老服务标准化规范化水平,这些措施逻辑层次分明。

课后练习与拓展

1-2

一、课后练习

（一）选择题

1. 下列哪项不属于康养服务政策法规的特点？（　　）
   A. 导向性与战略性　　B. 系统性与综合性　　C. 强制性与规范性　　D. 单一性与固定性
2. 《养老机构管理办法》属于哪一效力等级？（　　）
   A. 法律　　B. 行政法规　　C. 部门规章　　D. 地方性法规

（二）填空题

1. 康养服务政策法规体系以_____为核心。
2. 我国康养服务政策体系分为战略指导、规划布局、制度保障和_____四个层面。

（三）简答题

1. 简述康养服务政策法规的作用。
2. 结合案例，说明《养老机构服务安全基本规范》的应用逻辑。

（四）讨论题

1. 如何通过政策法规解决城乡养老服务资源分配不均问题？
2. 分析智慧康养政策对养老服务质量提升的影响。

二、课后拓展

1. 调研实践：调研本地社区养老服务中心，分析其政策执行情况（如设施覆盖率、服务标准落实）。
2. 政策宣讲：组织面向老年人的政策解读活动，重点讲解《中华人民共和国老年人权益保障法》中的安全保障条款。
3. 案例分析：收集国内外康养服务纠纷案例，结合政策法规撰写分析报告，提出改进建议。

项目三　康养服务标准体系构建

学习目标

1. 知识目标

（1）理解标准的定义、分类及在康养服务中的重要性。
（2）掌握我国养老服务标准体系的构成、建设目标、原则和主要任务。
（3）熟悉《养老机构服务安全基本规范》等康养服务规范、标准。

2. 能力目标

（1）能够运用康养服务标准分析和解决养老服务实践中的问题。
（2）遵循康养服务标准为老年人提供专业、规范的服务。
（3）根据不同康养场景，准确选取和应用适配的标准指导实践。

3. 素养目标

（1）树立以标准为导向的服务意识，养成合规操作的职业习惯，提升康养服务质量。
（2）增强社会责任感，关注养老服务质量，培养尊老、敬老、爱老的道德风尚。

情景任务

2023年，某市智慧养老服务中心引入了先进的智能监测设备，为入住老人提供24小时健康监护。然而，在使用过程中，部分老人反映设备存在误报警、数据不准确等问题，导致他们频繁被打扰，产生了较大的心理压力。同时，家属也对服务中心的服务质量提出疑问，认为中心未能及时解决设备问题，影响了老人的生活质量。此外，在一次设备故障中，一位老人突发疾病时未能及时得到救助，但老人最终因抢救不及时而去世，家属因此提起诉讼。

任务：康养服务标准关联剖析

要求：以小组为单位，通过多种渠道收集关于智慧养老服务标准、智能监测设备使用规范、养老服务纠纷处理等方面的资料。整理出至少10条与案例紧密相关的关键信息，涵盖养老服务操作标准、医疗护理常识、法律规定要点等。

目的：深入了解智慧养老服务领域的专业知识，提升学生在养老服务中运用标准解决实际问题的能力，增强学生的法律意识和服务意识。

知识链接

知识点一 标准的概念与作用

一、标准的概念

依据《中华人民共和国标准化法》第二条规定，标准是指农业、工业、服务业以及社会事业等领域需要统一的技术要求。它是为了在特定范围内实现最佳秩序，对重复性事物、过程和概念所制定的统一且具有权威性的准则、规范或规定。

康养服务标准是一套系统、规范的准则体系，涉及服务流程、人员资质、设施设备等多个方面。例如：在服务流程上，明确了从老人入住评估、服务计划制定到服务实施、质量监控和反馈的全过程操作规范；在人员资质方面，对养老护理员、康复治疗师、营养师等岗位设定了相应的资格要求；设施设备要求则详细规定了养老机构应配备的适老化设施标准，如无障碍通道的宽度、扶手的高度和材质等。

二、标准的作用

标准在康养服务中具有至关重要的作用。

首先，标准能确保服务质量的一致性和稳定性。康养服务涵盖生活照料、康复护理、精神慰藉等多个方面，直接关系到老年人的生命健康和生活质量。缺乏统一标准，各机构及人员提供的服务质量参差不齐，难以确保一致性。例如，制定统一的护理操作标准能规范护理行为，降低因操作不当而引发的服务失误率。

其次，标准有助于提升行业的整体形象和公信力。在养老服务市场竞争激烈的环境下，高标准的服务规范能增强公众信任，吸引更多老年人和家属选择优质服务。

此外，标准还为行业监管提供了依据。政府和相关部门可依据标准监督和管理养老机构，确保其服务达标，保障老年人权益。

延伸阅读

1. 《养老机构服务安全基本规范》(GB 38600－2019)

制定部门：国家市场监督管理总局、民政部

> 实施时间:2020年1月1日
> 主要内容:我国首个养老服务领域强制性国家标准,明确养老机构服务安全"九防"要求(防噎食、压疮、跌倒等),规范安全风险评估流程(入住前评估、年度复评)、应急预案制定(每年至少演练1次)及设施设备强制性标准(消防、无障碍设计)。文件要求养老护理员持证上岗,污染织物单独处理,并建立突发事件报告程序。

知识点二 标准的分类与识别

一、标准的分类

1. 按适用范围分

根据《中华人民共和国标准化法》(2017修订版),我国标准分为五类,其制定主体、适用范围及典型示例如下。

(1) 国家标准。

制定主体:国家标准化管理委员会(SAC)主导制定,跨部门协同。

适用范围:全国统一的技术或管理要求,需保障基础性、通用性。

示例:《养老机构服务安全基本规范》(GB 38600-2019),强制规定养老机构服务消防、食品安全等底线要求;《居家养老上门服务基本规范》(GB/T 43153-2023),推荐性规范居家养老上门服务流程与质量评价。

(2) 行业标准。

制定主体:国务院相关行政主管部门(如民政部、卫健委)。

适用范围:特定行业领域的技术或服务规范。

示例:民政行业标准《老年人能力评估》(MZ/T 039-2013),明确老年人能力评估工具与等级划分方法。

(3) 地方标准。

制定主体:省级标准化行政主管部门(如北京市市场监管局)。

适用范围:针对地方特色或区域性需求制定。

示例:北京市《养老机构服务质量星级划分与评定标准》(DB11/T 219-2021),养老机构服务质量五星级评价涵盖环境设施、服务响应等62项指标;广东省《养老机构感染预防与控制管理规范》(DB44/T 2309-2021),细化南方湿热气候下的养老机构感染预防与控制管理细则。

(4) 团体标准。

制定主体:学会、协会等社会团体(如中国社会福利与养老服务协会)。

适用范围:填补国标、行标空白,推动行业创新。

示例:中国老年医学会发布的《认知障碍老年人照护服务规范》(T/CGSS 019-2021)。

(5) 企业标准。

制定主体:企业自主制定并公开(需高于国标/行标)。

适用范围:企业内部技术、管理或服务规范。

示例:山东恒德颐康养老产业有限公司企业标准《居家养老服务规范》(Q/HD TG202.40-2023)。

2. 按标准的性质分

(1) 强制性标准。法律效力明确,违反需承担法律责任。领域:健康、安全、环保等底线要求。示例:《老年人建筑设计规范》(GB 50340-2016)强制规定无障碍通道宽度≥1.2米。

（2）推荐性标准。通过市场机制推动实施，可纳入合同约定。作用：引导行业提质增效，如《智慧养老服务中心运营规范》(DB 34/T 4187-2022)通过智慧养老服务中心运营规范，推动数字化服务升级。

3. 按标准对象分

（1）技术标准。规范产品或服务的技术参数与质量要求。示例：《家庭养老床位服务基本规范》(MZ/T 234-2024)明确了家庭养老床位功能定位、服务对象、服务主体等内容。

（2）管理标准。建立组织运营框架与流程。示例：《养老机构风险评估》(MZ/T 216-2024)覆盖养老机构风险评估、应急预案等全流程。

（3）工作标准。明确岗位职责与操作规范。示例：《养老护理员国家职业技能标准》(2019版)划分五级技能等级，细化翻身、喂食等23项操作规范。

二、标准的识别

1. 国家标准代号

强制标准：GB + 标准号 + 发布年份（如GB 38600-2019）。

推荐标准：GB/T + 标准号 + 发布年份（如GB/T 43153-2023）。

2. 行业标准代号

代码规则：行业主管部门拼音首字母（如民政MZ、卫生WS）。民政推荐标准：MZ/T 039-2013（"T"代表推荐）。

3. 地方标准代号

代码规则：DB + 行政区划代码 + 标准顺序号 + 发布年份。示例：广东省标准DB44/T 2309-2021（"44"为广东省代码）。

4. 企业标准代号

代码规则：Q/ + 企业自定义代号 + 标准顺序号 + 发布年份。示例：《智慧养老服务平台技术规范》(Q/RCSQ 001-2023)。

> **延伸阅读**
>
> 1. 《老年人能力评估》(MZ/T 039-2013)
>
> 制定部门：民政部
>
> 实施时间：2013年
>
> 主要内容：通过4个一级指标（自理能力、基础运动能力、精神状态、感知觉与社会参与）和26个二级指标（如进食、上下楼梯、记忆等），将老年人能力分为"能力完好"至"完全失能"5个等级。该标准为分级照护提供科学依据，2013年行业标准升级为2022年国家标准，新增社区居家和医养结合服务需求评估指标。
>
> 2. 《社区老年人日间照料中心服务基本要求》(GB/T 33168-2016)
>
> 制定部门：民政部
>
> 实施时间：2016年
>
> 主要内容：规范城市社区日间照料中心服务范围（膳食供应、康复护理、精神慰藉等），要求独立安全场所、突发事件应急预案（火灾、意外伤害）、适老化设施配置（无障碍通道、紧急呼叫装置）及服务档案管理（老年人健康记录、服务协议）。鼓励专业人员参与服务，支持助浴、助餐等个性化需求。

1-3-2

1-3-3

知识点三　我国现有养老服务标准体系

一、基础通用标准体系

基础通用标准是养老服务标准体系的根基,其核心作用在于统一行业术语、明确服务对象分类、构建评估框架,并为其他子体系提供规范性依据。从内容上看,该体系包括以下四类标准。

1. 术语与分类标准

如《养老服务基本术语》对老年人类型(自理、失能、失智等)、养老模式(居家、社区、机构)和服务项目(生活照料、医疗护理等)进行统一定义,避免因概念模糊导致的实践分歧。

2. 能力评估标准

以《老年人能力评估规范》(GB/T 42195-2022)为代表,从自理能力、运动能力、精神状态、社会参与四个维度划分老年人失能等级(轻度至完全失能),为服务分级、资源分配提供科学依据。

3. 数据与统计标准

如《信息技术　大数据　数据分类指南》(GB/T 38667-2020)规范养老服务数据的采集、分类和共享,确保信息互通与监管有效性;地方标准如《养老机构评价指标计算方法》(DB11/T 1573-2018)则细化老年人健康档案、服务记录等数据管理要求。

4. 标准化工作导则

包括《服务业组织标准化工作指南》(GB/T 24421-2009)等,指导养老机构建立内部标准化体系,涵盖目标设定、流程设计、评价改进等环节。

二、服务标准体系

服务标准体系是养老服务标准化的核心,针对老年人多元化需求细化服务内容与技术要求,涵盖三大类。

1. 生活照料服务:包括饮食、清洁、排泄等日常照护

例如,《养老机构服务安全基本规范》强制要求防噎食、防压疮等"九防"安全措施,并通过膳食服务标准规定食谱制定、营养配餐等流程,确保老年人饮食安全与营养均衡。

2. 医疗护理服务:涉及疾病护理、康复支持及临终关怀

国家标准如《养老机构等级划分与评定》要求每100床位至少配备1名医生和3名护士,地方标准如江苏省《养老机构服务安全基本规范》细化康复设备配置和慢病管理流程;某地方《安宁服务标准》则规范临终关怀的心理支持与后事指导。

3. 精神慰藉服务:包括心理疏导、文化娱乐及教育服务

《养老机构服务质量基本规范》要求定期开展心理沟通与文娱活动;地方标准如江西《老年友善医疗机构建设规范》将老年心理关怀纳入服务评价指标,体现服务的人性化。

三、管理标准体系

管理标准体系聚焦养老机构的规范化运营与风险管控,包含以下重点领域。

1. 机构设立与运营标准

民政部《养老机构管理办法》明确备案条件、服务协议签订及退出机制;《老年人照料设施建筑设计标准》(JGJ 450-2018)规定场地选址、无障碍设施等硬件要求,确保服务环境适老化。

2. 质量与安全管理

包括ISO 9001质量管理体系在养老领域的应用,例如,北京地方标准要求养老机构建立安全责任制度,定期开展消防演练。

四、支撑保障标准体系

支撑保障标准体系通过技术、设施与评价机制为养老服务提供系统性支持。

1. 设施设备标准

如《老年人室内运动健康设施要求》规定器材安全性与适老化设计;2023年国家适老化改造专项计划覆盖居住环境、交通出行等领域,推动设施智能化升级(如防跌倒监测系统)。

2. 信息化建设标准

《信息技术 大数据 数据分类指南》(GB/T 38667-2020)规范养老服务大数据分类,支持智慧养老平台开发;地方标准如《养老机构评价指标与计算方法》(DB11/T 1573-2018)细化健康监测设备的数据接口标准,促进跨机构信息共享。

3. 质量评价与改进机制

《家政服务机构等级划分及评定》(GB/T 31772-2015)建立五级服务质量评价体系,第三方评估机构依据《养老机构顾客满意度测评》(MZ/T 133-2019)定期发布评级结果,推动行业良性竞争。

> **延伸阅读**
>
> **《国家标准管理办法》**
> 制定部门:国家市场监督管理总局
> 实施时间:2023年3月1日
> 主要内容:规范国家标准制定程序(立项、起草、技术审查),强化动态更新机制(每3年复审),推动国际标准转化与国内标准国际化,明确强制性标准(安全、健康领域)与推荐性标准分类管理。要求民政、卫健等部门协同推进适老化改造、医养结合等跨领域标准。

知识点四 我国康养服务标准体系建设目标、原则和主要任务

一、建设目标

我国康养服务标准体系建设以"全周期覆盖、多层次协同、高质量发展"为总体方向,根据《关于加强养老服务标准化工作的指导意见》(民发〔2014〕17号)及后续政策深化要求,目标分阶段推进,将建成覆盖基础通用标准、服务提供标准、管理保障标准和产品技术标准的完整体系,形成国家、行业、地方、企业标准协同联动机制,支撑养老服务规范化、专业化、智慧化发展。

1. 体系覆盖层面

标准将贯穿机构、居家、社区养老全场景,涵盖服务需求评估、服务流程、质量监管、设施设备、人员培训等全链条。例如:基础通用标准包括术语定义、分类体系、老年人能力评估方法等;服务提供标准细化生活照料、医疗护理、康复辅助、精神慰藉等操作规范;支撑保障标准则涉及安全卫生(如《养老机构消防管理规定》)、信息化管理(如《智慧健康养老服务平台通用技术要求》)等领域。

2. 实施效能层面

通过国家级标准化试点(如2023年新增120个养老和家政服务试点项目)推动标准落地,强化标准宣贯培训与动态监管,提升养老服务机构的规范化水平。例如,北京、上海等地通过试点形成"机构+社区+居家"一体化服务模式,并转化为地方标准推广。同时,结合"适老化改造""医养结合"等政策,推动智能辅具、无障碍设施等产品标准升级,例如2024年发布的《老年人居家环境适老化改造通用要求》明确家庭环境改造的技术规范。

3. 创新发展层面

顺应老龄化社会新需求,加快智慧养老、旅居养老、认知症照护等新兴领域标准供给。例如,依托《"十四五"国家老龄事业发展和养老服务体系规划》,推动智能健康监测设备、远程医疗服务、养老机器人等产品标准制定,并探索国际标准接轨路径,如参与ISO/TC 314(老龄社会标准化技术委员会)国际标准制定,提升我国在全球养老标准化领域的话语权。

二、建设原则

我国康养服务标准体系建设遵循"政府统筹、市场驱动、需求牵引、动态优化"四大原则,统筹多方资源,确保标准科学性与实用性。

1. 政府统筹主导,强化政策保障与顶层设计

通过跨部门协同机制(如民政部、卫健委、市场监管总局联合工作组)推动标准立项与实施。例如:国家标准化管理委员会设立"养老服务标准化技术委员会",统筹基础通用标准研制;地方政府通过财政补贴、用地保障等政策激励养老机构参与标准化试点,如江苏省对通过标准化验收的机构给予最高50万元奖励。

2. 市场需求驱动,激发企业主体活力

鼓励行业协会、龙头企业牵头制定团体标准和企业标准,填补市场空白。例如:中国老龄产业协会发布《老年助餐点服务规范》,规范社区食堂服务流程;知名养老企业"泰康之家"制定300余项企业内部标准,涵盖设施建设、服务流程、风险管控等全环节,成为行业标杆。同时,推动标准与产业创新融合,例如智能养老设备企业联合科研机构制定老年人健康监测手环技术规范,促进产品市场化应用。

3. 需求精准匹配,以老年人核心诉求为导向

优先制定安全照护、服务质量评价、权益保障等关键标准。例如:《养老机构服务质量基本规范》明确22项服务指标,涵盖饮食安全、隐私保护等细节;《老年人能力评估规范》国家标准为分级照护提供科学依据。同时,针对农村养老、失能失智照护等薄弱环节,加快标准供给,如2023年发布的《农村互助养老服务与管理规范》助力乡村振兴战略。

4. 动态优化迭代,建立标准全生命周期管理机制

通过定期评估(如每3年复审一次)及时修订滞后标准,结合新兴技术发展,推动人工智能、大数据在养老服务中的应用标准制定,如《养老机构数字化管理平台通用要求》规范数据采集与隐私保护。

三、主要任务

我国康养服务标准体系建设任务聚焦"体系健全、实施落地、创新突破、国际协同"四大维度,分层次推进落实。

1. 健全标准框架

完善"基础通用+服务提供+支撑保障+新兴领域"四层架构。

(1) 基础通用层。制定《养老机构服务标准体系建设指南》,明确标准分类与层级关系;修订《老年人社会福利机构基本规范》,统一行业准入要求。

(2) 服务提供层。细化居家养老(如《家庭养老床位服务基本规范》)、社区养老(如《社区老年人日间照料中心设施设备配置》)、机构养老(如《医养结合服务机构服务质量评价规范》)等场景标准。

(3) 支撑保障层。加强设施设备标准(如《养老院无障碍设计规范》)、人员标准(如《养老护理员职业技能等级标准》)、管理标准(如《养老服务投诉处理规范》)建设。

(4) 新兴领域层。推动智慧养老、旅居养老(如《旅行社老年旅游服务规范》)、安宁疗护等新业态标准制定。

2. 强化标准实施

构建"试点示范+监管评价+人才培养"三位一体推进机制。

(1) 试点示范。开展国家级服务业标准化试点,2025年前新增200个养老标准化示范项目,推广"上海长护险服务标准""北京时间银行互助养老模式"等经验。

(2) 监管评价。建立标准实施监测平台,通过"双随机一公开"抽查、第三方评估(如中国质量认证中心开展养老机构星级评价)确保标准落地;推广服务质量满意度指数(如CSI测评工具),将结果与政府补

贴、机构评级挂钩。

（3）人才培养。将标准化纳入职业院校康养专业课程，建设50个国家级养老标准化培训基地；推动从业人员持证上岗，如"养老护理员资格认证"与标准技能要求直接衔接。

3. 推动国际协同

深化标准国际化合作：参与ISO、IEC等国际组织养老标准制定，推动我国社区养老、中医康养等特色标准"走出去"；探索与日本、德国等养老产业强国互认标准。

4. 优化政策协同

加强跨部门协作：民政、卫健、工信等部门联合制定《适老化改造联合行动标准》，统筹家庭、社区、公共场所改造要求；完善激励政策，对执行高标准的企业给予税收减免（如研发费用加计扣除）、优先采购等支持，形成"高标准引领高质量发展"的良性循环。

任务实施与评价

一、任务实施

1. 资料收集

（1）渠道选择。政策法规平台：国家市场监管总局官网、民政部"养老服务标准化"专栏，查询《智慧健康养老产业发展行动计划（2021—2025年）》《养老机构服务安全基本规范》（GB 38600 - 2019）等文件。技术标准库：全国标准信息公共服务平台，检索《智慧健康养老服务平台通用技术要求》（T/SIOT 303 - 2019）。法律案例库：中国裁判文书网，分析养老服务合同纠纷、人身损害责任纠纷等判例。

（2）核心内容。智能设备标准：设备数据精度要求（如心率监测误差≤5%）、报警阈值设定规则（如连续3次异常触发人工核查）、定期校准周期（每月至少1次）。服务流程规范：《智慧养老服务中心运营规范》中关于设备故障应急响应流程（如2小时内报修、48小时内修复）。法律规定：《中华人民共和国民法典》第1198条（公共场所安全保障义务）、《消费者权益保护法》第18条（服务缺陷补救责任）。

2. 整理关键信息

（1）养老服务操作标准：设备报警机制应遵循《养老机构服务安全风险评估》，误报率超过10%需立即停用并检修。服务人员需每日检查设备运行状态，记录于《智能设备维护日志》，存档备查。

（2）医疗护理常识。老年人突发疾病应急流程：发现异常→启动应急预案（5分钟内响应）→联系家属及急救机构→同步留存设备数据作为证据。设备误报警心理干预措施：护理员需在30分钟内安抚老人情绪，解释设备原理，必要时暂停设备使用。

（3）法律规定要点。《养老机构管理办法》第22条：机构需与家属签订服务协议，明确设备使用风险及责任划分。《个人信息保护法》第29条：健康数据需加密存储，未经授权不得向第三方泄露。《医疗纠纷预防和处理条例》第16条：因设备故障导致损害的，机构需承担举证责任。

3. 案例剖析与解决方案

（1）问题根源。标准执行缺失：未按《智慧健康养老服务平台通用技术要求》定期校准设备，导致数据失真。应急流程滞后：设备故障响应超时，违反《养老机构服务安全基本规范》第5.3条"即时处理"要求。沟通机制不健全：未向家属充分说明设备使用风险，违反服务协议告知义务。

（2）改进建议。建立设备"双校验"机制（人工＋系统自动校准），每周生成"设备运行评估报告"。制定"智能设备突发事件应急预案"，明确"10分钟响应、2小时反馈、24小时修复"流程。增设家属沟通专员，每月召开设备使用说明会，签署《知情同意书》。

二、任务评价

1. 资料收集

全面性：是否覆盖智能设备技术标准、服务操作规范、纠纷处理法律条款三类核心内容，例如是否遗漏《中华人民共和国老年人权益保障法》中关于隐私权的规定。准确性:引用的标准名称、条款编号、数据要求是否与官方文件一致,例如误将"MZ/T 174-2021"写作"MZ/T 174-2020"。实用性:整理的信息能否直接应用于案例改进,如设备校准周期是否具体可操作。

2. 案例剖析

深度与逻辑性:是否从技术缺陷(设备标准不达标)、管理漏洞(应急流程缺失)、法律风险(告知义务未履行)多维度分析问题,并提出系统性解决方案。创新性:是否结合新兴标准(如 AI 误报自动过滤技术)提出前瞻性建议。

3. 问题识别与解决

精准度:能否准确识别案例中的核心矛盾(如设备误报与应急响应滞后),而非泛泛讨论"服务质量不足"。合规性:解决方案是否符合现行标准与法律要求,例如设备停用流程是否参照《养老机构服务安全风险评估指南》。

课后练习与拓展

一、课后练习

(一)选择题

1-3

1. 我国康养服务标准体系的核心是(　　)。

A.《宪法》

B.《养老机构服务安全基本规范》

C.《中华人民共和国老年人权益保障法》

D.《智慧健康养老产业发展行动计划(2021—2025 年)》

2. 以下哪项属于服务质量标准?(　　)

A.《养老机构设施设备配置》

B.《老年人能力评估规范》

C.《社区老年人日间照料中心服务基本要求》

D.《养老护理员国家职业技能标准(2019 年版)》

(二)填空题

1. 康养服务标准按效力分为国家标准、行业标准、_____和企业标准。

2.《养老机构等级划分与评定》属于_____标准。

(三)简答题

1. 简述康养服务标准体系的作用。

2. 举例说明智慧康养标准的应用场景。

(四)讨论题

1. 如何通过标准化提升农村养老服务质量?

2. 分析养老机构等级评定对行业发展的影响。

二、课后拓展

1. 标准调研任务:深入调研本地三家具有代表性的养老机构,严格对照《养老机构服务安全基本规范》的各项条款,全面评估其设施的安全合规性。

2. 标准宣讲活动:精心组织一场面向本地养老机构的《老年人能力评估规范》标准解读活动,通过生动案例和详细流程演示,确保参会人员能够深入理解并掌握评估流程。

3. 案例分析工作:广泛收集近年来因违反养老服务标准而引发的典型纠纷案例,深入分析案例背后的原因,并据此撰写一份具有针对性和可操作性的整改建议报告。

模块二

老年人权益保障政策

模块导读

本模块聚焦老年人权益保障方面的政策法规，通过三大任务构建系统化知识体系。项目一围绕家庭赡养责任，解析赡养义务主体、内容及协议制定，结合案例培养纠纷调解能力；项目二从经济供养、生活照料、精神慰藉三方面，阐述老年人基本生活权利的法律保障与政策支持；项目三聚焦人身与财产权益，涵盖婚姻自由、财产处置、遗产继承等实务要点。通过"认知—分析—应用"路径，强化学生法律意识与实践能力，为从事养老服务管理、纠纷调解等职业奠定基础。

思维导图

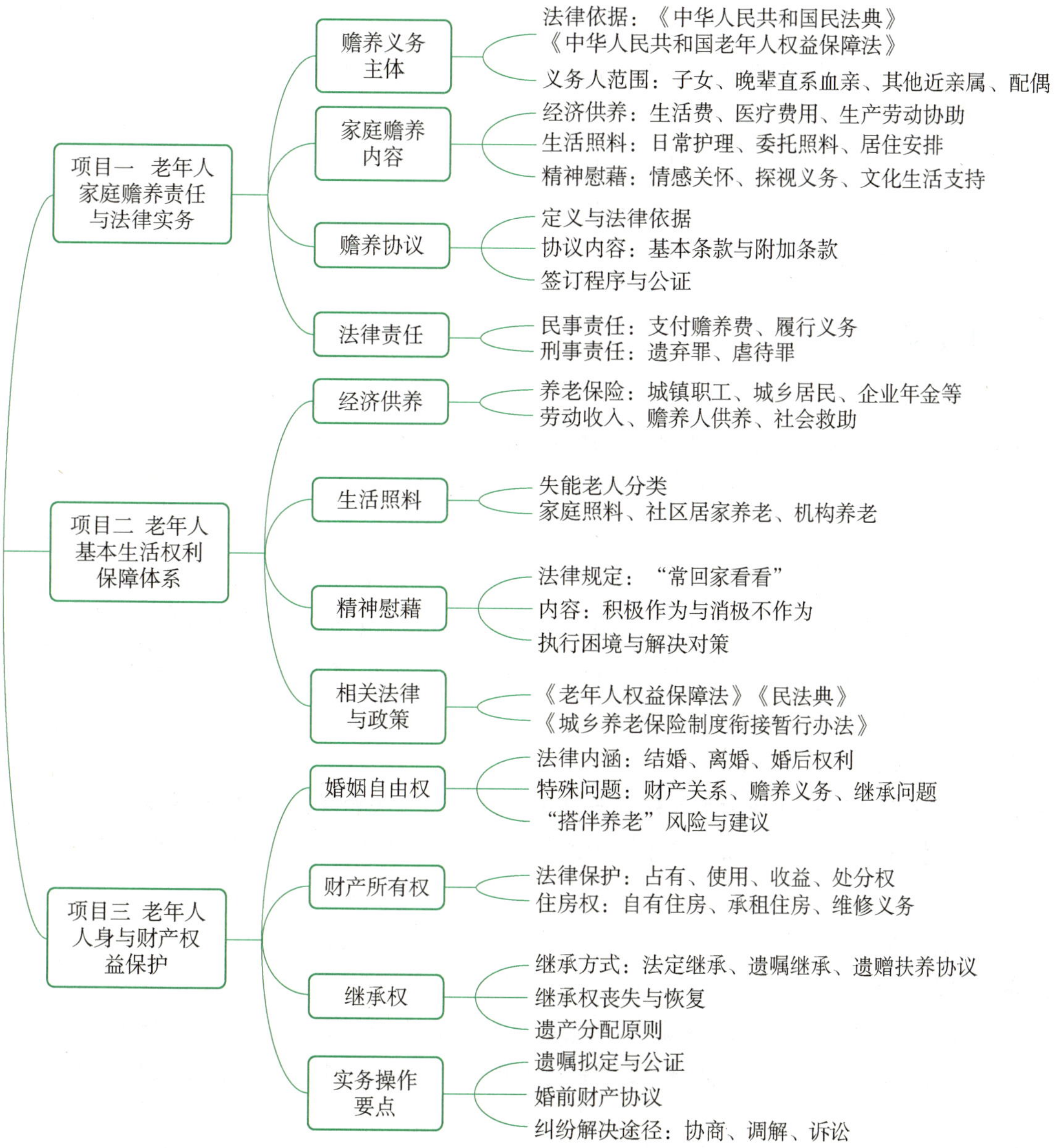

- **项目一 老年人家庭赡养责任与法律实务**
  - 赡养义务主体
    - 法律依据：《中华人民共和国民法典》《中华人民共和国老年人权益保障法》
    - 义务人范围：子女、晚辈直系血亲、其他近亲属、配偶
  - 家庭赡养内容
    - 经济供养：生活费、医疗费用、生产劳动协助
    - 生活照料：日常护理、委托照料、居住安排
    - 精神慰藉：情感关怀、探视义务、文化生活支持
  - 赡养协议
    - 定义与法律依据
    - 协议内容：基本条款与附加条款
    - 签订程序与公证
  - 法律责任
    - 民事责任：支付赡养费、履行义务
    - 刑事责任：遗弃罪、虐待罪

- **项目二 老年人基本生活权利保障体系**
  - 经济供养
    - 养老保险：城镇职工、城乡居民、企业年金等
    - 劳动收入、赡养人供养、社会救助
  - 生活照料
    - 失能老人分类
    - 家庭照料、社区居家养老、机构养老
  - 精神慰藉
    - 法律规定："常回家看看"
    - 内容：积极作为与消极不作为
    - 执行困境与解决对策
  - 相关法律与政策
    - 《老年人权益保障法》《民法典》
    - 《城乡养老保险制度衔接暂行办法》

- **项目三 老年人人身与财产权益保护**
  - 婚姻自由权
    - 法律内涵：结婚、离婚、婚后权利
    - 特殊问题：财产关系、赡养义务、继承问题
    - "搭伴养老"风险与建议
  - 财产所有权
    - 法律保护：占有、使用、收益、处分权
    - 住房权：自有住房、承租住房、维修义务
  - 继承权
    - 继承方式：法定继承、遗嘱继承、遗赠扶养协议
    - 继承权丧失与恢复
    - 遗产分配原则
  - 实务操作要点
    - 遗嘱拟定与公证
    - 婚前财产协议
    - 纠纷解决途径：协商、调解、诉讼

项目一 老年人家庭赡养责任与法律实务

学习目标

1. 知识目标

（1）明确老年人法定赡养人的范围,理解不同亲属间的赡养义务及法律依据。

（2）深入理解并掌握家庭赡养的具体内涵,涵盖经济上的供养、日常生活中的照料以及精神上的慰藉等多方面的要求。

（3）熟悉赡养协议的基本概念、内容框架及法律约束力。

2. 能力目标

（1）能够运用法律知识分析赡养纠纷案例,确定赡养义务人及责任分配。

（2）能够协助老年人与其赡养人进行有效协商,共同拟定出合理的赡养协议,从而明确并保障各方的权利与义务。

（3）具备沟通协调能力,帮助化解家庭赡养矛盾,维护老年人合法权益。

3. 素养目标

（1）增强法律意识和社会责任感,尊重老年人的合法权益。

（2）注重培养同理心与服务意识,致力于为老年人提供既专业又贴心的全方位养老服务。

（3）树立正确的职业道德,遵守养老服务行业规范。

情景任务

王奶奶今年78岁,居住在北京市某老旧社区,老伴已故,有两个儿子和一个女儿。大儿子李强55岁,下岗后靠打零工维持生计,妻子无业,儿子刚大学毕业尚未就业,家庭经济压力较大。二儿子李刚48岁,经营一家小型超市,收入稳定但需偿还房贷,赡养老人方面可能面临一定经济负担。女儿李芳45岁,是一名教师,丈夫是公务员,家庭条件较好,可能在赡养母亲方面承担更多责任。王奶奶没有退休金,仅靠微薄的积蓄和政府补贴生活,随着年龄增长,身体状况逐渐变差,日常生活需要有人照顾。王奶奶召集子女商议养老问题时,李强表示自己经济困难,无力承担赡养费用;李刚认为母亲偏爱哥哥,将房产留给了李强,应由李强负责赡养;李芳则称自己已出嫁,且工作繁忙,没有时间照顾母亲。此外,李强的儿子（王奶奶的孙子）李明表示愿意照顾奶奶,但担心影响自己的工作和生活。

任务一：赡养义务人及责任分析

要求：依据《中华人民共和国老年人权益保障法》《中华人民共和国民法典》等法规,明确王奶奶的法定赡养义务人（李强、李刚、李芳）及其应承担的经济供养、生活照料、精神慰藉责任,结合子女经济状况分析赡养能力。

目的：培养法律条文应用能力,明确赡养义务的法律边界与家庭伦理责任。

任务二：赡养协议拟定

要求：根据子女经济条件与王奶奶需求,制定赡养协议框架,包括经济分担比例（如李强每月支付200元、李刚500元、李芳800元）、生活照料分工（如李刚负责日常采购、李芳定期探望）、医疗费用分摊等内容,并明确违约责任条款。

目的:提升合同拟定能力,平衡赡养义务与子女实际负担,确保方案可行性。

任务三:家庭矛盾化解建议

要求:针对房产分配争议、赡养责任推诿等问题,提出调解建议(如召开家庭会议、引入社区调解员),并结合《中华人民共和国老年人权益保障法》第二十二条(财产自主)、第十八条(精神赡养)进行解释,推动家庭共识达成。

目的:培养矛盾调解能力,运用法律工具维护老年人权益,促进家庭和谐。

 知识链接

知识点一 老年人的赡养义务人

一、法律依据

《中华人民共和国民法典》第二十六条规定:"成年子女对父母负有赡养、扶助和保护的义务。"

《中华人民共和国老年人权益保障法》第十四条规定:"赡养人应当履行对老年人经济上供养、生活上照料和精神上慰藉的义务,照顾老年人的特殊需要。赡养人是指老年人的子女以及其他依法负有赡养义务的人。"

二、赡养义务人范围

1. 子女

包括婚生子女、非婚生子女、养子女和形成扶养关系的继子女。子女是老年人的第一顺序赡养人,无论是否继承财产,均需履行赡养义务。依据《中华人民共和国民法典》第一千零六十七条,成年子女不履行赡养义务的,父母缺乏劳动能力或者生活困难的,有权要求成年子女给付赡养费。

2. 晚辈直系血亲

有负担能力的孙子女、外孙子女,在子女已经死亡或无力赡养时,有赡养祖父母、外祖父母的义务。根据《中华人民共和国民法典》第一千零七十四条,孙子女、外孙子女履行赡养义务须具备三个条件:①具备负担能力;②祖父母、外祖父母的子女已亡故或无赡养能力;③祖父母、外祖父母需要赡养。

3. 其他近亲属

由兄、姐扶养长大的有负担能力的弟、妹,对于缺乏劳动能力又缺乏生活来源的兄、姐,有扶养义务。《中华人民共和国民法典》第一千零七十五条明确了兄、姐与弟、妹之间的扶养义务条件。

4. 配偶

夫妻有互相扶养的义务,一方不履行扶养义务时,需要扶养的一方有要求对方给付扶养费的权利。《中华人民共和国民法典》第一千零五十九条对此作出了规定。

三、案例分析

在王奶奶的案例中,李强、李刚和李芳作为子女,均为法定赡养人,需共同承担赡养义务。

李明作为孙子,在李强有赡养能力的情况下,暂不承担赡养义务,但可以自愿协助照顾奶奶。

知识点二 家庭赡养的主要内容

一、经济供养

1. 生活费支付

赡养人需依据老年人的实际需求及自身的经济承受能力,合理支付生活费。确定赡养费的具体数额,可采用以下方法。

(1)最低生活标准:以当地最低生活保障标准为基本依据,确保老年人获得基本生活保障。根据《社

会救助暂行办法》第十条规定,最低生活保障家庭收入状况、财产状况的认定办法,由省、自治区、直辖市或者设区的市级人民政府按照国家有关规定制定。该标准适用于经济困难或无劳动能力的老年人,通过制度化保障满足其基本生存需求。

(2) 社会平均生活标准:参考当地居民人均消费支出水平,结合老年人实际生活需求(如健康状况、生活习惯等)综合确定。《中华人民共和国老年人权益保障法》第十四条明确规定,赡养人应当履行对老年人经济上供养、生活上照料和精神上慰藉的义务,照顾老年人的特殊需要。此标准旨在让老年人享受与当地社会平均生活水平相适应的生活质量,确保其生活需求与社会发展水平同步。

(3) 家庭平均生活标准:以赡养人家庭的平均生活水平为基准,兼顾老年人实际需求与家庭经济承受能力确定。在具体实践中,当家庭内部经济状况存在差异时,可通过协商或司法调解,参照家庭成员的收入、支出、财产状况等因素,按比例合理分配赡养费用。《中华人民共和国民法典》第一千零六十七条规定,成年子女不履行赡养义务的,缺乏劳动能力或者生活困难的父母,有要求成年子女给付赡养费的权利。该条款为家庭内部协商或司法判定提供了明确法律依据,保障老年人在家庭经济条件允许范围内,获得与家庭生活水平相匹配的经济供养。

2. 医疗费用承担

赡养人有法定责任承担老年人患病期间的医疗费用及必要护理费用。对于经济困难的老年人,赡养人须优先保障其基本医疗需求。依据《中华人民共和国老年人权益保障法》第十五条,赡养人应当使患病的老年人及时得到治疗和护理;对经济困难的老年人,应当提供医疗费用。同时,《民法典》关于家庭成员间扶养义务的规定,也为医疗费用承担提供了民事法律依据,明确赡养人需保障老年人的健康权益,确保老年人在患病时能获得及时有效的医疗救治与护理服务。

3. 生产劳动协助

针对农村老年人承包的田地、林木、牲畜等生产资料,赡养人有义务提供耕种、照管等协助,相关收益归老年人所有。这一规定既保障了农村老年人的财产权益,也符合农村生产生活实际需求。《中华人民共和国老年人权益保障法》第十七条规定,赡养人有义务耕种或者委托他人耕种老年人承包的田地,照管或者委托他人照管老年人的林木和牲畜等,收益归老年人所有。该条款明确了赡养人在生产劳动协助中的具体义务,确保老年人的合法财产收益不受侵害,保障其通过生产资料获得经济收入的权利。

二、生活照料

生活照料是保障老年人基本生活质量的重要环节,涵盖日常护理、照料方式及居住保障等具体内容。

1. 日常护理

赡养人对生活不能自理或行动不便的老年人,须承担直接照料责任,具体包括饮食安排、起居照顾、个人卫生护理(如洗漱、穿衣、如厕协助)、健康监测等基础生活服务。对于失能或半失能老年人,还需根据其身体状况提供康复护理、辅助器具使用指导等专业性照料。法律依据:《中华人民共和国老年人权益保障法》第十四条规定,赡养人应当履行对老年人生活上照料的义务。该条款明确了赡养人在日常生活层面对老年人的直接照护责任,尤其强调对身体机能衰退或患病老年人的特殊照料需求,确保其基本生活需求得到满足。

2. 委托照料

当赡养人因工作、健康等客观原因无法亲自照料老年人时,有权通过委托亲属、专业护理人员或合法养老机构等方式履行照料义务,相关服务费用由赡养人承担。委托照料需以书面或口头形式明确双方权利义务,确保照料服务符合老年人意愿及身体状况。法律依据:《中华人民共和国老年人权益保障法》第十五条第三款规定,赡养人委托他人照料老年人的,应当与受托人签订委托照料协议,明确照料内容、方式和责任。同时,《中华人民共和国民法典》第九百七十九条关于无因管理的规定,为临时委托照料中费用承担及责任划分提供了补充依据,确保委托照料行为的规范性和合法性。

3. 居住安排

赡养人须为老年人提供安全、舒适、便利的居住条件,不得强迫其居住或迁居至面积狭小、设施陈旧、环境恶劣的房屋。对于与老年人共同居住的家庭,应确保居住空间符合老年人生活习惯和身体需求(如配备无障碍设施、防滑地面等);对于分开居住的情况,赡养人需保障老年人住房的所有权或使用权不受侵害,定期检查住房安全状况。法律依据:《中华人民共和国老年人权益保障法》第十六条规定,赡养人应当妥善安排老年人的住房,不得强迫老年人居住或者迁居条件低劣的房屋。老年人自有的或者承租的住房,子女或者其他亲属不得侵占,不得擅自改变产权关系或者租赁关系。该条款从住房所有权、居住环境标准、禁止性义务三方面作出规定,全面保障老年人的居住权益。

三、精神慰藉

精神慰藉是家庭赡养中体现人文关怀的核心内容,旨在满足老年人情感需求、维护心理健康,具体包括以下几方面。

1. 情感关怀

家庭成员应主动关注老年人的情绪状态和心理需求,通过日常沟通交流(如陪伴聊天、倾听诉求)、共同参与家庭活动(如聚餐、节日团聚)等方式,给予老年人充分的情感支持。尤其注意避免因工作繁忙、关系疏远等原因忽视、冷落老年人,防止其产生孤独、抑郁等心理问题。法律依据:《中华人民共和国老年人权益保障法》第十四条规定,赡养人应当履行对老年人精神上慰藉的义务,照顾老年人的特殊需要。该条款明确将情感关怀纳入赡养义务范围,强调家庭成员在精神层面的相互陪伴责任,体现对老年人心理健康的法律保护。

2. 探视义务

与老年人分开居住的赡养人,应当根据老年人生活习惯和实际需求,定期前往看望或通过电话、视频、书信等方式保持联系,频率可结合双方约定及实际情况合理确定(如每周一次电话沟通、每月一次当面探望)。遇重要节日、老年人患病或特殊纪念日时,应增加探视或关怀频次。法律依据:《中华人民共和国老年人权益保障法》第十八条第二款规定,与老年人分开居住的家庭成员,应当经常看望或者问候老年人。该条款通过"经常"这一弹性表述,既尊重家庭实际情况,又明确了分开居住赡养人主动维系亲情关系的法定义务,防止"精神赡养缺失"。

3. 文化生活支持

赡养人应鼓励并协助老年人参与各类社会活动,支持其发展兴趣爱好(如参加老年大学、社区文化活动、体育锻炼等),丰富精神文化生活。对于有学习意愿的老年人,应尊重其继续受教育的权利,提供必要的支持和便利。法律依据:《中华人民共和国老年人权益保障法》第七十一条规定,老年人有继续受教育的权利,国家发展老年教育,鼓励社会办好各类老年学校。同时,第十四条关于"照顾老年人特殊需要"的规定,为支持老年人参与文化活动提供了扩展性法律依据,确保老年人在智力、情感、社交等多维度获得发展机会。

> **延伸阅读**
>
> **1.《中华人民共和国老年人权益保障法》(2018年修正)**
>
> 制定部门:全国人民代表大会常务委员会
>
> 实施时间:1996年10月1日起施行,2018年12月29日最新修正
>
> 主要内容:该法为老年人权益保障的基础性法律,全面规范家庭赡养与扶养、社会保障、社会服务等内容。其中,第二章明确赡养人对老年人经济供养、生活照料、精神慰藉的法定义务,规定赡养协议的订立规则,强调家庭成员应当关心老年人的精神需求;第三章对老年人医疗保障、护理补贴、

长期护理保险等制度作出规定,保障老年人获得基本医疗服务;第五章鼓励社会力量参与养老服务,推动建立居家为基础、社区为依托、机构为补充的养老服务体系,目标是实现老有所养、老有所医、老有所为、老有所学、老有所乐。

2.《中共中央 国务院关于加强新时代老龄工作的意见》

制定部门:中共中央 国务院

实施时间:2021年11月

主要内容:意见围绕健全养老服务体系、完善老年人健康支撑体系、促进老年人社会参与等方面提出具体要求。在家庭赡养层面,强调弘扬中华民族孝亲敬老传统美德,建立常态化指导监督机制,督促赡养人履行赡养义务;探索设立"家庭养老床位",完善相关服务、管理、技术等规范;推动开展"时间银行"互助养老模式,鼓励低龄老年人为高龄老年人提供服务并储存时间,未来兑换养老服务。通过政策引导,强化家庭养老功能,构建居家社区机构相协调的养老服务格局,推动老龄事业高质量发展。

2-1-2

知识点三　赡养协议

一、协议定义

赡养协议是由赡养人与被赡养人之间或赡养人之间就履行赡养义务签订的合同,具有法律效力。根据《中华人民共和国老年人权益保障法》第十七条规定,赡养协议需满足一定条件,包括订立主体合格、内容合法合规、意思表示真实,并且一般以书面形式为宜。只要赡养协议符合上述条件,就具有法律效力,对双方当事人均有拘束力。《中华人民共和国老年人权益保障法》第二十条规定,经老年人同意,赡养人之间可以就履行赡养义务签订协议,赡养协议的内容不得违反法律的规定和老年人的意愿。

二、协议内容

1. 基本条款

(1) 赡养义务人的姓名、联系方式。

(2) 被赡养人的基本情况。

(3) 赡养的具体内容,包括经济供养、生活照料和精神慰藉的方式和标准。

(4) 赡养费的数额、支付方式和时间。

(5) 医疗费用的承担方式。

(6) 居住安排。

(7) 违约责任。

2. 附加条款

(1) 尊重老年人的财产所有权,不得侵占、挪用老年人的财产。《中华人民共和国老年人权益保障法》第二十二条规定,老年人对个人的财产,依法享有占有、使用、收益和处分的权利,子女或者其他亲属不得干涉,不得以窃取、骗取、强行索取等方式侵犯老年人的财产权益。

(2) 尊重老年人的婚姻自由,不得干涉其离婚、再婚及婚后生活。《中华人民共和国老年人权益保障法》第二十一条规定,老年人的婚姻自由受法律保护。子女或者其他亲属不得干涉老年人离婚、再婚及婚后的生活。

(3) 保障老年人的休息和娱乐权利,不要求其承担力不能及的劳动。《中华人民共和国老年人权益保障法》第十四条规定,赡养人应当履行对老年人经济上供养、生活上照料和精神上慰藉的义务,照顾老年人的特殊需要。

(4)其他协商一致的事项。

三、签订程序

1. 协商一致

赡养人和被赡养人应就协议内容充分协商,达成一致意见。《中华人民共和国老年人权益保障法》第二十条规定,赡养协议的内容不得违反法律的规定和老年人的意愿。

2. 书面形式

协议应采用书面形式,由各方签字或盖章。《中华人民共和国民法典》第四百六十九条规定,当事人订立合同,可以采用书面形式、口头形式或者其他形式。书面形式是合同书、信件、电报、电传、传真等可以有形地表现所载内容的形式。

3. 公证(可选)

为增强协议的法律效力,可进行公证。《中华人民共和国公证法》第十一条规定,根据自然人、法人或者其他组织的申请,公证机构办理合同公证事项。

> **延伸阅读**
>
> **《中华人民共和国公证法》**
> 制定部门:全国人民代表大会常务委员会
> 实施时间:2006年(最新修正2017年)
> 主要内容:明确公证机构可办理赡养协议公证,强化协议法律效力。公证程序确保协议内容合法、意思表示真实,有效预防家庭纠纷。例如,在贵州杨某群案中,公证成功规避了"财产分配免除赡养义务"的无效约定,切实保障了赡养责任的落实。

知识点四　法律责任

一、民事责任

1. 赡养人不履行赡养义务的,老年人有权要求赡养人支付赡养费

《中华人民共和国民法典》第一千零六十七条规定,成年子女不履行赡养义务的,缺乏劳动能力或者生活困难的父母,有要求成年子女给付赡养费的权利。

2. 因赡养纠纷产生的诉讼,法院可根据具体情况判决赡养人履行义务

《中华人民共和国民事诉讼法》第三条规定,人民法院负责审理公民之间、法人之间、其他组织之间及其相互间因财产权益和人身关系引发的民事诉讼,均适用本法规定。

二、刑事责任

对于负有扶养义务而拒绝扶养,情节恶劣的,处五年以下有期徒刑、拘役或者管制。《中华人民共和国刑法》第二百六十一条规定,对于年老、年幼、患病或者其他没有独立生活能力的人,负有扶养义务而拒绝扶养,情节恶劣的,处5年以下有期徒刑、拘役或者管制。

> **延伸阅读**
>
> **《最高人民法院关于适用〈中华人民共和国民法典〉婚姻家庭编的解释(一)》**
> 制定部门:最高人民法院审判委员会
> 实施时间:2021年1月1日起施行

主要内容：该司法解释对民法典婚姻家庭编中有关赡养等亲属关系的法律适用问题作出细化规定。其中，在赡养纠纷方面，明确了赡养费数额的确定标准，需综合考虑被赡养人的实际生活需求、赡养人的经济负担能力、当地的生活水平等因素；对于赡养义务的履行方式，规定赡养人不仅要提供经济供养，还需保障被赡养人的生活照料和精神慰藉，为法院审理赡养纠纷案件提供了具体裁判指引，进一步保障老年人合法权益在司法实践中的落实。

任务实施与评价

1. 任务实施

(1) 分析赡养义务人及其责任。

① 根据法律规定，确定李强、李刚和李芳为赡养义务人。

② 评估各赡养人的经济状况和负担能力。

李强：经济困难，可适当减少赡养费数额，但需承担部分生活照料责任。

李刚：收入稳定，应承担主要的经济供养责任。

李芳：家庭条件较好，可承担部分经济供养和精神慰藉责任。

(2) 拟定赡养协议。

参考赡养协议模板，结合王奶奶的实际情况，拟定协议内容。

经济供养：李刚每月支付赡养费1500元，李芳每月支付赡养费1000元，李强每月支付赡养费500元。

生活照料：李强和李芳轮流照顾王奶奶的日常生活，李刚协助照顾。

医疗费用：三人共同承担，按比例分摊。

居住安排：王奶奶继续居住在自己家中，由赡养人负责房屋维修和日常开支。

精神慰藉：赡养人每周至少探望王奶奶一次，节日期间共同陪伴。

(3) 调解家庭矛盾。

① 组织家庭会议，引导子女换位思考，强调赡养父母是法定义务和道德责任。

② 建议子女合理分工，根据自身优势承担相应责任，如李芳负责安排王奶奶的医疗和文化活动，李强负责日常采购和家务协助。

2. 任务评价

(1) 知识运用准确性。

① 能准确引用法律条文，明确赡养义务人及其责任。

② 正确分析案例中的赡养问题，提出合理的解决方案。

(2) 协议拟定合理性。

① 协议内容完整，涵盖经济供养、生活照料、精神慰藉等方面。

② 条款具体明确，具有可操作性，符合法律规定和实际情况。

(3) 沟通协调能力。

① 能有效组织家庭会议，引导各方达成共识。

② 语言表达清晰，逻辑严密，能够化解矛盾。

(4) 创新与实践能力。

① 提出具有创新性的解决方案，如引入社区服务或志愿者协助。

② 结合实际情况，考虑老年人的特殊需求，体现人性化关怀。

课后练习与拓展

一、课后练习

（一）选择题

1. 下列人员中，不属于法定赡养义务人的是（　　）。
   A. 形成扶养关系的继子女
   B. 有负担能力且父母健在的孙子女
   C. 由兄、姐扶养长大的有负担能力的弟、妹（其兄、姐缺乏劳动能力又缺乏生活来源）
   D. 配偶

2. 关于赡养协议的说法，错误的是（　　）。
   A. 需经老年人同意，赡养人之间才可签订
   B. 内容不得违反法律规定和老年人意愿
   C. 必须采用书面形式，否则无效
   D. 进行公证可增强协议的法律效力

2-1

（二）填空题

1. 确定赡养费具体数额的方法包括最低生活标准法、社会平均生活标准法和_____。
2. 《中华人民共和国老年人权益保障法》规定，赡养人对患病的老年人应当提供_____和护理服务。
3. 有负担能力的孙子女、外孙子女，在其_____死亡或无力赡养时，有赡养祖父母、外祖父母的义务。

（三）简答题

简述家庭在老年人生活照料中的作用与困境。

（四）讨论题

结合案例，探讨老年人财产自主与子女赡养义务的平衡路径。

二、课后拓展

1. 政策宣讲：组织社区活动，解读《中华人民共和国老年人权益保障法》中的财产权与赡养义务条款。
2. 方案设计：为独居失能老人设计"社区＋机构"联合照护方案，包含经济、生活、精神支持措施。

项目二　老年人基本生活权利保障体系

学习目标

1. 知识目标

（1）理解老年人基本生活权利的内涵。
（2）熟悉《中华人民共和国老年人权益保障法》等法律中与老年人基本生活权利相关的条款。

2. 能力目标

（1）能够熟练运用相关法律知识，为老年人及其家属提供基本生活权利保障方面的专业咨询服务。
（2）掌握从经济支持、生活护理及精神关怀三方面综合考量，有效应对老年人基本生活中的实际问题。

(3) 具备根据老年人的具体情况,为其设计个性化养老保障方案的能力。

3. 素养目标

(1) 培养尊重和关爱老年人的职业素养,树立主动维护老年人基本生活权利的意识。

(2) 强化社会责任感,主动投身于老年人基本生活权益保障的宣传与实践活动中。

(3) 养成严谨细致的工作作风,能够在养老服务工作中切实维护老年人的合法权益。

情景任务

在一个风景秀丽的海滨城市,75岁的陈奶奶独自居住在一套90平方米的老房子里。陈奶奶早年丧偶,育有一子一女。儿子在外地工作,平时很少回家;女儿虽然住在同一城市,但由于工作繁忙,也只是偶尔来探望。陈奶奶的日常生活大多依赖于社区志愿者的悉心协助。

随着年龄的增长,陈奶奶的身体状况逐渐下降,日常生活自理变得越来越困难。她期盼能入住一所环境优越的养老院,安度晚年岁月。然而,当她向子女提出这个想法时,子女们有较大分歧。儿子认为养老院费用太高,家里的房子可以出租,用租金来支付陈奶奶的养老费用;女儿则担心陈奶奶在养老院得不到悉心照料,坚持要陈奶奶搬到自己家居住。

此外,陈奶奶还有一些存款和一套房产,子女们对这些财产的分配也存在争议。儿子期望获得房产过户,计划抵押投资;而女儿主张财产应均分给兄妹二人。陈奶奶感到非常苦恼,不知道该如何解决这些问题。

任务一:养老问题多维分析

要求:依据《中华人民共和国老年人权益保障法》《中华人民共和国民法典》等法规,从经济供养(存款与房产争议)、生活照料(独居困境)、精神慰藉(子女情感忽视)三方面分析陈奶奶的核心问题,结合子女经济条件与法律义务,明确赡养责任归属。

目的:培养法律条文应用能力,系统梳理老年人权益保障的多维需求,强化责任意识。

任务二:养老方案设计与可行性论证

要求:制定养老院入住方案(费用测算:存款+房租+政府补贴),设计财产分配建议(房产设立居住权、存款均分),并引用《中华人民共和国民法典》第三百六十六条(居住权)、第一千一百三十条(赡养与继承关系)论证方案合法性。

目的:提升政策运用与方案设计能力,平衡老年人自主权与子女利益,确保方案合规可行。

任务三:家庭沟通与共识达成

要求:撰写报告向陈奶奶及其子女解释方案依据,组织家庭会议宣讲《中华人民共和国老年人权益保障法》第二十二条(财产自主)、第十八条(精神赡养),推动签订赡养协议,明确探视频次与费用分担比例。

目标:增强矛盾调解与沟通协作技巧,运用法律手段有效解决家庭纷争,确保老年人合法权益得到充分保障。

知识链接

知识点一 经济供养

经济供养作为老年人基本生活的物质基础,贯穿其晚年生活的始终。它既是家庭责任的直接体现,也离不开社会制度的全面保障,包括养老保险、劳动所得、子女赡养及社会救助等多个方面,共同织就一张老年人经济安全的保护网。

1. 养老保险

我国构建了多层次养老保险体系,为老年人提供稳定经济来源。

(1) 城镇职工养老保险：主要面向企业职工、机关事业单位工作人员及灵活就业群体。参保人员需累计缴费满十五年，方可在退休后按月领取养老金。养老金由统筹账户（即社会共济基金）和个人账户（个人缴费累积）两部分组成，遵循"多缴多得、长缴多得"的分配原则。

(2) 城乡居民养老保险：覆盖年满16周岁（不含在校学生）、未参加城镇职工养老保险的城乡居民。缴费标准分多档，参保人可自选，政府补贴缴费，基础养老金由中央和地方财政共担，确保养老保障"广覆盖、保基本"目标的实现。

(3) 补充养老保险：包括企业年金（企业及其职工在参加基本养老保险基础上建立的补充养老保险）、职业年金（机关事业单位工作人员的补充保障），以及个人商业养老保险，满足不同群体对养老品质提升的需求。

2. 劳动收入

老年人劳动收入是经济供养的重要补充。低龄健康老人通过社会劳动获取收入，如农村老人适度务农，城市老人参与社区服务或轻体力工作。政策上，《关于支持老年人就业的指导意见》等鼓励企业聘用老年人，保障其劳动权益，助力有能力和意愿的老年人实现经济独立和社会价值。

3. 赡养人供养

赡养人对老年人的经济供养是法定义务。依据《中华人民共和国民法典》第一千零六十七条，子女对父母有赡养扶助义务，包括提供必要的生活费用、医疗开支等经济支持。此外，由兄、姐扶养长大的有负担能力的弟、妹，对缺乏劳动能力又缺乏生活来源的兄、姐也有扶养义务。赡养人需保障老年人生活水平不低于家庭平均生活水平，在老年人患病、失能等特殊情况下，还需承担额外经济支出。

4. 社会救助

对于陷入经济困境的老年人而言，社会救助构成了他们生活的坚实后盾。"三无"（无劳动能力、无生活来源、无赡养人和扶养人）老年人，以及符合条件的贫困老年人，可申请最低生活保障、特困人员救助供养等。救助措施涵盖了现金补贴与实物援助，诸如住房保障和医疗救助等，各地则遵循《社会救助暂行办法》，依据本地经济状况灵活调整救助标准，以保障困难老年人的基本生活需求得以满足。

> **延伸阅读**
>
> 《关于建立城乡居民基本养老保险待遇确定和基础养老金正常调整机制的指导意见》
> 制定部门：人力资源社会保障部　财政部
> 实施时间：2018年3月
> 主要内容：建立"个人缴费＋集体补助＋政府补贴"待遇确定机制，明确基础养老金由中央与地方财政分担，根据经济发展、物价变动等动态调整（如2023年全国基础养老金最低标准提至每月130元），强化"多缴多得、长缴多得"激励导向。

知识点二　生活照料

生活照料是老年人安享晚年的核心需求，伴随老龄化加剧，其重要性愈发凸显。它涵盖家庭、社区、机构等多个方面，涉及日常生活照护、医疗护理等内容，需构建全方位、个性化的服务体系，以满足老年人从基础到高品质生活的多层次照护需求。

1. 失能老人分类与照料重点

依据《老年人能力评估》（MZ/T 039－2013），失能老人分为三级。

(1) 轻度失能：1—2项日常活动（如穿衣、洗澡、进食等）存在困难，需提供辅助工具或简单协助，重点在于维持生活自理能力。

(2) 中度失能：3—4项日常活动（如上下床、室内走动、如厕等）需要帮助，需专业护理人员介入，提供生活照料与康复辅助。

(3) 重度失能：5—6项日常活动（如吃饭、如厕、移动等）完全依赖他人，需24小时全天候照护，包括生活护理、医疗监护等。

2. 家庭照料的作用与困境

家庭是老年人生活照料的传统主体，子女、配偶承担着日常起居照顾、情感陪伴等责任。然而，现代社会家庭结构趋于小型化，加之子女工作压力日益增大，使得家庭照料在资源与专业能力上均面临严峻挑战。例如，双职工子女难以兼顾工作与失能父母照料，非专业照护可能影响老年人生活质量。为此，一些地方政府出台了子女护理假政策，以保障老年人合法权益，如西安规定独生子女每年最多可享受20天带薪护理假，非独生子女为10天，一些地区还允许其他依法负有赡养、扶养义务的人员享受护理假，如老年人的配偶。在护理假期间，大部分省市明确了工资支付标准，护理假的享受条件一般要求老年人为60周岁以上，并且住院治疗，用人单位通常应当给予子女护理假，为强制性规定。

3. 社区居家养老照料

以社区为依托，打造"居家养老15分钟服务圈"，提供多样化照料服务。

(1) 生活服务：助餐、助浴、助洁等上门服务，解决老年人日常生活难题。

(2) 医疗服务：社区卫生服务中心为老年人建立健康档案，提供定期体检、慢性病管理、康复护理等服务，部分地区推行"家庭医生签约"，提升医疗照护便捷性。

(3) 辅助服务：通过社区老年活动中心，组织文化娱乐、心理疏导等活动，丰富老年人精神生活，缓解孤独感。

4. 机构养老照料

养老机构为老年人提供专业化、集中式照料。

养老院/敬老院专为失能、半失能及自理老年人提供服务，配备专业的护理人员和先进的医疗设施，涵盖生活照料、康复护理、餐饮娱乐等多方面，严格遵循《养老机构管理办法》，确保每位老人都能享受到高质量且安全的服务。

特殊机构方面，记忆照护中心专注于为失智老年人提供专业认知症干预服务，而高端养老社区则集居住、医疗、娱乐于一体，全方位满足老年人对高品质养老生活的向往。

知识点三　精神慰藉

精神慰藉如同老年人心理健康的"滋养剂"，与物质保障相比，它在塑造老年人幸福感方面发挥着更为深远且不可替代的作用。它不仅是家庭伦理的要求，更被纳入法律范畴，需要从法律约束、社会倡导、家庭实践等多层面落实，让老年人在情感关怀中享受精神富足的晚年。

1. 法律对精神慰藉的规定

《中华人民共和国老年人权益保障法》第十八条明确规定："家庭成员应当关心老年人的精神需求，不得忽视、冷落老年人。与老年人分开居住的家庭成员，应当经常看望或者问候老年人。"此规定将"常回家看看"明确为法律义务，着重强调子女等家庭成员对老年人精神关怀的重要性，一旦违反，老年人有权依法维权。

2. 精神慰藉的实践内容

(1) 情感陪伴：子女定期探望老年人，与老年人交流沟通，了解其心理状态；陪伴老年人参与户外活动、家庭聚会等，增强情感联结。

(2) 文化精神供给：为老年人购置书籍、订阅报刊，支持其参与老年大学、社区文化活动，丰富精神生活；鼓励老年人发展兴趣爱好，如书法、绘画、园艺等，实现自我价值。

(3) 尊重与理解：尊重老年人的生活习惯、个人选择（如再婚、居住安排等），耐心倾听老年人诉求，避免因观念差异引发冲突,营造和谐的家庭情感氛围。

3. 精神慰藉的执行困境与对策

(1)执行困境:部分子女法律意识薄弱,对老年人精神需求视而不见;老年人维权意识欠缺,即便权益受损也往往选择沉默,不愿通过法律途径维权;此外,精神损害难以量化评估,给司法实践中的认定与追责带来挑战。

(2)解决对策:强化普法力度,借助社区讲座、媒体平台等渠道,增强社会对老年人精神慰藉必要性的认识;充分发挥基层组织(居委会、村委会)的调解职能,迅速介入并处理家庭精神赡养矛盾;构建家庭探访监督机制,依托社区志愿者定期开展回访活动,确保家庭成员履行精神赡养责任。

> **延伸阅读**
>
> 1.《关于建立完善老年健康服务体系的指导意见》(国家卫生健康委等8部门,2019年)
>
> 提出加强老年人心理健康服务,推动社区建立心理咨询室,为老年人提供情感支持、心理干预等服务,明确将精神慰藉纳入医养结合服务内容。
>
> 2.《"十四五"国家老龄事业发展和养老服务体系规划》(国务院,2021年)
>
> 要求建立独居、空巢老年人定期探访制度,鼓励社区开展"时间银行"志愿服务,支持社会组织提供心理疏导、文化娱乐等精神慰藉服务,构建"家庭+社区+机构"协同关爱网络。

2-2-2

2-2-3

知识点四　相关法律与政策

老年人基本生活权利的保障,离不开法律与政策的协同支撑。从国家法律到地方政策,构建起全方位的制度体系,既明确权利边界,又规范保障路径,为老年人权益保护提供坚实后盾,推动老年友好型社会建设。

1.《中华人民共和国老年人权益保障法》

作为保障老年人权益的专门法律,包括以下核心内容。

财产权益:规定老年人对个人财产依法享有占有、使用、收益和处分的权利,子女或其他亲属不得侵占、抢夺(第二十二条)。

婚姻自由:老年人的婚姻自主权受法律保护,任何子女或其他亲属均不得干涉其离婚、再婚及婚后生活的选择(第二十一条)。

继承权:老年人依法享有继承权利,遗产处理过程中,必须确保老年人应得份额不受子女或他人剥夺(第二十四条)。

2.《中华人民共和国民法典》

(1)赡养义务:法律重申了成年子女对父母负有经济供养、生活照料及精神慰藉的赡养义务(第1067条)。

(2)居住权:确立居住权制度,老年人可通过设立居住权保障自身对房屋的居住权益,防止房产处置后居无定所(第三百六十六—三百七十一条)。

(3)遗产继承:明确法定继承顺序、遗嘱形式及效力等,保障老年人作为继承人或被继承人的合法权益(第六编"继承"相关条款)。

3. 政策协同保障

(1)养老保险政策:如《城乡养老保险制度衔接暂行办法》,解决参保人员在城镇职工养老保险与城乡居民养老保险间的衔接问题,确保老年人养老保障权益连续。根据《"十四五"国家老龄事业发展和养老服务体系规划》,我国正致力于推动养老服务设施建设和服务质量的提升。规划明确指出,将从居家、社区到机构养老全方位构建一个全覆盖的服务网络,以满足老年人多层次、高品质的健康养老需求。

(2) 医疗保障政策:通过整合基本医疗保险、大病保险、医疗救助等制度,以及推进老年人慢性病管理、家庭医生签约服务,我国已成功减轻了患者医疗负担,特别是老年人的医疗费用负担。例如,基本医保、大病保险、医疗救助三重保障制度减轻了居民参保人员医疗费用负担。此外,针对老年人慢性病的长处方服务,如北京将纳入长处方管理的慢性病由原来的5类疾病扩展到了8类,有效缓解了慢性病老人用药难题。

任务实施与评价

任务一:养老问题多维分析

1. 任务实施

(1) 法规梳理与引用:深入查阅《中华人民共和国老年人权益保障法》《中华人民共和国民法典》等相关法规,重点引用《中华人民共和国老年人权益保障法》第十四条(赡养义务)、第二十二条(财产自主),《中华人民共和国民法典》第一千零六十七条(子女赡养义务)、第三百六十六条(居住权)等条款,明确老年人基本生活权利的法律边界。

(2) 核心问题剖析。

经济供养层面:针对子女对陈奶奶存款与房产的分配争议,依据法律明确陈奶奶对个人财产享有完全处分权,子女不得干涉。同时,结合子女经济状况(儿子外地工作收入不稳定、女儿工作稳定),分析赡养费用的合理分担方式。

生活照料层面:鉴于陈奶奶独居且生活自理困难的现状,从家庭照料局限性、社区居家养老服务可及性、机构养老优势等方面,评估不同照料方式的可行性。

精神慰藉层面:依据法律对精神赡养的规定,指出子女长期缺乏探望、忽视陈奶奶情感需求的问题,明确子女应承担的精神关怀责任。

(3) 赡养责任界定:综合法律规定与子女实际情况,确定儿子、女儿均为法定赡养义务人,需共同承担经济供养、生活照料和精神慰藉责任,并根据各自经济能力和生活条件,细化责任分配。

2. 任务评价

(1) 法律应用准确性:是否准确引用相关法规条文,清晰界定老年人基本生活权利和子女赡养义务。

(2) 问题分析全面性:能否从经济供养、生活照料、精神慰藉三个维度,深入剖析陈奶奶面临的问题,且分析逻辑严谨、条理清晰。

(3) 责任界定合理性:依据子女经济和生活状况,确定的赡养责任分配是否合理、公平,具有可操作性。

任务二:养老方案设计与可行性论证

1. 任务实施

(1) 养老院入住方案制定。

费用测算:综合考虑陈奶奶的存款、房产出租收入以及当地政府针对老年人的养老补贴政策,精确计算养老院入住费用,确保资金来源稳定可持续。

机构选择:结合陈奶奶的需求和偏好,调研当地不同养老院的服务质量、设施条件、收费标准等,筛选出合适的养老机构。

(2) 财产分配建议设计。

房产处理：依据《中华人民共和国民法典》居住权相关规定，建议为陈奶奶的房产设立居住权，保障其在有生之年的居住权益，同时合理规划房产后续分配方式。

存款分配：遵循公平原则，提出存款在子女间合理均分的建议，并制定具体分配流程。

(3) 方案合法性论证：详细引用《中华人民共和国民法典》第三百六十六条（居住权）、第一千一百三十条（赡养与继承关系）等条款，对养老方案和财产分配建议进行合法性论证，确保方案符合法律规定。

2. 任务评价

(1) 方案完整性：养老方案是否涵盖养老院入住费用测算、机构选择，以及财产分配等关键内容，是否全面回应陈奶奶的养老需求。

(2) 可行性分析：对费用来源、机构选择、财产分配等方面的分析是否充分，方案在实际操作中是否切实可行。

(3) 法律依据充分性：引用的法律条文是否准确、恰当，能否有力支撑方案的合法性，确保方案无法律风险。

任务三：家庭沟通与共识达成

1. 任务实施

(1) 方案解释与宣讲：撰写详细的报告，向陈奶奶及其子女解释养老方案和财产分配建议的依据，包括法律规定、实际情况考量等。组织家庭会议，现场宣讲《中华人民共和国老年人权益保障法》第二十二条（财产自主）、第十八条（精神赡养）等相关法律条款，提高家庭成员的法律意识。

(2) 矛盾调解与协商：针对子女在养老方式、财产分配等方面的分歧，运用沟通技巧和法律知识进行调解。充分倾听各方意见和诉求，引导子女换位思考，寻求双方都能接受的解决方案。

(3) 协议签订与跟进：推动陈奶奶及其子女签订赡养协议，明确约定养老费用分担比例、生活照料分工、探视频次等内容。协议签订后，定期跟进协议执行情况，及时发现并解决新出现的问题。

2. 任务评价

(1) 沟通效果：是否通过报告解释和家庭会议宣讲，使陈奶奶及其子女充分理解养老方案和相关法律规定，有效消除误解和分歧。

(2) 矛盾化解能力：在调解过程中，能否准确把握矛盾焦点，运用恰当的方法和策略，促使双方达成共识，解决实际问题。

(3) 协议规范性：赡养协议内容是否完整、明确，符合法律规定和实际需求，具有可操作性和约束力。

(4) 后续跟进情况：是否建立有效的协议执行跟进机制，及时发现并处理执行过程中的问题，确保协议得到切实履行。

课后练习与拓展

一、课后练习

(一) 选择题

1. 老年人基本生活权利不包括（　　）。
   A. 经济供养　　　B. 生活照料　　　C. 精神慰藉　　　D. 免费医疗
2. 依据《中华人民共和国民法典》，子女对父母的赡养义务不包括（　　）。
   A. 经济支持　　　B. 生活照料　　　C. 定期探望　　　D. 遗产继承

(二) 填空题

1. 我国养老保险体系包括基本养老保险、_____、个人储蓄型保险。

2. 失能老人分为轻度、中度、_____三级。

(三) 简答题
如何通过政策支持缓解家庭照料压力？

(四) 讨论题
分析"常回家看看"入法的意义与执行难点。

二、课后拓展

1. 调研活动：选择当地一个社区，通过问卷调查和访谈相结合的方式，收集60岁及以上老年人的基本生活情况、经济来源、健康状况等数据，分析老年人权益保护现状，识别存在的问题，并基于调研结果提出针对性的改进建议，撰写详细的调研报告。

2. 政策宣讲：举办政策宣讲活动，向老年人及其家属普及基本生活权利保障的法律法规，助力其理解和应用。

3. 方案设计：依据所学，为失能老人定制养老保障方案，涵盖经济供养、生活照料及精神慰藉等关键领域。

项目三 老年人人身及财产权益保护

学习目标

1. 知识目标

(1) 掌握老年人婚姻自由权的法律内涵与实践要点。
(2) 理解老年人财产所有权、继承权的核心规定。
(3) 熟悉遗嘱继承、法定继承及遗赠扶养协议的适用场景。
(4) 了解老年人住房权的法律保护及实务操作。

2. 能力目标

(1) 能够为老年人提供婚姻家庭法律咨询服务。
(2) 协助老年人拟定合法有效的遗嘱或婚前财产协议。
(3) 处理遗产分配纠纷，维护老年人合法权益。
(4) 指导老年人通过法律途径解决财产侵占、赡养争议等问题。

3. 素养目标

(1) 强化法律意识，尊重老年人自主决定权。
(2) 培养同理心，关注老年人情感需求与生活困境。
(3) 提升沟通能力，有效化解家庭矛盾。
(4) 树立社会责任感，推动老年友好型社会建设。

情景任务

案例一：李大爷，68岁，丧偶多年，与女儿同住。近年来，李大爷在社区活动中结识了王阿姨（65岁，离异），两人感情渐深，计划再婚。女儿担心父亲再婚后财产外流，强烈反对，并以"断绝父女关系"相威胁。李大爷既想追求晚年幸福，又不愿与女儿决裂，陷入两难。子女是否有权干涉父母再婚，老年人再婚后,子女的赡养义务是否变化?在家庭关系中,个人权益可以通过法律手段得到平衡,例如根据《中华人民共和国民法典》的规定,成年子女有义务赡养父母,即使父母再婚,子女的赡养义务也不会因此终止。

任务一:黄昏恋受阻引发的家庭矛盾

要求:依据《中华人民共和国老年人权益保障法》《中华人民共和国民法典》,分析子女干涉父母婚姻的法律边界,结合法条,论证老年人再婚后赡养义务的持续性,提出法律调解或诉讼的具体路径,兼顾家庭伦理与个人权益。

目的:理解法律对老年人婚姻自由的保护,明确赡养义务的法定属性,掌握通过法律手段化解家庭矛盾的实践方法。

案例二:张奶奶,75岁,育有两子一女。长子多年来一直细心照料张奶奶,而次子和女儿则鲜少前来探望。张奶奶在生前立下遗嘱,明确表示将房产留给长子,存款则平均分配给三个子女。然而,在张奶奶离世后,次子和女儿却以遗嘱未经公证为理由,拒绝承认遗嘱的有效性,并要求平分张奶奶留下的所有遗产。未公证的遗嘱是否具有法律效力,子女不尽赡养义务是否影响继承权,如何通过法律程序解决遗产纠纷?

任务二:根据《中华人民共和国民法典》的规定,遗产分配不均可能引发亲情危机,尤其是当继承人之间存在生活困难、缺乏劳动能力或对被继承人尽了主要扶养义务时,法律倾向于照顾这些继承人,允许他们多分遗产。然而,如果继承人有能力扶养却不尽扶养义务,他们可能会在分配中被少分或不分。这些规定旨在平衡继承人之间的权益,减少因遗产分配不均而产生的家庭纠纷。

要求:依据《中华人民共和国民法典》遗嘱效力条款,分析未公证遗嘱的合法性;结合《中华人民共和国老年人权益保障法》赡养义务与继承权的关联,论证赡养行为对遗产分配的影响;梳理遗产纠纷的法律程序(调解、诉讼等),提出证据收集与法律适用建议。

目的:掌握遗嘱法律效力的判定标准,理解赡养义务与继承权的法定关系,熟悉遗产纠纷的司法解决流程。

知识链接

知识点一:老年人婚姻自由权

一、婚姻自由的法律内涵

1. 法律依据

《中华人民共和国老年人权益保障法》第二十一条规定,老年人的婚姻自由受法律保护,子女或其他亲属不得干涉老年人离婚、再婚及婚后生活;赡养人的赡养义务不因婚姻关系变化而消除。

2. 核心内容

(1)结婚自由:老年人有权自主决定再婚,无须子女同意。例如,李大爷的女儿无权反对其再婚,以断绝关系相威胁的行为属于违法。

(2)离婚自由:老年人可依法解除婚姻关系,子女不得阻挠。例如,老年人在婚姻关系中若遭受虐待,有权向法院提起诉讼要求离婚,且子女不得无故阻碍此过程。

(3)婚后权利:再婚后的夫妻享有平等的人身及财产权利。例如,再婚后的配偶依法享有使用共同财产的权利,子女无权进行不当干涉。

二、老年人再婚的特殊问题

1. 财产关系

(1)婚前财产协议:建议老年人通过协议明确婚前财产归属,避免纠纷。例如,李大爷与王阿姨可通过签订婚前财产协议,明确约定各自婚前房产归各自所有。

(2) 婚后共同财产：若无约定，婚后所得按《中华人民共和国民法典》规定为共同财产。例如，再婚夫妻的工资、投资收益等均属共同财产。

2. 赡养义务

子女对父母的赡养义务不受再婚影响，但对继父母无赡养义务。例如，李大爷再婚后，其女儿仍需赡养李大爷，但无须赡养王阿姨。

3. 继承问题

再婚配偶互为第一顺序继承人，子女继承权不受影响。例如，李大爷去世后，王阿姨和李大爷的女儿均有权继承其遗产。

三、"搭伴养老"的法律风险

1. 定义

"搭伴养老"是指未办理结婚登记而同居生活。

2. 风险

(1) 财产分割无依据：同居期间的财产按一般共有处理，可能导致纠纷。例如，双方共同购买的房产可能被认定为按份共有。

(2) 无继承权：一方去世后，另一方无继承权。例如，如果王阿姨没有与李大爷结婚，那么在李大爷去世后，王阿姨将无法享有继承其遗产的权利。

3. 建议

为确保权益，应及时办理结婚登记或签订明确的财产协议。例如，李大爷和王阿姨可以选择办理结婚登记，或者签订一份详细的同居期间财产协议，以此来明确双方在财产方面的权利和义务。

> **延伸阅读**
> 《关于为实施积极应对人口老龄化国家战略提供司法服务和保障的意见》
> 制定部门：最高人民法院
> 实施时间：2022年4月
> 主要内容：强调依法保护老年人婚姻自由，明确子女不得干涉父母离婚、再婚及婚后生活，赡养义务不因婚姻关系变化而终止。

2-3-1

知识点二：老年人财产所有权

一、财产权的法律保护

1. 法律依据

《中华人民共和国老年人权益保障法》第二十二条规定，老年人对个人财产享有占有、使用、收益和处分权，子女不得干涉或强行索取。

2. 实务要点

(1) 房产处置：老年人可自主决定出售、出租或赠予房产，子女不得干涉。例如，何老伯有权拒绝儿子要求交出房产的无理要求。

(2) 存款管理：老年人可自由支配存款，子女不得强行索取。例如，若子女擅自取走老年人的存款，老年人有权报警或依法提起诉讼。

(3) 维权途径：若财产被侵占，老年人可向法院提起返还原物诉讼。例如，何老伯有权对其儿子提起诉讼，要求其归还所占房产。

二、住房权的特殊保护

1. 法律依据

《中华人民共和国老年人权益保障法》第十六条规定,赡养人应妥善安排老年人住房,不得强迫迁居。

2. 具体内容

(1) 自有住房:子女无权侵占或擅自更改老年人的房产产权。例如,何老伯的儿子无权要求其交出拆迁房。

(2) 承租住房:子女不得擅自变更租赁关系。例如,若老年人承租公房,子女未经其同意,不得擅自将承租人变更为自己。

(3) 维修义务:赡养人有维修老年人自有住房的义务。例如,若老年人住房漏水,子女应负责维修。

知识点三:老年人继承权

一、继承方式

1. 法定继承

(1) 顺序:第一顺序为配偶、子女、父母;第二顺序为兄弟姐妹、祖父母、外祖父母。例如,张奶奶逝世后,其配偶(如尚在人世)及子女为法定的第一顺序继承人。

(2) 代位继承:子女先于父母死亡的,孙子女可代位继承。例如,若张奶奶的长子先于她离世,则其孙子女有权代位继承长子本应获得的遗产份额。

2. 遗嘱继承

(1) 形式:公证遗嘱、自书遗嘱、代书遗嘱、录音遗嘱、口头遗嘱、打印遗嘱。例如,张奶奶的遗嘱若为自书遗嘱,需亲笔书写、签名并注明年月日。

(2) 效力:公证遗嘱效力最高,多份遗嘱冲突时以最后一份为准。例如,在张奶奶先立下自书遗嘱后,若再立公证遗嘱,则以公证遗嘱的法律效力为准。

3. 遗赠扶养协议

扶养人承担生养死葬义务,享有受遗赠权利,效力优先于遗嘱和法定继承。例如,若张奶奶与某养老机构签订遗赠扶养协议,则该机构有权优先获得其遗产。

二、继承权的丧失与恢复

1. 丧失情形

故意杀害被继承人、遗弃或虐待情节严重、伪造遗嘱等。例如,若张奶奶的次子蓄意杀害她,则将依法丧失继承权。

2. 恢复条件

确有悔改且被继承人宽恕。例如,若次子虐待张奶奶后悔改,张奶奶表示宽恕,次子可恢复继承权。

三、遗产分配原则

1. 均等原则

同一顺序继承人一般均等分配。例如,张奶奶的三个子女在法定继承中一般应平分遗产。

2. 照顾原则

生活困难或尽主要赡养义务的继承人可多分。例如,张奶奶的长子因承担了主要的赡养责任,按照法律规定,有权在遗产分配中获得更多份额。

3. 少分或不分

有扶养能力却不尽义务的继承人可少分或不分。例如,张奶奶的次子和女儿,由于未尽到赡养义务,根据法律规定,他们在遗产分配中可能会被减少份额或不予分配。

> **延伸阅读**
>
> 《中华人民共和国民法典》继承篇
> 制定部门：全国人大
> 实施时间：2021年1月
> 主要内容：规定法定继承顺序、遗嘱形式及效力、遗赠扶养协议优先原则（第一千一百二十三条至第一千一百五十八条）。

知识点四：实务操作要点

一、遗嘱拟定与公证

1. 流程

（1）自书遗嘱：亲笔书写、签名、注明年月日。例如，若张奶奶选择自书遗嘱，她必须亲自书写遗嘱的全部内容，并在遗嘱上签署自己的姓名和注明具体的年月日。

（2）代书遗嘱：需两个以上见证人，由遗嘱人口述、代书人书写并签名。例如，张奶奶可以邀请两位邻居作为见证人，并由其中一位邻居作为代书人，根据张奶奶的口述来书写遗嘱。

（3）公证遗嘱：向公证处申请，提交财产证明、身份证明等材料。例如，张奶奶可携带房产证、身份证等到公证处办理公证遗嘱。

2. 注意事项

（1）内容明确：遗嘱内容务必详尽明确，以消除任何可能的误解。例如，需清晰指明房产的具体位置及存款的确切金额。

（2）保留份额：应为无劳动能力的继承人预留必要的遗产份额。例如，若张奶奶有无劳动能力的子女，则需确保他们获得相应的遗产份额。

二、婚前财产协议

1. 内容

（1）双方基本信息：姓名、性别、年龄、住址等。

（2）婚前财产范围及归属：双方婚前财产应详尽列出，并清晰界定其归属。例如，李大爷可详细列出其房产、存款等项目，并明确标注为个人所有。

（3）婚后财产分配方式：双方应约定婚后财产的归属方式，即是共同所有还是各自所有。例如，可协商确定婚后工资各自保留。

（4）债务处理：明确婚前债务由谁承担。例如，王阿姨若有婚前债务，可约定由其自行承担。

2. 公证

建议公证以增强法律效力。例如，李大爷和王阿姨可将婚前财产协议公证，以确保协议的有效性。

三、纠纷解决途径

1. 协商

家庭成员协商解决。例如，张奶奶的子女可通过协商达成遗产分配协议。

2. 调解

通过居委会、司法所调解。例如，若协商不成，可请求社区调解委员会调解。

3. 诉讼

向法院提起民事诉讼。例如，若张奶奶的次子和女儿拒绝承认遗嘱，长子可向法院提起诉讼。

延伸阅读

《公证程序规则》

制定部门：司法部

实施时间：2006年7月1日

主要内容：对遗嘱、婚前财产协议等公证流程进行标准化处理，以提升法律文书的权威性和执行力。

2-3-3

任务实施与评价

任务一：黄昏恋受阻引发的家庭矛盾

1. 子女无权干涉李大爷再婚，其行为违反《中华人民共和国老年人权益保障法》。
2. 李大爷再婚后，女儿仍需履行赡养义务。
3. 建议李大爷与女儿沟通，或寻求社区调解，必要时可提起诉讼。同时，可签订婚前财产协议，明确财产归属，减少纠纷。

任务二：因遗产分配不均而引发的家庭亲情危机

1. 即使遗嘱未经公证，只要其符合法律规定的格式和要求，仍具有法律效力。次子和女儿若质疑遗嘱的有效性，需提供充分的证据加以证明。
2. 次子和女儿未尽赡养义务，分配遗产时可少分或不分。
3. 张奶奶的长子可向法院提起遗嘱继承诉讼，请求按遗嘱分配遗产。

课后练习与拓展

一、课后练习

（一）选择题

1. 根据《中华人民共和国老年人权益保障法》，老年人的财产处分权不包括（　　）。

   A. 自主决定房产出租　　　　　　　　B. 拒绝子女要求过户房产

   C. 通过遗嘱分配个人存款　　　　　　D. 子女代签财产赠予协议

2-3

2. 依据《中华人民共和国民法典》，老年人的居住权不包括（　　）。

   A. 在子女房产中设立居住权

   B. 不包括要求子女腾退占用的住房

   C. 将居住权转让给他人（受限）

   D. 居住权消灭后应返还房屋（非居住权内容，但相关）

（二）填空题

1. 老年人婚姻自由受《中华人民共和国老年人权益保障法》第_____条保护，子女不得干涉。
2. 遗嘱继承优先于_____继承，需符合《中华人民共和国民法典》第一千一百三十三条形式要件。

（三）简答题

1. 简述《中华人民共和国民法典》第一千零四十二条对老年人婚姻自由的保护措施。
2. 结合《中华人民共和国老年人权益保障法》第二十二条，说明老年人如何防范子女侵占财产。

(四)讨论题

1. 分析"居住权入法"对保障老年人住房权益的意义与挑战。
2. 结合案例,探讨如何平衡老年人遗嘱自由与子女继承权。

二、课后拓展

1. 调研实践:走访本地公证处,收集老年人遗嘱公证案例,分析常见财产分配争议类型(如房产、存款),撰写一份关于"老年人财产权保护现状与建议"的详细报告。

2. 政策模拟:分组模拟家庭会议,围绕"父母再婚财产约定""遗产分配方案"等主题,依据《中华人民共和国民法典》设计协商流程,形成会议纪要并展示。

3. 法律援助设计:为社区老年人设计《财产权保护手册》,包含遗嘱模板、居住权登记流程、赡养协议要点等内容,结合《中华人民共和国老年人权益保障法》条文进行解读。

模块三

老年人社会保障政策

模块导读

本模块聚焦老年人社会保障制度的核心框架,通过四大项目系统解析养老保险、医疗保险、社会救助和社会福利四大制度体系。项目一深入剖析多层次养老保险体系,涵盖基本养老保险、企业年金及个人储蓄性保险的政策要点与实务操作;项目二解析医疗保障制度,包括基本医保、补充保险及长期护理保险的保障范围与申请流程;项目三探讨社会救助制度,重点介绍低保、五保供养及专项救助的实施细则;项目四梳理社会福利制度,涵盖高龄津贴、护理补贴及社会力量参与机制。通过理论讲解与案例分析,培养学生运用社会保障政策解决实际问题的能力,为从事养老服务管理、政策研究等工作奠定基础。

项目一 养老保险政策解析

- 多层次养老保险体系概述
  - 三大支柱:基本养老保险、企业年金和职业年金、个人储蓄性养老保险和商业养老保险
  - 第一支柱:城镇职工基本养老保险、城乡居民基本养老保险
  - 第二支柱:企业年金、职业年金
  - 第三支柱:个人储蓄性养老保险、商业养老保险
- 我国基本养老保险制度
  - 城镇职工基本养老保险制度:参保范围、资金来源、基金筹集模式、待遇领取、转移接续
  - 城乡居民基本养老保险制度:制度目标、参保范围、基金筹集、建立个人账户、养老保险待遇
- 企业补充养老保险——定义、建立条件、基金筹集、管理模式、待遇领取
- 个人储蓄性养老保险——定义、制度内容

项目二 老年医疗保险政策

- 多层次医疗保险体系
  - 基本医疗保险:城镇职工基本医疗保险、城乡居民基本医疗保险
  - 补充医疗保险:企业补充医疗保险、商业健康保险
  - 长期护理保险
- 城镇职工基本医疗保险制度——制度框架与参保主体、资金筹集、基金管理、待遇保障、报销流程、改革方向与发展趋势
- 城乡居民基本医疗保险制度——制度定位与参保范围、资金筹集、待遇标准、缴费方式、特殊群体保障、制度发展与改革方向
- 企业补充医疗保险与商业健康保险
  - 企业补充医疗保险:特点、资金筹集、报销范围
  - 商业健康保险:产品类型、投保注意事项、产品选择建议
- 长期护理保险制度——试点历程与实践成效、资金筹集机制、待遇标准、申请流程、发展趋势

项目三 老年社会救助政策

- 多层次社会救助体系概述:基本生活救助、专项救助、临时救助、社会力量参与
- 城乡最低生活保障制度
  - 城市居民最低生活保障:保障对象、保障标准、资金来源、动态管理
  - 农村居民最低生活保障:保障对象、保障标准、资金来源、动态管理
- 农村五保供养制度:供养对象、供养内容、供养方式、资金来源
- 专项救助与社会力量参与
  - 专项救助:医疗救助、住房救助、教育救助
  - 社会力量参与:形式、政策支持

项目四 老年社会福利政策

- 多层次老年社会福利体系概述:基本生活福利、专项福利、服务福利、社会力量参与
- 高龄津贴制度:定义、发展现状、实施特点
- 计划生育家庭老年人扶助制度:背景、制度内容、养老照护试点工作
- 老年人护理补贴制度:定义、主要内容
- 社会力量参与机制:形式、政策支持

项目一 养老保险政策解析

学习目标

1. 知识目标
（1）了解并掌握养老保险体系的基本概念、分类及主要类型。
（2）理解城镇职工基本养老保险和城乡居民基本养老保险的核心内容。
（3）熟悉企业年金和职业年金的作用及在养老保险体系中的地位。
（4）了解个人储蓄性养老保险和商业养老保险的特点及发展趋势。

2. 能力目标
（1）能够分析养老保险政策对个人和社会发展的影响。
（2）能够全面评估不同养老保险产品的特点与优势，为老年人提供个性化、合适的养老规划建议。
（3）能够运用养老保险知识，帮助老年人规划退休生活。

3. 素养目标
（1）培养学生对养老保险重要性的认识，增强社会责任感。
（2）引导学生形成尊重和关爱老年人的良好社会风尚。
（3）鼓励学生积极参与养老保险的宣传和推广，提高公众意识。

情景任务

李大爷今年58岁，是一位在城镇企业工作多年的职工，即将面临退休。他的儿子小李在一家金融机构工作，对各类养老保险政策有一定的了解。李大爷所在的企业效益不错，多年来一直为职工缴纳基本养老保险和企业年金。同时，李大爷也想了解一下自己是否还可以通过其他方式补充养老保障，于是向儿子小李咨询。

任务一：分析李大爷现有养老保险情况

要求：小李需要详细分析李大爷已有的城镇职工基本养老保险和企业年金的缴费情况、待遇领取条件和可能领取的金额等信息，具体包括用人单位和个人的缴费比例、退休年龄要求、累计缴费年限，以及根据工资总额和缴费年限计算的养老金金额。例如，计算李大爷基本养老保险个人账户的累积金额，根据企业年金方案确定企业和李大爷个人的缴费比例及累计金额，明确李大爷达到法定退休年龄后，每月可能领取的基本养老金和企业年金的数额，并向李大爷解释清楚这些计算的依据和方法。

目的：帮助李大爷清晰了解自己现有的养老保障水平，以便做出更合理的养老规划。

任务二：制定李大爷的养老保障补充方案

要求：结合李大爷的家庭经济状况、个人意愿和现有养老保险情况，为李大爷制定一份养老保障补充方案。考虑到李大爷还有一定的储蓄能力，方案中应包括是否适合参与个人储蓄性养老保险或商业养老保险，以及推荐具体的产品或建议合适的投资方式。同时，计算如果李大爷参与这些补充养老保险，预计在退休后能增加多少养老收入，并向李大爷详细说明方案的可行性和潜在风险。

目的：综合考虑多种因素，为李大爷定制更完善的养老保障计划，提升其退休生活质量，并培养学生运用养老保险知识解决实际问题和评估、规划养老保险产品的能力。

知识链接

知识点一　多层次养老保险体系概述

自20世纪90年代起,世界银行等国际组织将社会养老保险体系归纳为三个支柱。

第一支柱为基本养老保险,包括城镇职工基本养老保险和城乡居民基本养老保险。它是按国家统一政策强制实施的,旨在保障退休人员基本生活需求,由国家、用人单位(集体)和个人三方共同承担费用,实行社会统筹与个人账户相结合的制度模式,发挥着保基本、兜底线的功能。

第二支柱即企业年金和职业年金,是与职业关联、由国家政策引导、单位和职工参与、市场运营管理、政府行政监督的补充养老保险。企业年金由企业根据自身经济实力设立,企业和职工个人共同缴费,实行个人账户方式管理,完全积累;职业年金则针对机关事业单位工作人员,所有事业单位都已参与。

第三支柱包括个人储蓄性养老保险和商业养老保险。个人养老金是第三支柱中有制度安排的部分,它涵盖了个人养老金制度及个人商业养老金融业务,是个人通过金融手段增强养老保障的有效途径。

> **延伸阅读**
>
> 1.《中华人民共和国社会保险法》:了解国家层面对社会保险,包括养老保险的法律规定,以及参保人员的权利和义务。
>
> 2.《国务院关于加快发展现代保险服务业的若干意见》:探讨国家如何通过政策支持现代保险服务业的发展,包括商业养老保险在内的保险产品和服务的创新。

3-1-1

3-1-2

知识点二　我国基本养老保险制度

一、城镇职工基本养老保险制度

1. 参保范围

城镇职工基本养老保险制度适用于城镇各类企事业职工、个体劳动者(无雇工的个体工商户、未在用人单位参加基本养老保险的非全日制从业人员及其他灵活就业人员)。用人单位和职工的参保要求具有强制性。

2. 资金来源

基本养老保险基金由用人单位、个人缴费以及政府补贴等构成。用人单位缴费比例一般不超过企业工资总额的20%(具体比例由各省、自治区、直辖市人民政府确定)。个人按上一年度月平均工资的8%缴费。无雇工的个体工商户、未在用人单位参加基本养老保险的非全日制从业人员以及其他灵活就业人员参加基本养老保险的,其缴费全部由个人承担,可在本省全口径城镇单位就业人员平均工资的60%~300%之间选择适当的缴费基数,缴费比例为20%。国有企业、事业单位职工参加基本养老保险前,视同缴费年限期间的基本养老保险费由政府承担。当基金支付不足时,政府给予补贴。

3. 基金筹集模式

实行社会统筹与个人账户相结合的模式,即部分积累制。社会统筹部分为现收现付制,以体现社会互助共济,满足当前开支需求;个人账户部分采用基金积累制,体现个人养老责任,用于未来开支。

4. 待遇领取

企业职工的基本养老保险待遇,由统筹养老金部分和个人账户养老金部分共同构成。基本养老金依据个人累计缴费年限、缴费工资、当地职工平均工资、个人账户金额、城镇人口平均预期寿命等因素确定。个人参与基本养老保险后,若达到法定退休年龄且累计缴费满15年,即可按月领取基本养老金。对于累计缴费不足15年的情况,可选择继续缴费直至满15年,再按月领取;或者转入新型农村社会养老保险、城镇居民社会养老保险体系,依据相关规定享受相应的养老待遇。需注意,缴费满15年是享受待遇的门槛,职工与用人单位存在劳动关系期间,必须按规定缴纳养老保险费用。参加基本养老保险的个人因病或非因工死亡的,其遗属可领取丧葬补助金和抚恤金;未达到法定退休年龄时因病或非因工致残完全丧失劳动能力的,可领取病残津贴,所需资金从基本养老保险基金中支付。国家建立基本养老金正常调整机制,根据职工平均工资增长、物价上涨等情况适时提高待遇水平。职工基本养老保险个人账户不得提前支取。个人在达到法定领取条件前若离境定居,其养老保险个人账户将予以保留,待达到条件时,可按规定享受相应待遇。丧失中国国籍的,可书面申请终止职工基本养老保险关系,经办机构应书面告知保留个人账户权利及终止关系后果。职工基本养老保险参保个人去世后,其个人账户余额将依法由其法定继承人继承。

5. 转移接续

参加职工基本养老保险的个人跨省流动就业,符合按月领取基本养老金条件时,基本养老金分段计算、统一支付的具体办法,按相关规定执行。该办法适用于所有参加城镇企业职工基本养老保险的人员,包括农民工。已按规定领取基本养老保险待遇的人员,不再转移基本养老保险关系。参保人员跨省流动就业时,需由原参保地的社会保险经办机构出具参保缴费凭证,其基本养老保险关系将随之转移至新的参保地。参保人员达到待遇领取条件时,各地参保缴费年限合并计算,个人账户储存额(含本息)累计计算;在未达到待遇领取年龄之前,参保人员不得终止基本养老保险关系,也不得办理退保手续。

二、城乡居民基本养老保险制度

1. 制度目标

坚持并完善社会统筹与个人账户相结合的制度模式,巩固并拓展个人缴费、集体补助、政府补贴相结合的资金筹集渠道,优化基础养老金和个人账户养老金相结合的待遇支付政策,强化长缴多得、多缴多得等制度的激励机制,构建基础养老金正常调整机制。

2. 参保范围

年满16周岁(不含在校学生),非国家机关和事业单位工作人员且不在职工基本养老保险制度覆盖范围的城乡居民。

3. 基金筹集

城乡居民基本养老保险基金的筹集主要依赖于个人缴费、集体补助以及政府补贴这三个渠道。

(1) 个人缴费。自2024年1月1日起,个人缴费档次调整为8档,分别为每年200元、300元、500元、1000元、2000元、3000元、5000元、7000元。其中,200元档次专为低保对象、特困人员、残疾人及低保边缘户等困难群体设立,由政府代缴;若现行代缴档次已高于200元,则维持原档次不变。各地不再另设缴费档次。参保人需逐年缴费,若累计缴费不足15年,允许补缴,但补缴的最高档次不得超过每年5000元。

(2) 集体补助。具备条件的村集体经济组织应给予参保人缴费补助,补助标准须经村民会议及村民代表会议审议确定,且补助金额不得超过最高缴费档次。

(3) 政府补贴。各地应合理调整缴费补贴标准,对选择较高档次缴费的人员适当增加补贴,引导参保人选择中高档次缴费。

4. 建立个人账户

国家为每位参保人建立终身记录的养老保险个人账户,个人缴费、地方人民政府对参保人的缴费补贴、集体补助及其他社会经济组织、公益慈善组织、个人对参保人的缴费资助,全部记入该账户。

5. 养老保险待遇

参保人年满60周岁,累计缴费满15年,且未领取国家规定的基本养老保障待遇的,可按月领取城乡居民养老保险待遇。该待遇由基础养老金、个人账户养老金构成,支付终身。

(1) 基础养老金是指从基本养老保险统筹基金中支付给退休人员的养老金,其计算方式主要依据退休时统筹地区上年度职工月平均工资和本人指数化月平均缴费工资的平均值,以及缴费年限。具体计算公式为:基础养老金＝(退休时统筹地区上年度职工月平均工资＋本人指数化月平均缴费工资)/2×缴费年限×1%。中央已明确基础养老金最低标准,并建立动态调整机制,依据经济发展和物价水平适时调整全国标准。地方政府可结合本地实际,适当上调基础养老金标准,并对长期缴费者给予额外养老金奖励。

(2) 个人账户养老金。其月计发标准为个人账户储存额除以139。参保人死亡后,个人账户余额可依法继承。

为解决城乡养老保险制度衔接问题,人力资源和社会保障部、财政部于2014年2月24日印发了《城乡养老保险制度衔接暂行办法》,该办法自2014年7月1日起正式实施,旨在促进劳动力合理流动,保障广大城乡参保人员的权益。参加城镇职工养老保险和城乡居民养老保险的人员,达到城镇职工养老保险法定退休年龄后,若城镇职工养老保险缴费年限满15年(含延长缴费至15年),可申请从城乡居民养老保险转入城镇职工养老保险,按城镇职工养老保险办法计发相应待遇;若城镇职工养老保险缴费年限不足15年,可申请从城镇职工养老保险转入城乡居民养老保险,待达到城乡居民养老保险规定的领取条件时,按城乡居民养老保险办法计发相应待遇。已按国家规定领取养老保险待遇的人员,不再办理城乡养老保险制度衔接手续。

> **延伸阅读**
>
> **《国务院关于建立统一的城乡居民基本养老保险制度的意见》**
> 制定部门:国务院
> 实施时间:2014年2月21日
> 主要内容:
> 制度整合:将新型农村社会养老保险(新农保)与城镇居民社会养老保险(城居保)合并,建立全国统一的城乡居民养老保险制度,覆盖年满16周岁(不含在校学生)、未参加职工基本养老保险的城乡居民。
> 缴费机制:设立12个缴费档次(100元至2000元),地方政府可增设更高档次(如北京市2025年最高缴费标准为9000元),并按缴费档次给予政府补贴(如四川省对500元及以上档次补贴不低于60元/年,北京市对9000元档次补贴150元/年)。
> 待遇标准:养老金由基础养老金(中央财政全额补助中西部地区,东部地区补助50%)和个人账户养老金组成,累计缴费满15年且年满60周岁可按月领取。长期缴费者可加发基础养老金。
> 特殊群体保障:对重度残疾人等困难群体,地方政府代缴部分或全部最低标准保费(如北京市对特困供养人员代缴1000元/年)。

3-1-3

知识点三　企业补充养老保险

一、企业补充养老保险的定义

企业补充养老保险,即企业年金,是指企业及其职工在依法参加基本养老保险的基础上,自主建立的补充养老保险制度。国家鼓励企业建立企业年金,旨在为职工提供退休收入保障,是我国养老保险体系的"第二支柱",对基本养老保险起关键补充作用。

二、企业补充养老保险制度的内容

1. 建立条件

企业需依法参加基本养老保险并履行缴费义务,且具备相应的经济负担能力。

建立企业年金需通过集体协商确定,制定企业年金方案,并提交职工代表大会或者全体职工讨论通过。

企业年金方案需报送所在地县级以上人民政府人力资源社会保障行政部门备案。中央所属企业报送人力资源社会保障部;跨省企业报送其总部所在地省级人民政府人力资源社会保障行政部门;省内跨地区企业报送其总部所在地设区的市级以上人民政府人力资源社会保障行政部门。

2. 基金筹集

资金来源:由企业和职工共同缴纳,企业缴费每年不超过本企业职工工资总额的8%,企业和职工缴费合计不超过本企业职工工资总额的12%,具体比例由双方协商确定。

缴费规则:职工个人缴费由企业代扣代缴。企业可因经营亏损、重组并购等原因中止缴费;情况消失后,可恢复缴费并补缴,补缴金额不得超过实际中止的年限和金额。

分配限制:企业当期缴费计入职工个人账户的最高额不得超过平均额的5倍,以兼顾公平与效率。

3. 企业年金管理模式

账户管理:实行完全积累制,为职工建立个人账户,下设企业缴费子账户和个人缴费子账户。企业缴费按方案确定比例计入个人账户;职工个人缴费及其投资收益自始归属个人。企业缴费及其投资收益,企业可与职工约定自始归属或逐步归属,完全归属期限最长不超过8年。例外情形包括职工达到法定退休年龄、完全丧失劳动能力、死亡、企业原因解除劳动合同等,此时企业缴费及其投资收益完全归属于职工个人。

受托机制:企业需确定受托人(企业年金理事会或法人受托机构),签订受托管理合同。受托人委托具备资质的账户管理人、托管人、投资管理人分工运营,同一计划中受托人与托管人、投资管理人不得为同一主体。

未归属资金处理:未分配或未归属的企业缴费及收益计入企业账户,后续按方案分配至个人账户。

4. 待遇领取

领取条件(满足之一即可):达到国家规定退休年龄或完全丧失劳动能力;出国(境)定居;职工或退休人员死亡(余额可继承)。

领取方式:可按月、分次或一次性领取;可购买商业养老保险产品(部分或全部账户资金);出国(境)定居人员可一次性领取。

账户转移:职工变动工作单位时,若新单位已建立企业(职业)年金,账户权益随同转移;若新单位未建立年金,账户可暂由原管理机构或法人受托机构设置的保留账户管理。

3-1-4

> **延伸阅读**
>
> **《国务院办公厅关于印发机关事业单位职业年金办法的通知》**
>
> 制定部门:国务院办公厅
>
> 实施时间:2014年10月1日
>
> 主要内容:
>
> 强制补充保障:机关事业单位工作人员在参加基本养老保险基础上,必须建立职业年金,作为养老保障第二支柱,与企业年金形成差异化补充体系。

缴费标准：单位按工资总额 8%、个人按缴费工资 4% 共同缴费，缴费基数与基本养老保险一致。财政全额供款单位的单位缴费部分采取记账方式，非全额供款单位则实账积累。

管理运营：职业年金基金实行市场化投资，投资范围包括国债、银行存款、股票等，收益计入个人账户。财政全额供款单位的记账利率与基本养老保险个人账户利率挂钩。

领取方式：工作人员退休后，可选择按月领取、分次领取或一次性领取职业年金。出国(境)定居、完全丧失劳动能力等特殊情况可提前支取。

知识点四　个人储蓄性养老保险

一、个人储蓄性养老保险的定义

个人储蓄性养老保险是职工自愿选择经办机构参与的补充养老保险，旨在拓宽养老资金来源，多渠道筹集基金，减轻国家与企业负担。有助于改变保险费用完全依赖国家的传统观念，增强职工的自我保障意识和参保主动性，还能促进社会保险工作接受更广泛的群众监督。

二、个人储蓄性养老保险制度内容

由社会保险机构经办的职工个人储蓄性养老保险，具体办法由社会保险主管部门制定。职工依据自身工资收入状况，按规定缴纳个人储蓄性养老保险费，记入当地社会保险机构在相关银行开设的养老保险个人账户，利息计算不低于同期城乡居民储蓄存款利率，以鼓励职工参与，所得利息计入个人账户，本息均归职工个人所有。

职工达到法定退休年龄并获批准退休后，凭借个人账户可按月、一次性或分次领取储蓄性养老保险金。职工跨地区流动时，个人账户的储蓄性养老保险金应随之转移。职工未达退休年龄而离世，计入个人账户的储蓄性养老保险金由其指定受益人或法定继承人继承。

3-1-5

> **延伸阅读**
>
> **《个人养老金实施办法》**
>
> 制定部门：人力资源社会保障部、财政部等五部门
>
> 实施时间：2024 年 12 月 15 日（全国推广）
>
> 主要内容：
>
> 自愿参保机制：参加城镇职工或城乡居民养老保险的劳动者，可通过个人养老金资金账户自愿缴费，每年上限 12 000 元，享受税收优惠（缴费环节税前扣除、投资收益免税、领取时按 3% 税率纳税）。
>
> 产品范围：涵盖储蓄存款、理财产品、商业养老保险、公募基金、国债等，2024 年新增特定养老储蓄、指数基金，鼓励开发中低波动型产品。
>
> 服务优化：商业银行取消线上购买商业养老保险的"录音录像"要求，支持默认投资服务，强化风险提示。参保人可变更开户银行，领取方式灵活（按月、分次或一次性）。
>
> 特殊情形：患重大疾病、领取失业保险金或低保金的参保人，可申请提前支取个人养老金。

任务实施与评价

任务一：分析李大爷现有养老保险情况

1. 任务实施

(1) 基本养老保险部分

缴费情况：李大爷上年度月均工资5 000元，个人缴费比例8%(400元/月)，企业缴费比例16%(800元/月)，全部计入统筹账户。基本养老保险个人账户记账利率按近三年平均4.8%(实际由人社部统一公布，2023年为6.2%，此处取保守值)计算。

① 个人账户积累金额

假设李大爷缴费30年，忽略工资增长，个人账户年缴费4 800元，按复利计算：

$$个人账户积累额 = 4\,800 \times \frac{(1+4.8\%)^{30}-1}{4.8\%} \approx 4\,800 \times 72.5 \approx 34.8 \text{万元}$$

② 基本养老金计算

统筹养老金：按公式 $\frac{当地上年度月均工资+本人指数化月均工资}{2} \times 缴费年限 \times 1\%$ 计算，假设当地月均工资6 000元，李大爷工资指数为0.83(5 000/6 000)，则：

$$统筹养老金 = \frac{6\,000+5\,000}{2} \times 30 \times 1\% = 1\,650 \text{元/月}$$

个人账户养老金：

个人账户积累额÷计发月数(60岁对应139个月)= 348 000÷139 ≈ 2 504元/月

基本养老金合计：1 650+2 504 = 4 154元/月

(2) 企业年金部分

① 缴费情况

企业年金方案中企业缴费比例5%(250元/月)，个人缴费比例2%(100元/月)，合计350元/月，投资收益率按6%(参考企业年金近五年平均收益)计算。

② 个人账户积累金额

30年积累额计算：$企业年金积累额 = 4\,200 \times \frac{(1+6\%)^{30}-1}{6\%} \approx 4\,200 \times 102.3 \approx 43 \text{万元}$

待遇领取：

若选择按月领取(参考基本养老金计发月数)：月领企业年金 = 430 000÷139 ≈ 3 094元/月

(3) 解释与沟通

向李大爷说明：基本养老金由统筹账户(社会互济)和个人账户(个人积累)组成，与缴费年限、工资水平直接相关；企业年金为补充福利，账户完全归属个人，可选择一次性或分期领取，收益受投资市场影响。

2. 任务评价

(1) 知识运用准确性

准确区分基本养老保险统筹账户与个人账户的不同归属，采用人社部公布的记账利率和计发月数，企业年金计算符合《企业年金办法》规定，政策理解到位。

(2) 数据收集完整性

通过企业人力资源部门获取工资明细、缴费比例及年金方案,结合当地平均工资等公开数据,确保计算依据真实可靠。

(3) 沟通解释能力

以"工资指数""复利计算"等通俗语言解释复杂公式,对比不同账户的功能(如统筹账户保基本、年金账户增收入),帮助李大爷理解保障结构。

任务二:制定李大爷的养老保障补充方案

1. 任务实施

(1) 家庭经济与个人意愿分析

李大爷月均结余3000元,风险偏好中等,优先考虑低波动、稳定增值的补充养老方式,希望退休后月均收入达到8000元以上。

(2) 个人养老金(原个人储蓄性养老保险)方案

政策依据:每年最高缴费1.2万元,享受个税税前扣除,投资范围包括储蓄、理财、基金等。

实施计划:

选择"稳健型养老目标基金"(近五年平均收益5%),从58岁开始每年缴费1.2万元,持续2年,积累额:个人账户积累额 = $12\,000 \times (1+5\%) + 12\,000 = 24\,600$ 元。

60岁后若选择分10年领取(非强制,可灵活选择),月均增加:$24\,600 \div 120 = 205$ 元/月

(3) 商业养老保险方案

产品推荐:选择"保证领取20年"的年金险,一次性趸交20万元,60岁起年领1.6万元(保证收益率3.5%),20年累计32万元,含身故保障(剩余保费返还)。

风险提示:

年金险收益固定但流动性低,退保会有损失;

分红型产品分红不保证,需优先选择"保证领取型"产品。

(4) 方案整合与沟通

组合效果:基本养老金4154元 + 企业年金3094元 + 个人养老金205元 + 商业年金1333元(月均) = 8786元/月,超出目标。

风险告知:个人养老金受投资市场影响,商业年金需关注保险公司偿付能力(选择AAA评级公司),建议分散配置。

2. 任务评价

(1) 需求分析能力

结合李大爷"稳定增值"需求,优先推荐低风险产品(如保证领取年金险),避免激进型投资,方案贴合实际财务状况。

(2) 产品知识运用能力

区分个人养老金的税收优惠与商业年金的保证领取条款,准确计算不同产品的预期收益,提示"分红不确定""退保损失"等关键风险点。

(3) 方案制定与沟通能力

采用"基础保障+补充保险"分层架构,通过具体案例(如月薪8786元)量化养老目标,用"保证收益率""偿付能力评级"等专业术语增强方案可信度,同时以生活场景举例(如"每月多2000元用于旅游")提升理解度。

课后练习与拓展

一、课后练习

（一）选择题

1. 我国多层次养老保险体系的第一支柱是（　　）。
   A. 企业年金　　　　　　　　　　B. 个人储蓄性养老保险
   C. 基本养老保险　　　　　　　　D. 商业养老保险

2. 下列哪项不属于城乡居民基本养老保险基金的资金来源？（　　）
   A. 个人缴费　　　　　　　　　　B. 企业缴费
   C. 集体补助　　　　　　　　　　D. 政府补贴

3. 企业年金缴费上限通常为本企业上年度职工工资总额的特定比例（　　）。
   A. 1/4　　　　　　　　　　　　 B. 1/6
   C. 1/8　　　　　　　　　　　　 D. 1/12

4. 个人储蓄性养老保险金的领取方式是（　　）。
   A. 只能一次性领取
   B. 只能分次领取
   C. 可一次性或分次领取
   D. 必须按月领取

（二）填空题

1. 城镇职工基本养老保险制度中，个人按上一年度月平均工资的_____缴费。
2. 城乡居民基本养老保险待遇由_____和_____构成。
3. 企业年金基金实行_____制，通过个人账户方式进行管理。

（三）简答题

1. 简述城镇职工基本养老保险基金的筹集模式及其特点。
2. 什么是个人储蓄性养老保险？它有哪些主要特点？
3. 企业年金在养老保险体系中起着怎样的作用？它与基本养老保险有何区别？

（四）讨论题

1. 结合当前社会老龄化趋势，讨论如何进一步完善我国多层次养老保险体系，以提高老年人的生活质量。请从政府、企业和个人三个角度提出具体建议。
2. 分析个人储蓄性养老保险与商业养老保险的异同，并讨论它们在多层次养老保险体系中的互补作用。你认为未来这两种养老保险产品的发展趋势会如何？

二、课后拓展

1. 调研本地养老保障政策

选择本地一个社区或村庄，调研老年人参加养老保险和医疗救助的情况。

分析影响老年人参与养老保险和医疗救助的关键因素，并据此撰写一份简明扼要的调研报告。

2. 政策宣讲活动

策划并实施一次面向老年人的社保政策宣讲活动，详细讲解养老保险等社会保障制度的具体内容和操作流程。帮助老年人更好地了解和利用社会保障制度，提高他们的生活质量和幸福感。

3. 持续关注政策动态

积极鼓励学生持续关注并深入理解国家和本地政府部门发布的养老保障政策动态。分析新政策对老年人或参保人员的影响，撰写小论文或进行小组讨论。

项目二 老年医疗保险政策

学习目标

1. 知识目标

（1）掌握我国老年医疗保险体系的构成及核心内容。

（2）理解城镇职工基本医疗保险和城乡居民基本医疗保险的参保范围、资金筹集、待遇标准等政策要点。

（3）熟悉企业补充医疗保险和商业健康保险的特点、作用及产品类型。

（4）了解长期护理保险的试点情况及发展趋势。

2. 能力目标

（1）能够分析医疗保险政策对老年人医疗费用负担的影响。

（2）能够评估不同医疗保险产品的保障范围和适用性，为老年人推荐合适的保险方案。

（3）能够运用医疗保险知识，协助老年人办理医保报销、异地就医等手续。

（4）能够识别医疗保险诈骗风险，指导老年人合法合规使用医保权益。

3. 素养目标

（1）增强对老年医疗保险重要性的认识，树立为老年人服务的责任感。

（2）培养尊重和关爱老年人的职业素养，维护老年人的医疗保障权益。

（3）积极参与医疗保险政策宣传，提高社会对老年人医疗保障问题的关注度。

情景任务

张奶奶今年75岁，患有高血压、糖尿病等慢性疾病，需要长期服药和定期体检。她的孙女小张在一家养老服务机构工作，负责老年人健康管理。张奶奶参加了城乡居民基本医疗保险，但对医保政策了解有限，不清楚如何报销门诊和住院费用，也担心未来医疗费用增加的问题。此外，张奶奶听说有商业健康保险和长期护理保险等产品，但不知道是否适合自己。小张决定运用所学知识，帮助张奶奶分析现有医疗保险情况，并制定一份补充保障方案。

任务一：分析张奶奶现有医疗保险情况

要求：小张需要全面且详细地分析张奶奶已参加的城乡居民基本医疗保险的参保范围、缴费标准、具体报销比例以及封顶线等关键信息。例如，了解张奶奶所在地的城乡居民医保政策，计算她近年来的医疗费用自付比例，明确门诊、住院、药品等不同类型费用的报销规定，并向张奶奶解释这些政策如何减轻她的医疗负担。

目的：帮助张奶奶清晰了解现有医疗保障水平，识别保障缺口。

任务二：制定张奶奶的医疗保障补充方案

要求：结合张奶奶的健康状况、经济能力和个人意愿，为张奶奶制定一份医疗保障补充方案。考虑到张奶奶需要长期治疗慢性病，方案中应包括是否适合购买商业健康保险（如百万医疗险、重疾险）或长期护理保险，以及推荐具体的产品或建议合适的投保方式。此外，还需精确估算张奶奶参与这些补充保险后，预期能减轻的医疗费用负担额度，并向张奶奶全面剖析方案的可行性，同时不遗漏地指出可能存在的风险点,如保费未来可能的上涨趋势及保险合同中的免责条款等。

目的:通过综合考虑各种因素,为张奶奶量身定制一份更全面的医疗保障计划,提高她应对疾病风险的能力,同时培养学生运用医疗保险知识解决实际问题的能力。

知识链接

知识点一　我国的多层次医疗保险体系

自 20 世纪 80 年代以来,我国逐步建立了多层次的医疗保险体系,旨在为老年人提供全面的医疗保障。该体系主要包括以下三个层次。

1. 基本医疗保险

是确保老年人基本医疗需求得到满足的关键制度,涵盖城镇职工基本医疗保险及城乡居民基本医疗保险。

(1) 城镇职工基本医疗保险:覆盖城镇所有用人单位及其职工,以及无雇工的个体工商户、灵活就业人员。资金来源于用人单位与职工的共同缴纳,其中用人单位按职工工资总额的约 6% 缴费,职工则按本人工资的 2% 缴费。达到法定退休年龄且累计缴费达到国家规定年限的,退休后不再缴费,可享受医保待遇。

(2) 城乡居民基本医疗保险:整合了原城镇居民医保和新农合,覆盖除职工医保应参保人员以外的其他城乡居民。筹资方式结合了个人缴费与政府补助,自 2024 年起,个人缴费档次增设多档,政府将对选择高档缴费的人员提供相应补贴。待遇包括门诊、住院、药品等费用报销,政策范围内住院费用支付比例约 75%。

2. 补充医疗保险

包括企业补充医疗保险和商业健康保险,旨在提高保障水平。

(1) 企业补充医疗保险:企业在参与基本医疗保险的基础上,可自愿为职工增设补充医疗保险,资金由企业或行业统一管理,旨在减轻职工个人较重的医疗费用负担。

(2) 商业健康保险:由商业保险公司提供,包括医疗保险、疾病保险、失能收入损失保险、护理保险等。例如,百万医疗险覆盖高额住院开销,重疾险则在确诊特定重疾时提供一次性赔付。

3. 长期护理保险

试点中的新型保险,主要为失能老年人的长期护理费用提供保障。

延伸阅读

《中共中央 国务院关于深化医疗保障制度改革的意见》

制定部门:中共中央、国务院

实施时间:2020 年主要内容:明确以人民健康为中心,建立覆盖全民的多层次医疗保障体系。到 2025 年基本完成待遇保障、筹资运行等关键领域改革;到 2030 年全面建成多层次医疗保障制度体系。完善基本医疗保险制度,建立待遇清单制度,健全医疗救助和重大疫情医疗救治费用保障机制,促进商业健康保险发展。健全筹资运行机制,巩固提高统筹层次,加强基金预算管理。建立管用高效的医保支付机制,动态调整医保目录,创新协议管理,推进按病种付费等支付方式改革。强化基金监管,建立信用体系,严厉打击欺诈骗保。协同推进医药服务供给侧改革,深化药品耗材集中采购,完善价格形成机制,增强服务可及性。优化公共管理服务,推进标准化信息化建设,加强经办能力。

知识点二　城镇职工基本医疗保险制度

一、制度框架与参保主体

城镇职工基本医疗保险(以下简称"职工医保")是我国医疗保障体系的核心组成部分,旨在为城镇就业人群提供多层次医疗保障。制度覆盖范围包括以下两部分人群。

强制参保人群:城镇各类企业、机关事业单位、社会团体及其职工(含退休人员),2023年参保人数达13亿人以上。

自愿参保人群:灵活就业人员(如个体工商户、自由职业者、新业态从业者),可按统筹地区平均工资的60%～300%选择缴费基数,2023年参保人数突破9000万人,占参保总量的20%。制度实行"属地管理",参保人就业地变更后可办理医保关系转移接续,2023年跨地区转移接续超4000万次,确保就业流动性。

二、资金筹集:权责共担与动态调整

采用"用人单位+职工个人"共同缴费模式,缴费基数按职工上年度月平均工资确定(下限为社平工资60%,上限为300%)。

1. 缴费比例

用人单位缴费率为6%～8%(全国平均约7.5%),全部计入统筹基金;职工个人缴费率2%,全部计入个人账户。例如,北京市用人单位按9.8%缴费,职工按2%缴费,合计11.8%。

灵活就业人员按10%～12%比例缴费(不建立个人账户的地区可降至6%～8%),如广州市灵活就业人员按8.5%缴费,其中6.5%进入统筹基金,2%划入个人账户。

2. 退休人员保障

累计缴费满规定年限(男25～30年,女20～25年,各地不同)的退休人员,不再缴纳保费,享受与在职职工同等的统筹基金待遇,且个人账户按退休金的4%～6%划入(如上海市退休人员月划入额=养老金×4.5%)。

三、基金管理:"个人账户+统筹基金"双轨运行

1. 个人账户

计入方式:在职职工按本人工资2%+单位缴费的30%划入,退休人员按统筹地区社平工资的4%～6%划入(如天津市退休人员按社平工资6%划入,2023年月均划入额约1200元)。

使用范围:仅限门诊就医、购药、定点零售药店消费,部分地区允许用于支付家庭成员门诊费用(如浙江省2022年起实现个人账户家庭共济),根据最新数据,2023年全国医保个人账户年收入及支出均超6000亿元,累计结余约1.4万亿元,占基金总额的35%。

2. 统筹基金

资金用途:用于支付住院、大病医疗、门诊统筹(2022年起全面推行)、生育医疗等费用,实行"以收定支、收支平衡"。

风险调剂:通过建立省级统筹调剂金,2023年全国31个省份(不含港澳台地区)均实现了省级统筹,有效缓解了地区间基金不平衡的问题。以广东省为例,该省在2023年向粤东、粤西、粤北地区调拨了超过50亿元的统筹基金,同时广东省上缴的养老金调剂金达到1158.14亿元,占全国上缴总数的47.47%,位居全国第一,充分体现了省级统筹调剂金在平衡地区间基金差异中的关键作用。

四、待遇保障:分层分类与梯度报销

1. 住院待遇

起付标准依据医院等级设定,原则上为当地职工年平均工资的10%。以2023年北京市为例,三级医院起付线为1300元,二级医院为1000元,一级医院为650元。若年度内多次住院,起付线将逐次降低,第二次及之后的住院起付线减半。

报销比例:起付线以上、封顶线以下的政策范围内费用,统筹基金支付85%～95%(基层医疗机构更高),

退休人员比在职人员高5—10个百分点。例如,武汉市在职职工三级医院住院报销88%,退休人员达92%。

最高支付限额:约为全国城镇非私营单位就业人员年平均工资的4倍(2023年约为120 698元),超过部分可通过大病保险、企业补充医保等解决(如深圳市大病保险额外报销70%,上不封顶)。

2. 门诊保障

普通门诊:2022年起全面纳入统筹基金支付,报销比例50%～70%(基层医疗机构更高),年度限额2 000—5 000元(如山东省职工门诊统筹报销60%,年度限额3 000元)。

慢性病门诊:高血压、糖尿病等30种慢性病患者,门诊用药报销比例达70%～90%,且不设起付线(如重庆市糖尿病患者胰岛素报销比例达90%,年最高支付1.2万元)。

3. 目录管理

统一执行国家医保药品、诊疗项目、服务设施"三个目录",2023年药品目录涵盖3 159种药品(含148种国家谈判药),目录内药品价格平均降幅超60%(如抗癌药帕博利珠单抗从1.9万元/支降至8 328元,报销后个人负担仅1 665元)。

五、报销流程:便捷结算与异地互通

1. 本地就医

参保人在定点医疗机构就医时,持医保电子凭证或社保卡直接结算,只需支付个人自付部分(统筹基金支付部分由医院与医保部门直接结算),根据国家医疗保障局的数据,截至2023年,全国定点医药机构数量已达到107.8万家,直接结算率超过98%。

2. 异地就医

需提前通过"国家医保服务平台"APP或线下窗口办理备案,备案后可在全国13.6万家联网医院直接结算,未备案者报销比例降低10%～20%(如上海市未备案异地住院报销比例从92%降至72%)。

2023年异地就医直接结算量达3.2亿人次,医保基金支付超4 000亿元,较2019年增长300%。

六、改革方向与发展趋势

1. 门诊共济改革

自2022年起,个人账户计入办法调整,单位缴费不再划入个人账户,而是全部进入统筹基金。这一改革旨在解决个人账户资金闲置和统筹基金紧张的问题。根据《2024年中国门诊统筹行业深度研究报告》,预计到2025年,门诊统筹覆盖率达到100%,届时将同步提高门诊报销比例。

2. 新业态参保扩面

针对外卖骑手、网约车司机等新就业形态劳动者,探索"平台企业代缴+灵活就业参保"模式,2024年拟新增参保2 000万人。

3. 智慧医保建设

推广"医保电子凭证",截至2023年,超过9亿人已激活医保电子凭证,实现了"扫码就医、无感结算"的便捷服务;同时试点"AI智能审核",将欺诈骗保的识别准确率提高至95%以上。

延伸阅读

1.《基本医疗保险跨省异地就医直接结算经办规程》

制定部门:国家医保局、财政部

实施时间:2023年

主要内容:规范异地就医备案,2023年13.6万家医院直接结算,未备案报销降10%～20%,新增5类慢特病跨省结算。

2.《国家医保局 财政部关于进一步做好基本医疗保险跨省异地就医直接结算工作的通知》

制定部门：国家医疗保障局、财政部

实施时间：2022年主要内容：目标到2025年底，跨省异地就医直接结算制度更健全，住院费用跨省直接结算率达70%以上，普通门诊跨省联网定点医药机构数量翻一番。统一住院、门诊费用跨省直接结算基金支付政策，明确备案人员范围及有效期限，允许补办备案和无第三方责任外伤费用纳入结算。规范备案流程，支持"互联网+医疗"，实行就医地统一管理。强化资金管理，实行预付金和清算制度，确保基金安全。提升信息化支撑，优化系统性能，保障数据安全。加强基金监管，落实就医地和参保地责任，严厉打击欺诈骗保。

知识点三　城乡居民基本医疗保险制度

一、制度定位与参保范围

城乡居民基本医疗保险（以下简称"城乡居民医保"）是整合原新型农村合作医疗（新农合）与城镇居民医保后，于2016年建立的统一医保制度，旨在为城乡非就业居民提供公平且易于获取的基本医疗保障。

核心参保人群包括：农村居民、城镇非从业居民、灵活就业人员及新生儿（支持"落地参保"政策）。

特殊覆盖：在校学生可自愿参保，2024年，随着财政补助标准提升至每人每年670元，全国参保人数预计将达10.5亿人，覆盖率稳定在95%以上，实现"应保尽保"。制度打破城乡户籍壁垒，允许参保人在就业后无缝转换为职工医保，避免重复参保，2024年跨制度转移接续超800万人次。

二、资金筹集：多元分担与梯度补贴

筹资模式采用"个人缴费+政府补助+集体扶持"，并强调"多缴多得，政府兜底"的原则。

1. 个人缴费

实行弹性缴费档次，2024年全国最低缴费档次为400元/人（国家设定基准），各地可结合实际增设高档次（如上海市最高档7980元、四川省设13个档次），满足不同保障需求。

缴费水平与待遇挂钩，例如郑州市选择500元档次的居民，住院报销比例较400元档次高5个百分点。

2. 政府补助

中央与地方财政依据既定比例进行补贴，其中最低档次政府补助不低于670元/人（依据2024年标准执行），对于选择更高缴费档次的居民，将给予额外补贴（例如，苏州市对700元档次补贴350元）。

对中西部地区，中央财政承担50%~80%补助，东部地区由地方财政自主安排，2023年全国财政补助总额达6500亿元，占筹资总额的60%以上。

3. 特殊群体代缴

对低保对象、特困人员、重度残疾人、脱贫不稳定户等困难群体，政府全额或部分代缴保费（如河南省为低保户代缴400元全额保费，湖北省为低收入家庭代缴50%），截至2023年底，全国基本医疗保险参保人数达到10.66亿人，其中为2577万困难群体代缴城乡居民医疗保险费，确保困难群体基本医疗保险参保率保持在99%以上。

三、待遇标准：分层保障与公平可及

制度坚持"保基本、强基层"，构建门诊、住院、大病保险"三位一体"保障体系。

1. 门诊保障

（1）普通门诊：在基层医疗机构（村卫生室、社区卫生服务中心）就诊，政策范围内报销比例≥50%，年

度最高支付限额300—1000元(如山东省300元、广东省600元),2023年门诊统筹覆盖90%的参保县(区)。

(2) 慢性病门诊:将高血压、糖尿病等30种常见慢性病纳入门诊报销,报销比例达60%~80%,年度限额3000—10000元(如北京市糖尿病患者年报销限额8000元,胰岛素等药品报销比例达75%)。

2. 住院保障

政策范围内住院费用支付比例约75%(基层医疗机构可达85%),三级医院报销比例60%~70%,实行"分级诊疗"制度,引导患者优先选择基层就医(如四川省基层医院住院报销比三级医院高15个百分点)。

2023年次均住院费用报销达5800元,较2016年增长40%,有效减轻大病负担。

3. 药品与服务目录

统一城乡居民医保药品目录,涵盖3159种药品(含148种国家谈判药,如抗癌药、罕见病用药),较整合前新增600余种,目录内药品价格平均降幅超60%(如肺癌药奥希替尼从5.1万元/盒降至1.8万元,报销后个人负担仅3600元)。逐步将康复治疗、中医适宜技术(针灸、推拿)纳入报销,2023年中医服务报销覆盖95%的统筹地区。

四、缴费方式:便捷化与人性化

构建线上线下缴费渠道,提升参保便捷性。

1. 线上渠道

国家医保服务平台APP、支付宝"市民中心"、微信"城市服务"等实现全国通办,2023年线上缴费占比超过99.5%,缴费时间压缩至3分钟内。

2. 线下渠道

线下办理渠道则保留了村(居)委会代收、银行柜台以及办税服务厅等传统方式,以满足不同人群的需求。特别是对于老年人群体,各地还提供了上门协助缴费服务,如江西省就组织了志愿者团队为留守老人提供代缴服务。

3. 特殊机制

此外,还设立了特殊参保机制。新生儿可在出生后90天内参保并享受全年待遇,即"落地参保"。同时,大学生也可在学校所在地参保,这一举措打破了地域限制,为广大学生提供了更加便捷的参保途径。

五、特殊群体保障:精准施策与托底帮扶

建立"基本医保、大病保险、医疗救助"三重保障机制,筑牢民生底线。

1. 大病保险倾斜

根据国家医保局的规定,困难群体的大病保险起付线降低50%,报销比例提高5个百分点,例如湖南省特困人员的大病报销比例可达85%。2023年,大病保险为1156万困难群众减轻了医疗费用负担。

2. 医疗救助托底

对经基本医保、大病保险报销后个人负担仍较重的患者,医疗救助再报销60%~80%(如贵州省年度救助限额达10万元),根据国家医保局发布的数据,2023年全国医疗救助支出达到746亿元,资助了8020万人。

3. 动态监测机制

通过大数据筛查因病致贫风险人群,根据国家医保局发布的数据,2023年全国纳入动态监测的1200万农村低收入人口中,98%通过医保帮扶实现脱贫,有效防止了"因病返贫"。国家医保局规划财务和法规司原副司长谢章澍表示,医保基金运行安全稳健,全国纳入监测范围的农村低收入人口参保率稳定在99%以上,各项医保综合帮扶政策惠及农村低收入人口就医1.86亿人次,减轻医疗费用负担1883.5亿元。

六、制度发展与改革方向

1. 提升统筹层次

全面实现省级统筹,统一参保范围、筹资政策及待遇标准,旨在消除区域间保障水平差异。

2. 强化门诊共济

将扩大慢性病保障范围,新增阿尔茨海默病、帕金森病等病种,并探索"互联网+门诊"报销模式,启动线上处方流转与结算试点。

3. 衔接职工医保

研究建立城乡居民与职工医保"转换补差"机制,保障参保人权益连续性。

4. 智慧医保建设

推广医保电子凭证(超9亿人激活),实现"扫码就医、无感结算",提升服务效率30%以上。

> **延伸阅读**
> 《国务院办公厅关于建立健全职工基本医疗保险门诊共济保障机制的指导意见》
> 制定部门:国务院办公厅
> 实施时间:2021年
> 主要内容:建立职工医保普通门诊费用统筹保障机制,将多发病、常见病普通门诊费用纳入统筹基金支付,支付比例从50%起步,向退休人员倾斜。改进个人账户计入办法,在职职工个人账户由个人缴费计入,退休人员由统筹基金按定额划入。规范个人账户使用范围,可用于配偶、父母、子女相关医疗费用。加强监督管理,严格基金预算,强化费用监管,创新门诊服务管理,推进异地就医直接结算。完善付费机制,对基层医疗服务可按人头付费,探索按病种付费。

3-2-4

知识点四 企业补充医疗保险与商业健康保险

一、企业补充医疗保险

1. 特点

自愿参加,由企业自主管理,用于补助职工个人负担的医疗费用。

2. 资金筹集

企业缴费在工资总额5%以内的部分可从成本中列支。

3. 报销范围

可对基本医保目录外的药品、诊疗项目等进行报销,提高保障水平。

二、商业健康保险

1. 产品类型

(1)百万医疗险:具备高保额、低保费的特点,可报销住院、手术等医疗费用,通常设有免赔额限制。

(2)重疾险:确诊特定重大疾病时一次性给付保险金。

(3)护理保险:为失能老人提供护理费用补偿。

(4)防癌险:专门针对癌症的保险,包括癌症确诊金、治疗费用报销等。

2. 投保注意事项

仔细阅读保险条款,了解免责范围、等待期、续保条件等。例如,百万医疗险可能因健康状况变化无法续保,重疾险对既往症有严格限制。

3. 产品选择建议

根据老年人的健康状况、经济能力选择适合的产品。例如,健康状况良好的老年人可选百万医疗险,有家族病史的可考虑重疾险。

> **延伸阅读**
>
> 《财政部 劳动保障部关于企业补充医疗保险有关问题的通知》(财社〔2002〕18号)
>
> 制定部门:财政部、劳动和社会保障部
>
> 实施时间:2002年5月21日
>
> 主要内容:
>
> 制度定位:明确企业补充医疗保险是基本医疗保险的补充形式,允许企业在参加基本医疗保险基础上,自主建立补充保险,用于补助职工个人负担的医疗费用。
>
> 资金筹集:企业缴费在工资总额4%以内的部分可从成本中列支,无须财政审批。资金由企业或行业集中管理,单独建账,专款专用。
>
> 报销范围:覆盖基本医保目录外的药品、诊疗项目等,重点向个人负担较重的职工和退休人员倾斜。例如,北京市规定企业补充医疗保险可报销基本医保目录内自付部分的50%以上。
>
> 监管要求:企业需每年向职工代表大会通报资金使用情况,财政和劳动保障部门加强监督,防止挪用。

3-2-4

知识点五　长期护理保险制度

一、长期护理保险试点历程与实践成效

自2016年起,我国开始在包括上海、青岛、长春在内的15个城市试点长期护理保险制度,旨在解决失能人员的基本护理需求。经过八年的试点,该制度已覆盖全国49个城市,参保人数超过1.8亿人,累计超过235万人享受到了长护险待遇。2020年,国家医保局将试点范围扩大至49个城市(含新增29个试点),覆盖职工医保和城乡居民医保参保人群,形成"政策引导、地方探索、分类推进"的格局。截至2023年底,全国试点城市长期护理保险参保人数达到1.7亿,累计超过200万人享受相关待遇,为失能老年人提供护理服务,显著减轻了家庭照护负担。典型案例如作为首批试点城市之一,青岛市通过实施"三等模式"(个人缴费、医保统筹、财政补贴各占0.5%),在2023年实现了养老保险参保人数达到848万人,参保率高达98%,长期护理保险制度的实施使得失能人员月均报销金额达到1800元,居家护理服务的覆盖率也显著提升至60%。上海市则将长护险与社区居家养老服务衔接,2022年城乡居民参保人群达1300万人,失能等级评估通过率达45%,形成"评估—服务—结算"全流程数字化管理。

二、资金筹集机制:多元共担与区域差异

制度遵循"责任共担、分类筹资"原则,资金来源主要包括三大渠道。

1. 职工医保参保群体

一是以"个人+单位+财政"为主。如青岛市职工按工资总额1.5%缴费(个人0.5%、单位0.8%、财政0.2%),北京市用人单位按职工工资总额0.5%缴纳,个人不缴费。

二是城乡居民参保群体,主要采取"财政补贴+个人低额缴费"方式。例如:成都市居民个人年缴费30元,财政补贴70元,总计每人100元/年;苏州市居民个人仅需缴费20元,财政补贴高达80元。此举充分体现了对弱势群体的关怀与倾斜。

2. 统筹基金划转

从基本医保统筹基金中划出一定比例(通常0.3%~0.5%),如南通市每年从职工医保统筹基金划转0.5%,2023年筹集资金超2亿元。一些城市正在尝试通过"税收优惠"政策和"商业保险"的补充,来提升保障体系,例如深圳市已经允许个人使用医保个人账户资金购买长期护理保险的商业产品,从而构建了一个从"基本保障"到"升级保障"的分层保障体系。

三、待遇标准:分层分类与精准保障

待遇享受以"失能等级评估"为核心,依据《老年人能力评估规范》(GB/T 34022-2017),将失能分为轻度、中度、重度三级,对应不同保障水平。

1. 居家护理

覆盖助餐、助浴、康复护理等基础服务,报销比例60%~80%。例如:杭州市重度失能老人每月最高报销1600元,服务频次不低于12次/月;上海市按护理等级每月补贴800—1500元,允许家属经培训后提供照护并享受补贴。

2. 机构护理

包含住宿、医疗护理、康复训练等服务,报销比例50%~70%。如:青岛市机构护理每月最高报销2000元,实际结算中失能等级越高,报销比例越高(重度失能可达70%);广州市将养老机构护理床位纳入报销范围,日均报销50—80元,引导资源向专业机构倾斜。此外,部分城市探索"中医护理""智能设备租赁"等特色项目,如苏州市将智能监测设备(如跌倒报警器)纳入报销,年最高补贴1200元,提升居家照护安全性。

四、申请流程:标准化评估与规范化管理

1. 申请受理

申请人或其家属可通过"国家医保服务平台"线上提交,或前往线下医保窗口办理,需备齐身份证、医保卡及诊断证明等材料。

2. 失能评估

医保部门将委托第三方专业机构(例如医院、社工组织),按照《长期护理失能等级评估标准(试行)》实施现场评估,涵盖生活自理能力(如进食、穿衣、如厕等六个关键维度)、认知功能及疾病历史,评估结论将公示七日,广泛接受社会监督。

3. 待遇核定

符合条件者(通常中度及以上失能),由医保部门出具《长期护理保险待遇享受告知书》,明确护理方式、服务机构及报销额度。

4. 服务结算

护理机构按月向医保部门申报费用,经审核后直接结算,个人只需承担自付部分(通常20%~40%)。青岛市创新"线上申请+AI初筛+人工复核"模式,评估周期从45天缩短至15天,效率提升60%。

五、发展趋势:从试点探索到制度成型

1. 全国统筹与城乡融合

"十四五"规划明确提出"稳步建立长期护理保险制度",未来将推动试点经验向非试点地区扩展,探索职工与居民长护险制度衔接,逐步实现城乡居民"应保尽保"。

2. 服务体系升级

建立"基本长护险+商业补充险"的多层次保障,鼓励社会资本参与护理服务供给。例如,培育连锁化居家护理机构、开发"护理机器人+上门服务"等智慧养老场景。长期护理保险自2016年启动试点8年来,全国49个城市试点工作稳步推进,阶段目标已基本实现。截至2024年底,全国超过1.8亿人参保,累计超过260万人享受待遇,基金支出超800亿元,不仅改善了失能人员的生存质量,还减轻了家庭负担。

3. 数字化监管

建设全国统一的长护险信息平台,整合失能评估、服务监管、资金结算等功能,利用大数据手段监控资金运用效率,有效遏制"骗保"等不当行为。

4. 跨部门协同

促进长护险与医保、养老、康复医疗等政策深度融合,例如,将家庭医生签约服务纳入长护险赔付,打

造"医养护"一体化服务体系。

> **延伸阅读**
>
> **《长期护理保险护理服务机构定点管理办法(试行)》**
>
> 制定部门:国家医疗保障局办公室
>
> 实施时间:2024年主要内容:规范长期护理保险护理服务机构定点管理,明确定点机构包括养老机构、医疗机构等,需具备法人资格、配备相应人员和设施、接入医保信息平台等条件。服务类型分为居家、社区、机构护理,不同类型有具体人员配备要求。统筹地区医保经办机构负责定点申请审核、协议签订和管理,协议期一般1年,续签最长3年。加强动态管理,对机构重大信息变更、协议中止解除等情形作出规定,强化基金使用监督,严厉打击欺诈骗保,保障参保人员权益。

3-2-6

任务实施与评价

任务一:分析张奶奶现有医疗保险情况

1. 任务实施

(1) 数据收集:小张向张奶奶所在地的医保经办机构咨询城乡居民医保政策,获取参保范围、缴费标准、报销比例等信息。同时,收集张奶奶近年来的医疗费用单据,包括门诊、住院、药品费用等。

(2) 政策分析:根据收集到的信息,小张分析张奶奶的参保资格、缴费情况,以及各项医疗费用的报销比例。例如,根据最新的医保政策:张奶奶所在地的城乡居民医保门诊报销比例为50%,年度封顶线为2000元;住院报销比例为70%,年度封顶线为15万元。城乡居民医保门诊统筹报销比例在不同医疗机构有所不同,年度最高支付限额在不同地区可能有所差异。

(3) 费用计算:小张计算张奶奶过去一年的医疗总费用为1.5万元,其中门诊费用5000元,住院费用1万元。根据报销政策,门诊可报销2500元(5000×50%),住院可报销7000元(10 000×70%),总计报销9500元,个人自付5500元,自付比例为36.7%。

(4) 沟通解释:小张向张奶奶详细解释计算过程和结果,说明现有医保如何减轻她的医疗负担,同时指出门诊封顶线较低、住院自付比例仍较高等保障缺口。

2. 任务评价

(1) 知识运用准确性:小张能准确运用城乡居民医保政策计算报销金额。

(2) 数据收集完整性:小张收集了张奶奶的医疗费用单据和当地医保政策文件,数据完整。

(3) 沟通解释能力:小张以通俗易懂的方式向张奶奶解释医保政策和费用计算。

任务二:制定张奶奶的医疗保障补充方案

1. 任务实施

(1) 需求分析:小张与张奶奶进行了深入的沟通,详细了解了她的健康状况,包括高血压和糖尿病,以及她的经济能力,即每月3000元的退休金,还有她的个人意愿,主要是希望减轻医疗费用负担并保障未来的长期护理需求。

(2) 产品推荐:百万医疗险。推荐一款百万医疗险产品,年度保额更是高达400万元。不过,考虑到张奶奶已经患有慢性病,需要特别确认该产品是否包含既往症的报销条款。

长期护理保险:推荐一款试点城市的产品,每月缴费200元,失能评估后每月可领取1500元护理补贴。

(3) 费用测算:以张奶奶购买了百万医疗险,年缴费2900元为例。在她因疾病住院花费10万元的情况下,扣除免赔额1万元后,百万医疗险可以报销9万元,个人仅需自付1万元。正如周女士的母亲因突发性脑出血住院,百万医疗险报销了9万余元的案例所示,这类保险产品在实际中能够为患者提供重要的经济支持。加上长期护理保险,若失能可获得每月1500元补贴。

(4) 风险提示:小张还向张奶奶详细说明了保险产品的潜在风险,例如,百万医疗险可能会因为健康状况的变化而无法续保,而长期护理保险则需要满足特定的失能评估条件才能领取补贴。

2. 任务评价

(1) 需求分析能力:小张精准把握张奶奶的健康与经济状况。

(2) 产品知识运用能力:小张依据张奶奶需求,精准推荐保险产品,并精确计算预期收益。

(3) 方案制定与沟通能力:小张设计的方案周全且合理,风险解释清晰明了。

课后练习与拓展

一、课后练习

(一) 选择题

3-2

1. 我国多层次医疗保险体系的第一支柱是( )。
   A. 企业补充医疗保险　　　　　B. 商业健康保险
   C. 基本医疗保险　　　　　　　D. 长期护理保险

2. 下列哪项不属于城乡居民基本医疗保险基金的资金来源? ( )
   A. 个人缴费　　　　　　　　　B. 企业缴费
   C. 政府补助　　　　　　　　　D. 集体补助

3. 城镇职工基本医疗保险的退休人员,累计缴费达到国家规定年限后,退休后( )。
   A. 继续缴纳基本医疗保险费
   B. 不再缴纳基本医疗保险费
   C. 减半缴纳基本医疗保险费
   D. 按当地最低工资标准缴纳基本医疗保险费

4. 商业健康保险的主要形式是( )。
   A. 由政府强制实施
   B. 由企业统一购买
   C. 由个人自愿投保
   D. 由社会保险机构经办

(二) 填空题

1. 城乡居民基本医疗保险整合了城镇居民基本医疗保险和_____。
2. 城镇职工基本医疗保险的个人账户资金来源于个人缴费和_____。
3. 企业补充医疗保险费在工资总额_____以内的部分,企业可直接从成本中列支。

(三) 简答题

1. 简述城镇职工基本医疗保险的参保范围。
2. 城乡居民基本医疗保险的筹资方式有哪些?
3. 企业补充医疗保险的作用是什么?
4. 商业健康保险与基本医疗保险的区别是什么?
5. 长期护理保险的试点目标是什么?

(四) 讨论题

1. 结合当前人口老龄化趋势,讨论如何进一步完善我国老年医疗保险体系。
2. 分析商业健康保险在老年人医疗保障中的优势和局限性。

二、课后拓展

1. 调研本地医疗保险政策:选择本地一个社区,调研老年人参加医疗保险的情况,分析影响参保的因素,撰写调研报告。
2. 政策宣讲活动:组织一次面向老年人的医保政策宣讲活动,帮助他们了解报销流程、异地就医等政策。
3. 案例分析:收集老年人医疗保险诈骗案例,分析诈骗手段,提出防范措施,制作宣传手册。

项目三　老年社会救助政策

学习目标

1. 知识目标

(1) 掌握我国老年社会救助体系的构成及核心内容。
(2) 理解城乡最低生活保障制度和农村五保供养制度的参保范围、资金筹集、待遇标准等政策要点。
(3) 熟悉医疗救助、住房救助等专项救助的特点和申请流程。
(4) 了解社会力量参与老年社会救助的形式和作用。

2. 能力目标

(1) 能够分析社会救助政策对老年人生活的影响。
(2) 能够评估老年人的救助需求,为其推荐合适的救助项目。
(3) 能够协助老年人办理社会救助申请、审核等手续。
(4) 能够识别社会救助中的风险,指导老年人合法合规享受救助权益。

3. 素养目标

(1) 增强对老年社会救助重要性的认识,树立为老年人服务的责任感。
(2) 培养尊重和关爱老年人的职业素养,维护老年人的基本生活权益。
(3) 积极参与社会救助政策宣传,提高社会对老年人困境的关注度。

情景任务

赵奶奶今年78岁,独居在农村,无儿无女,身体患有多种慢性疾病,丧失劳动能力,生活来源仅靠每月200元的养老金,居住的房屋年久失修,存在安全隐患。赵奶奶的邻居小王在一家养老服务中心工作,了解到赵奶奶的情况后,决定运用所学知识,帮助赵奶奶分析现有社会救助情况,并制订一份综合救助方案。

任务一:分析赵奶奶现有社会救助情况

要求:小王需要详细分析赵奶奶已享受的社会救助政策,包括城乡最低生活保障、医疗救助等。例如,了解赵奶奶所在地的低保标准、医疗救助报销比例等,计算她目前的实际收入和医疗费用自付比例,明确住房救助等专项救助的申请条件,并向赵奶奶解释这些政策如何改善她的生活。

目的:帮助赵奶奶清晰了解现有救助水平,识别救助缺口。

任务二:制定赵奶奶的社会救助补充方案

要求:结合赵奶奶的健康状况、居住条件和个人意愿,小王为赵奶奶制定一份社会救助补充方案。考虑到赵奶奶的特殊困难,方案中应包括是否适合申请农村五保供养、住房改造补贴或引入社会力量帮扶(如慈善组织、志愿者服务),以及推荐具体的申请方式或合作机构。同时,说明如果赵奶奶参与这些补充救助,预计能获得哪些改善,并向赵奶奶详细说明方案的可行性和潜在风险(如申请流程复杂、救助资源有限等)。

目的:通过综合考虑各种因素,为赵奶奶量身定制一份更全面的社会救助计划,提高她的生活质量,同时培养学生运用社会救助知识解决实际问题的能力。

知识链接

知识点一　多层次社会救助体系概述

我国老年社会救助体系是社会保障体系的重要组成部分,旨在为经济困难的老年人提供基本生活保障。该体系主要包括以下层次。

1. 基本生活救助

包括城乡最低生活保障制度和农村五保供养制度,为老年人提供现金或实物资助,保障其基本生活需求。

2. 专项救助

包括医疗救助、住房救助、教育救助等,针对老年人的特殊困难提供专项支持。

3. 临时救助

对因突发事件导致生活陷入困境的老年人给予临时性、应急性救助。

4. 社会力量参与

鼓励慈善组织、志愿者、企业等社会力量通过捐赠、帮扶等形式参与老年社会救助。

> **延伸阅读**
>
> **《国务院关于进一步健全特困人员救助供养制度的意见》**
>
> 制定部门:国务院
>
> 实施时间:2016年
>
> 主要内容:构建"基本生活+专项+临时"救助体系,明确城乡特困老人供养标准,鼓励慈善组织、企业参与救助。

3-3-1

知识点二　城乡最低生活保障制度

一、城市居民最低生活保障

1. 保障对象

持有非农业户口的城市居民,共同生活的家庭成员人均收入低于当地低保标准。

2. 保障标准

由市、县级人民政府根据当地维持居民基本生活所需费用确定,与最低工资标准等相衔接。

3. 资金来源

地方财政预算为主,中央财政对困难地区给予支持。

4. 动态管理

户主向户籍所在地街道办事处或镇人民政府申请,经审核、审批后发放低保金。家庭收入变化时,及时调整保障待遇。

二、农村居民最低生活保障

1. 保障对象

家庭年人均纯收入低于当地低保标准的农村居民,重点保障因病残、年老体弱等原因导致生活困难的群体。

2. 保障标准

由县级以上地方人民政府确定,根据生活必需品价格变化和生活水平适时调整。

3. 资金来源

以地方财政为主,中央财政给予适当补助。

4. 动态管理

户主向乡(镇)人民政府申请,经村民委员会民主评议、乡(镇)审核、县级审批后发放低保金。定期核查家庭收入,及时调整保障待遇。

> **延伸阅读**
>
> **1.《最低生活保障审核确认办法》**
>
> 制定部门:民政部
>
> 实施时间:2021年
>
> 主要内容:明确城乡低保对象为收入低于当地标准的居民,优化审核流程,建立家庭经济状况动态核查机制,确保"应保尽保"。
>
> **2.《关于进一步做好困难群众基本生活保障工作的通知》**
>
> 制定部门:财政部、民政部
>
> 实施时间:2023年
>
> 主要内容:根据2023年最新政策,城乡低保标准得到显著提升,平均增幅达到5%。独居和失能老人作为社会弱势群体,将优先被纳入保障范围。此外,中央财政对中西部地区的补助比例提高至60%,以确保这些地区低保对象的基本生活需求得到满足。

知识点三　农村五保供养制度

1. 供养对象

老年、残疾或未满16周岁的村民,无劳动能力、无生活来源且无法定赡养、扶养义务人,或其义务人无履行能力。

2. 供养内容

包括粮油、副食品、生活用品、住房、医疗、丧葬等生活必需品的保障,以及义务教育阶段的费用保障。

3. 供养方式

集中供养(在农村五保供养服务机构)或分散供养(由村民委员会或服务机构提供照料)。

4. 资金来源

主要由地方财政预算安排,对于拥有集体经营收入的地方,可从集体收入中给予补助。

> **延伸阅读**
>
> **1.《农村五保供养工作条例》(修订版)**
> 制定部门:国务院
> 实施时间:2023年(修订)
> 主要内容:明确农村五保对象为"三无"人员,供养内容含生活、医疗、住房等,可选择集中或分散供养,地方财政全额保障供养资金。
>
> **2.《关于加强农村留守老年人关爱服务工作的意见》**
> 制定部门:民政部等9部门
> 实施时间:2017年
> 主要内容:农村五保老人被列为重点关爱对象,乡镇敬老院需优先接纳失能、半失能老人,政府购买服务涵盖生活照料及医疗护理。

3-3-4

3-3-5

知识点四　专项救助与社会力量参与

1. 医疗救助

对经济困难的老年人参加基本医疗保险给予补贴,对其医疗费用自付部分给予补助。

2. 住房救助

通过配租公共租赁住房、发放住房租赁补贴、实施农村危房改造等方式,保障老年人基本住房需求。

3. 教育救助

对在学的贫困老年人子女或孙子女给予教育费用减免或资助。

4. 社会力量参与

慈善组织捐赠物资、开展志愿服务助力老年人;企业提供就业岗位及公益服务;志愿者则提供生活照料与精神慰藉。

> **延伸阅读**
>
> **1.《城乡医疗救助基金管理办法》**
> 制定部门:财政部、民政部
> 实施时间:2013年
> 主要内容:对低保、五保老人参加医保全额代缴,门诊、住院自付费用按70%~90%救助,年度救助限额与当地人均可支配收入挂钩。
>
> **2.《关于支持和引导社会力量参与社会救助的指导意见》**
> 制定部门:民政部等6部门
> 实施时间:2023年
> 主要内容:引导慈善组织、志愿者为困难老人提供物资捐赠、生活照料,企业可通过公益创投、设立救助基金等方式参与,政府给予税收优惠。

3-3-6

3-3-7

任务实施与评价

任务一：分析赵奶奶现有社会救助情况

1. 任务实施

(1) 数据收集：小王主动联系了赵奶奶所在地的民政部门，详细咨询了城乡低保和医疗救助的相关政策，包括具体的保障标准和医疗救助的报销比例。在此基础上，他还收集了赵奶奶的养老金领取记录以及历年的医疗费用单据，以备后续分析。

(2) 政策分析：根据收集到的信息，小王分析赵奶奶的参保资格、缴费情况，以及各项救助的报销比例。例如，赵奶奶所在地的农村低保标准为每人每月300元，医疗救助报销比例为60%。

(3) 费用计算：赵奶奶每月养老金200元，低于低保标准，可申请低保差额补助100元。假设赵奶奶每年医疗费用为5 000元，医疗救助可报销3 000元，个人自付2 000元。

(4) 沟通解释：小王耐心地向赵奶奶解释了整个计算过程和结果，让她清晰地了解到现有救助政策如何有效减轻她的生活负担。同时，他还特别指出了赵奶奶目前面临的住房安全隐患等尚未被救助政策覆盖的问题，为她提供了更全面的信息。

2. 任务评价

(1) 知识运用准确性：小王能准确运用城乡低保和医疗救助政策计算救助金额。

(2) 数据收集完整性：小王收集了赵奶奶的收入和医疗费用数据及当地救助政策文件，数据完整。

(3) 沟通解释能力：小王以通俗易懂的方式向赵奶奶解释救助政策和费用计算。

任务二：制定赵奶奶的社会救助补充方案

1. 任务实施

(1) 需求分析：小王深入与赵奶奶交流，细致了解其健康状况、居住现状及个人愿望，包括改善住房条件和增加生活照料。

(2) 救助推荐。

农村五保供养待遇：根据《农村五保供养工作条例》，赵奶奶作为符合条件的老年人，可以申请享受农村五保供养待遇，包括集中供养形式，从而获得吃、穿、住、医、葬等全面的生活照顾和物质帮助。

住房改造补贴：申请农村危房改造项目，对房屋进行修缮或重建。

社会力量参与：联络本地慈善机构，为赵奶奶捐赠生活必需品，并安排志愿者定期探访照料。

(3) 预期效果：若赵奶奶申请五保供养，可获得每月500元的供养金，并入住敬老院；住房改造补贴可解决房屋安全隐患；社会力量帮扶可提供日常照料和精神慰藉。

(4) 风险提示：小王向赵奶奶说明申请五保供养需入住敬老院，可能改变生活环境；住房改造补贴申请流程较长，需耐心等待。

2. 任务评价

(1) 需求分析能力：小王准确了解赵奶奶的生活状况和需求。

(2) 救助知识运用能力：小王能根据赵奶奶的需求推荐合适的救助项目，并说明预期效果。

(3) 方案制定与沟通能力：小王制定的方案全面合理，并清晰解释风险。

课后练习与拓展

一、课后练习

（一）选择题

1. 我国老年社会救助体系的核心是（　　）。
   A. 基本生活救助　　　　　　　　　B. 专项救助
   C. 临时救助　　　　　　　　　　　D. 社会力量参与

2. 下列哪项不属于农村五保供养的内容？（　　）
   A. 提供住房　　　　　　　　　　　B. 提供医疗
   C. 提供教育费用　　　　　　　　　D. 提供就业岗位

3. 城市居民最低生活保障标准由谁制定？（　　）
   A. 中央人民政府
   B. 省人民政府
   C. 市、县级人民政府
   D. 乡（镇）人民政府

4. 医疗救助的对象是（　　）。
   A. 所有老年人　　　　　　　　　　B. 经济困难的老年人
   C. 退休人员　　　　　　　　　　　D. 农村居民

3-3

（二）填空题

1. 城乡最低生活保障制度是国家对家庭人均收入低于当地_____的人口给予现金资助。
2. 农村五保供养对象可以选择_____或分散供养。
3. 社会力量参与老年社会救助的形式包括捐赠、志愿服务和_____。

（三）简答题

1. 简述城乡最低生活保障制度的保障对象。
2. 农村五保供养的资金来源有哪些？
3. 医疗救助的主要内容是什么？
4. 住房救助的方式有哪些？
5. 社会力量参与老年社会救助的意义是什么？

（四）讨论题

1. 结合当前老龄化趋势，讨论如何进一步完善我国老年社会救助体系。
2. 分析社会力量参与老年社会救助的优势和局限性。

二、课后拓展

1. 调研本地社会救助政策：选择本地一个社区，调研老年人享受社会救助的情况，分析影响救助效果的因素，撰写调研报告。
2. 政策宣讲活动：组织一次面向老年人的社会救助政策宣讲活动，帮助他们了解申请流程、救助标准等。
3. 案例分析：收集老年人社会救助案例，分析救助过程中的问题，提出改进建议，制作宣传手册。

项目四 老年社会福利政策

学习目标

1. 知识目标

（1）掌握我国老年社会福利体系的构成及核心内容。

（2）理解高龄津贴、计划生育家庭老年人扶助、护理补贴等制度的政策要点。

（3）熟悉老年社会福利的申请流程、资金来源及动态管理机制。

（4）了解社会力量参与老年社会福利的形式和作用。

2. 能力目标

（1）能够分析社会福利政策对老年人生活质量的影响。

（2）能够评估老年人的福利需求，为其推荐合适的福利项目。

（3）能够协助老年人办理社会福利申请、审核等手续。

（4）能够识别社会福利中的风险，指导老年人合法合规享受福利权益。

3. 素养目标

（1）增强对老年社会福利重要性的认识，树立为老年人服务的责任感。

（2）培养尊重和关爱老年人的职业素养，维护老年人的尊严和权益。

（3）积极参与社会福利政策宣传，推动社会形成敬老爱老的良好风尚。

情景任务

刘奶奶今年82岁，独居在城市，无儿无女，患有严重的关节炎，行动不便，生活主要依靠每月1500元的养老金。由于身体原因，刘奶奶无法自己做饭，经常以泡面和面包充饥，居住的房屋也因年久失修存在安全隐患。社区养老服务人员小陈了解到刘奶奶的情况后，决定运用所学知识，帮助刘奶奶分析现有社会福利情况，并制定一份综合福利改善方案。

任务一：分析刘奶奶现有社会福利情况

要求：小陈需要详细分析刘奶奶已享受的社会福利政策，包括高龄津贴、医疗救助等。例如，了解刘奶奶所在地的高龄津贴标准、医疗救助报销比例等，计算她目前的实际收入和医疗费用自付比例，明确住房救助等专项福利的申请条件，并向刘奶奶解释这些政策如何改善她的生活。

目的：帮助刘奶奶清晰了解现有福利水平，识别福利缺口。

任务二：制定刘奶奶的社会福利改善方案

要求：结合刘奶奶的健康状况、居住条件和个人意愿，小陈为刘奶奶制定一份社会福利改善方案。考虑到刘奶奶的特殊困难，方案中应包括是否适合申请老年人护理补贴、住房改造补贴或引入社会力量帮扶（如社区食堂送餐、志愿者服务），以及推荐具体的申请方式或合作机构。同时，说明如果刘奶奶参与这些补充福利，预计能获得哪些改善，并向刘奶奶详细说明方案的可行性和潜在风险（如申请流程复杂、救助资源有限等）。

目的：通过综合考虑各种因素，为刘奶奶量身定制一份更全面的社会福利计划，提高她的生活质量，同时培养学生运用社会福利知识解决实际问题的能力。

知识链接

知识点一　多层次老年社会福利体系概述

我国老年社会福利体系是社会保障体系的重要组成部分,旨在为老年人提供全方位的生活保障和服务支持。该体系主要包括以下层次。

基本生活福利:包括高龄津贴、养老补贴等,为老年人提供经济支持,保障其基本生活需求。

专项福利:包括医疗救助、住房救助、教育救助等,针对老年人的特殊困难提供专项支持。

服务福利:包括社区食堂、居家养老服务、护理补贴等,为老年人提供生活照料、健康护理等服务。

社会力量参与:鼓励慈善组织、志愿者、企业等社会力量通过捐赠、志愿服务等形式参与老年社会福利。

> **延伸阅读**
>
> **1.《"十四五"国家老龄事业发展和养老服务体系规划》**
>
> 制定部门:国务院
>
> 实施时间:2021 年
>
> 主要内容:构建"基本生活+专项+服务"的福利体系,加速高龄津贴、护理补贴等政策普及,目标为 2025 年实现老年福利城乡一体化。
>
> **2.《关于推进老年宜居环境建设的指导意见》**
>
> 制定部门:全国老龄办等 25 部门
>
> 实施时间:2016 年
>
> 主要内容:完善老年人住房、社区服务设施,推动适老化改造,鼓励社会力量参与老年宜居环境建设。

3-4-1

3-4-2

知识点二　高龄津贴制度

1. 定义

高龄津贴是针对高龄老年人发放的福利,旨在提高其生活质量,倡导敬老尊老的社会风气。

2. 发展现状

我国高龄津贴政策自 20 世纪 80 年代起实施,起初仅覆盖百岁老人,后逐步扩大至 80 周岁及以上老年群体。根据《民政部关于建立高龄津(补)贴制度先行地区的通报》(民函〔2010〕111 号),各地需制定统一标准,将 80 周岁以上老年人纳入津贴范围。截至目前,全国范围内已有 26 个省(自治区、直辖市)相继出台了相关政策,然而,在具体标准和实施细则方面,各地仍存在一定的差异性。

3. 实施特点

(1)发放对象:通常要求本地户籍,部分地区限制家庭收入(如低保家庭)和年龄。例如,上海市规定 65 周岁以上沪籍老年人可领取老年综合津贴。

(2)发放标准:根据低保标准、补助水平和年龄分类分档发放。例如,北京市高龄老年人津贴标准为:80—89 岁老年人每月发放 100 元,90—99 岁每月 500 元,100 岁以上每月 800 元。

(3)资金来源:以省级或地市级财政为主,部分地区由中央财政给予支持。例如,内蒙古自治区实现 80 岁以上低保老人高龄津贴全覆盖,资金由地方财政承担。

(4)预期目标:未来将逐步统一全国标准,向欠发达地区倾斜,提高高龄老年人的生活保障水平。

> **延伸阅读**
>
> **《北京市老年人养老服务补贴津贴管理实施办法》**
> 制定部门：北京市民政局
> 实施时间：2019年（持续实施）
> 主要内容：65岁以上京籍老人分档领津贴，惠及超300万老年人。

知识点三　计划生育家庭老年人扶助制度

1. 背景

针对独生子女伤残、死亡的计划生育特殊困难家庭，国家提供经济扶助、养老保障、医疗保障等支持。根据国家卫生计生委等5部门《关于进一步做好计划生育特殊困难家庭扶助工作的通知》（国卫家庭发〔2013〕41号），国家已逐步提高对计划生育特殊困难家庭的经济扶助标准，并建立了动态增长机制。例如，自2014年起，城镇独生子女伤残、死亡家庭夫妻的特别扶助金标准分别提高到每人每月270元、340元，农村则为150元、170元。此外，还提供了养老、医疗和精神慰藉等多方面的扶助措施。

2. 制度内容

（1）养老保障：符合条件的家庭成员参加城乡居民养老保险，可享受参保缴费补贴；60周岁及以上失能或部分失能的计划生育特殊困难家庭成员，优先入住政府兴办的养老机构；符合条件地区还可发放护理补贴。

（2）医疗保障：将符合条件的低收入家庭成员纳入城乡医疗救助范围；为有再生育意愿的家庭提供取环、输卵（精）管复通等手术费用报销；开通就医"绿色通道"，建立社区医疗服务巡诊制度。

（3）社会关怀：鼓励社会组织提供精神慰藉、心理疏导；优先安排保障性住房、收养子女；对残疾独生子女提供高中阶段免费教育、职业技能培训等支持。

3. 养老照护试点工作

国家卫生健康委员会自2014年起开展试点，针对计划生育特殊困难家庭，提供包括生活照料、家庭保健及紧急救援在内的全方位服务。以北京市西城区为例，该地区通过政府购买服务的方式，有效为失能老人提供了便捷的居家照护服务。

> **延伸阅读**
>
> **《关于提高计划生育家庭特别扶助制度扶助标准的通知》**
> 制定部门：财政部、国家卫健委等
> 实施时间：2022年
> 主要内容：独生子女死亡家庭特别扶助金标准由每人每月450元提高至每人每月590元。

知识点四　老年人护理补贴制度

一、定义

护理补贴是针对经济困难的失能老年人而设立的一项补缺型社会福利制度。

二、主要内容

1. 目标要求

缓解经济困难失能老年人的实际困难,形成多元化投入格局,在"十三五"期间实现省级层面全覆盖。2024年底,31个省份出台了养老服务补贴政策,26个省份出台了护理补贴政策。

2. 具体措施

省级政府负责制定具体的补贴政策,其中明确规定了补助的项目、标准以及申请条件等相关内容。例如,湖南省针对经济困难的高龄及失能老年人,依据其失能程度实施分档补贴政策,最高补贴额度可达每月500元。

3. 资金保障

由地方财政负担,列入年度财政预算。例如,浙江省平湖市分类确定城乡困难老人养老服务补贴标准,资金由市、镇两级财政分担。

知识点五 社会力量参与机制

一、形式

1. 慈善组织

通过捐赠物资、开展公益项目等方式帮助老年人。例如,中国人口福利基金会为计划生育特殊困难家庭提供帮扶。

2. 志愿者服务

组织志愿者为老年人提供生活照料、陪伴、健康监测等服务。例如,社区志愿者定期走访独居老人。

3. 企业参与

企业通过提供就业岗位、公益服务等形式参与老年社会福利。例如,部分养老服务企业与社区合作,提供居家养老服务。

二、政策支持

政府鼓励社会力量参与,通过税收优惠、购买服务等方式引导社会资本进入养老服务领域。例如,北京市培育老年餐饮、康复护理等"北京品牌"企业,开展老年营养餐配送服务。

任务实施与评价

任务一:分析刘奶奶现有社会福利情况

1. 任务实施

(1)数据收集:小陈向刘奶奶所在地的民政部门咨询高龄津贴和医疗救助政策,获取保障标准、报销比例等信息。同时,收集刘奶奶的养老金领取记录、医疗费用单据等。

(2)政策分析:根据收集到的信息,小陈分析刘奶奶的参保资格、缴费情况,以及各项福利的报销比例。例如,刘奶奶所在地的高龄津贴标准为80周岁以上每月200元,医疗救助报销比例为70%。

(3)费用计算:刘奶奶每月养老金1500元,加上高龄津贴200元,总收入1700元。假设刘奶奶每年医疗费用为10 000元,医疗救助可报销7 000元,个人自付3 000元。

(4)沟通解释:小陈向刘奶奶详细解释计算过程和结果,说明现有福利如何减轻她的生活负担,同时指出饮食和住房安全等未覆盖的问题。

2. 任务评价

(1)知识运用准确性:小陈能准确运用高龄津贴和医疗救助政策计算救助金额。

(2)数据收集完整性:小陈收集了刘奶奶的收入和医疗费用数据及当地福利政策文件,数据完整。

(3) 沟通解释能力：小陈以通俗易懂的方式向刘奶奶解释福利政策和费用计算。

任务二：制定刘奶奶的社会福利改善方案

1. 任务实施

(1) 需求分析：小陈与刘奶奶沟通，了解她的健康状况、居住条件和个人意愿（希望改善饮食和住房条件，获得生活照料）。

(2) 福利推荐。

老年人护理补贴：刘奶奶因关节炎行动不便，符合失能老人护理补贴申请条件，每月可领取300元补贴。

住房改造补贴：申请老旧小区改造项目，对房屋进行修缮，改善居住安全。

社会力量帮扶：联系社区食堂为刘奶奶提供送餐服务，组织志愿者定期上门打扫卫生、陪同就医。

(3) 预期效果：若刘奶奶申请护理补贴，每月可增加300元收入；住房改造补贴可解决房屋安全隐患；社会力量帮扶可改善饮食和提供生活照料。

(4) 风险提示：小陈向刘奶奶详细说明了申请护理补贴需经过失能评估的流程，同时提醒她住房改造补贴的申请流程相对较长，需要耐心等待审批结果。

2. 任务评价

(1) 需求分析能力：小陈准确了解刘奶奶的生活状况和需求。

(2) 福利知识运用能力：小陈能根据刘奶奶的需求推荐合适的福利项目，并说明预期效果。

(3) 方案制定与沟通能力：小陈制定的方案全面合理，并清晰解释风险。

课后练习与拓展

一、课后练习

(一) 选择题

1. 我国老年社会福利体系的核心是（　　）。
   A. 基本生活福利　　　　　　　　B. 专项福利
   C. 服务福利　　　　　　　　　　D. 社会力量参与

2. 下列哪项不属于计划生育家庭老年人扶助制度的内容？（　　）
   A. 养老保障　　　　　　　　　　B. 医疗保障
   C. 教育保障　　　　　　　　　　D. 社会关怀

3. 高龄津贴的发放标准由谁制定？（　　）
   A. 中央人民政府　　　　　　　　B. 省人民政府
   C. 市、县级人民政府　　　　　　D. 乡（镇）人民政府

4. 老年人护理补贴的资金来源是（　　）。
   A. 中央财政　　　　　　　　　　B. 地方财政
   C. 企业资助　　　　　　　　　　D. 个人缴费

(二) 填空题

1. 高龄津贴是针对_____周岁以上老年人发放的福利项目。
2. 计划生育家庭老年人扶助制度的目标是帮助_____家庭。
3. 老年人护理补贴制度是为经济困难的_____老年人提供的福利。

(三) 简答题

1. 简述我国多层次老年社会福利体系的构成。

2. 高龄津贴的实施特点有哪些?
3. 计划生育家庭老年人扶助制度的主要内容是什么?
4. 老年人护理补贴的申请条件是什么?
5. 社会力量参与老年社会福利的形式有哪些?

(四)讨论题

1. 结合当前老龄化趋势,讨论如何进一步完善我国老年社会福利体系。
2. 分析社会力量参与老年社会福利的优势和局限性。

二、课后拓展

1. 调研本地社会福利政策:选择本地一个社区,调研老年人享受社会福利的情况,分析影响福利效果的因素,撰写调研报告。
2. 政策宣讲活动:组织一次面向老年人的社会福利政策宣讲活动,帮助他们了解申请流程、救助标准等。
3. 案例分析:收集老年人社会福利案例,分析福利过程中的问题,提出改进建议,制作宣传手册。

模块四

康养友好环境建设政策

 **模块导读**

当前社会老龄化趋势日益显著，老年人对居住环境的需求愈发多元化和精细化，在此背景下，空间的适老化设计成为当前康养友好环境建设的重要组成部分。本模块通过梳理无障碍设施建设、适老化社区生活环境设计以及老年人居家环境无障碍改造相关政策法规内容，旨在规范化构建老年人及有特殊需求人群的适宜、友好的生活环境。通过学习，使学生能够深入理解宜居环境对康养服务的重要性，培养学生对康养服务环境设计标准和规范的认识和理解，掌握一定的设计原则与实施策略，提高学生在老年社会保障领域的专业素养和实践能力。

 **思维导图**

- **项目一 公共环境无障碍建设**
  - 无障碍环境的概念与重要性
    - 无障碍环境定义：物质环境、信息、服务无障碍
    - 建设意义：社会公平包容、提升生活质量、经济社会效益
  - 公共环境无障碍设计规范与原则
    - 设计规范：《无障碍设计规范》（GB 50763-2012）
    - 设计要求：城市道路、广场、绿地、居住区等规范
    - 设计原则：全面性、易识别、安全舒适、连贯性、适应性、美观融合、法规遵循
  - 常见公共环境无障碍设施类型与应用
    - 设施类型：坡道/盲道、无障碍电梯、警示信号、低位装置、无障碍厕所、无障碍标志、辅助器具
    - 应用场景：公共建筑、交通节点、居住区等
    - 注意事项：防滑、连续贯通、标识清晰、定期维护
  - 无障碍环境建设的实施与评估
    - 现状评估：实地考察、数据分析、报告撰写
    - 改进方案：合规性、实用性、分阶段实施
    - 理念推广：宣传册、讲座、社交媒体

- **项目二 适老化社区生活环境**
  - 老年宜居环境评价指标
    - 定义依据：国家法律、法规和规范
    - 指标内容：生态环境、居住安全、交通便利、医疗服务、社交娱乐、室内舒适、社会环境
    - 评价标准：绿化覆盖率、防滑设施、医疗可达性等
  - 社区养老服务设施规划与配置
    - 配建要求：分级配建表（养老院、养护院、服务中心、日间照料中心）
    - 布置要求：地形、朝向、绿化、交通、安全
    - 标准规范：《城镇老年人设施规划规范》（GB 50437-2007）
  - 老年宜居社区建设
    - 目标定位：物质完善、精神丰富、主动养老
    - 建设内容：设施配套、服务功能、居住便捷、人际友善、机构健全
    - 设施规划与配置：
    - 实施路径：需求导向、地方特色、多层需求、质量提升

- **项目三 老年人居家环境无障碍改造**
  - 老年人居住区环境无障碍改造
    - 总体要求：政策指导、沟通协调、标准执行
    - 改造内容：道路、停车、台阶、建筑、公共设施
    - 实施监督：进度管理、质量监督、居民参与、资金审计、后期维护
  - 老年人居家环境无障碍改造
    - 特殊需求：身体机能、安全性、便利性
    - 改造原则：整体规划、无障碍细节、舒适性、持续维护
    - 具体标准：斜坡、门道、卫浴、地面、电气智能、紧急呼叫
    - 辅助设施：个人护理、健康监测、智能家居、维护更新

项目一　公共环境无障碍建设

学习目标

1. 知识目标
（1）深入理解无障碍环境的本质，精准掌握其核心要素及细致分类。
（2）熟悉我国无障碍环境建设的法律法规、设计标准及技术规范。
（3）清晰界定常见无障碍设施的类型，详尽阐述其功能及实际应用场景。
（4）了解无障碍环境对老年人及残障人士生活质量的影响。

2. 能力目标
（1）能够熟练运用专业知识，全面评估社区及公共场所无障碍环境的实际状况。
（2）根据实际需求设计科学合理的无障碍设施改进方案。
（3）熟练掌握推广无障碍理念的有效方法，致力于提升公众对无障碍环境重要性的广泛认知。
（4）具备与特殊群体沟通的能力，理解其需求并提供有效帮助。

3. 素养目标
（1）培养社会责任感，关注并尊重特殊群体的权益。
（2）树立"平等、包容、共享"的社会价值观，推动社会文明进步。
（3）增强职业素养，理解无障碍环境建设在养老服务中的重要性。

情景任务

张阿姨是一位62岁的退休职工，因年轻时的一次意外导致行动不便，需要使用轮椅出行。她热爱参加社区活动，但发现许多公共场所的无障碍设施不够完善，给她的出行带来了诸多不便。例如，社区超市入口没有坡道，公园的卫生间没有扶手，医院的电梯按钮太高难以触及。张阿姨的儿子小张是一名建筑设计师，对无障碍环境建设有一定的了解。为了改善母亲的出行体验，小张决定运用自己的专业知识，为社区和周边公共场所提出无障碍设施改进建议。

任务：给出张阿姨的出行困境与儿子的解决方案

思考问题：
1. 社区及周边公共场所存在哪些无障碍设施缺失或不完善的问题？
2. 这些问题对张阿姨等行动不便人群的生活造成了哪些具体影响？
3. 如何运用无障碍环境建设的知识和技能，为张阿姨所在社区设计一套切实可行的无障碍设施改进方案？

知识链接

知识点一：无障碍环境的概念与重要性

一、无障碍环境的定义

无障碍环境是指为保障残疾人、老年人、孕妇、儿童等社会成员自主安全地通行道路、出入建筑物、使用公共设施、获取信息和参与社会活动而进行的建设活动。它包括物质环境无障碍、信息无障碍和服务无障碍三个方面。

1. 物质环境无障碍

主要涉及城市道路、公共建筑、居住区等的规划、设计和建设，确保轮椅使用者、拄拐杖者、视力障碍者等能够顺畅通行和使用。例如，城市道路应设置缘石坡道、盲道，建筑物应配备无障碍电梯、扶手、卫生间等。

2. 信息无障碍

要求公共传媒和信息服务能够为听力、言语和视力障碍者提供无障碍获取信息的方式。例如，影视作品会添加字幕以方便听力障碍者，电视节目则使用手语解说服务于言语障碍群体，公共场所亦会设置盲文标识以满足视力障碍者的需求。

3. 服务无障碍

服务提供者需时刻铭记，应全面考量特殊群体的独特需求，致力于为他们提供既便捷又高效的服务体验。例如，医院开设无障碍窗口、银行提供手语服务等。

二、无障碍环境建设的意义

1. 社会公平与包容

无障碍环境是社会文明进步的标志，体现了对所有社会成员平等权利的尊重，促进了社会的包容与和谐。

2. 提升生活质量

无障碍环境为老年人、残障人士等特殊群体铺设了独立生活的道路，拓宽了他们参与社会活动的空间，从而显著提升了他们的生活质量。

3. 经济与社会效益

良好的无障碍环境可以提升城市形象，促进旅游业和商业的发展，同时减少因环境障碍导致的医疗和社会成本。

延伸阅读

《中华人民共和国无障碍环境建设法》：了解国家层面对无障碍环境建设的法律规定，重点关注无障碍设施建设、公共服务场所的无障碍环境适配要求。

知识点二：公共环境无障碍设计规范与原则

一、公共环境及无障碍设施

公共环境指公共场所、多人区域及大中型广场的室外环境。广义而言，任何包含两人或两人以上活动的区域、及其周边环境、当代行政办公建筑，均被视为公共环境；狭义上，公共环境则主要指的是与室内环境相对的户外空间和场所。

无障碍设施是指保障残疾人、老年人、孕妇、儿童等社会成员通行安全和使用便利，在建设工程中配套建设的服务设施。无障碍设施的分类主要包括七个方面：一是坡道、缘石坡道、盲道；二是无障碍垂直电梯、升降台等升降设备；三是警示信号、提示音响、指示装置；四是低位装置、专用停车位、专用观众席及安全扶手；五是无障碍厕所、厕位；六是无障碍标志；七是其他专为残障人士、老年人、儿童及其他行动不便者设计的设施。

公共环境的无障碍环境建设主要指户外公共活动空间和场所的无障碍设计、设施配置及建设。

二、公共环境无障碍设计规范

1. 无障碍设计规范

中华人民共和国住房和城乡建设部关于发布国家标准《无障碍设计规范》的公告,批准《无障碍设计规范》为国家标准,编号为 GB 50763-2012,自 2012 年 9 月 1 日起实施。其中,第 3.7.3(3、5)、4.4.5、6.2.4(5)、6.2.7(4)、8.1.4 条(款)为强制性条文,必须严格执行。

《无障碍设计规范》是根据住房和城乡建设部《关于印发〈2009 年工程建设标准规范制订、修订计划〉的通知》(建标〔2009〕88 号)的要求,由北京市建筑设计研究院会同有关单位编制完成。编制过程中,深入调研,总结各地无障碍建设经验,分析现状与发展趋势,参考国际标准与国外先进技术,广泛征求各方意见,经多次讨论、修订,最终定稿并经审查通过。规范共分 9 章和 3 个附录,主要技术内容有:总则,术语,无障碍设施的设计要求,城市道路、城市广场、城市绿地、居住区、居住建筑、公共建筑及历史文物保护建筑的无障碍建设与改造。

2. 无障碍设施的设计要求

无障碍设施的建设要求突出在全面考虑不同人群,特别是残疾人和老年人的特殊需求,确保设施的安全性、便利性、易用性和通用性。建设项目的无障碍设施必须与主体工程同步设计、同步施工、同步交付使用,且需严格遵守以下规定。

人行步道与公共建筑地面应保持平整且防滑,确保行人安全无虞;盲道铺设需连续不断,并避免电线杆、拉线、地下检查井及树木等障碍物的阻挡,同时与公共交通停靠站、过街天桥、地下通道及公共建筑的无障碍设施无缝对接,共同构成全面的无障碍体系。在人行步道与公共建筑的出入口,应设置缘石坡道或坡道,以方便轮椅及助行器具的通行。若公共交通停靠站设有盲文站牌,则其位置、高度、颜色、形式及内容设计均需充分考虑视力残疾者的识别与使用需求。此外,为公众提供服务的区域或场所,在设置服务台与电话的同时,也应配备低位服务台与低位电话,以满足不同身高人群的需求。公共建筑的玻璃门、玻璃墙、楼梯口、电梯口及通道等关键区域,应设置清晰醒目的警示或提示标志,以进一步提升安全性。无障碍设施的颜色应鲜明,与周围环境形成鲜明对比,便于识别。对于已配备无障碍设施的区域或场所,需在显著位置设置符合规范与标准的无障碍标志。

(1)城市道路及公共空间。

城市道路无障碍设计的范围应包括:城市各级道路,城镇主要道路,步行街,旅游景点、城市景观带的周边道路。城市道路、桥梁、隧道、立体交叉中人行系统均应进行无障碍设计,无障碍设施应沿行人通行路径布置。人行系统中的无障碍设计主要包括人行道、人行横道、人行天桥及地道、公交车站等。城市广场进行无障碍设计的范围包括公共活动广场、交通集散广场。城市绿地无障碍设计包括:城市中各类综合公园、社区公园、专类公园、带状公园、街旁绿地,还包括附属绿地中的开放式绿地以及对公众开放的其他绿地。

设有路缘石的人行道,在各种路口应设缘石坡道;在城市中心区、政府机关周边、繁华商业街以及重要的交通建筑附近等关键地段,应铺设盲道;公交候车站区域则需设置提示盲道。城市中心区、商业区、居住区及主要公共建筑设置的人行天桥和人行地道应设符合轮椅通行的轮椅坡道或电梯,坡道和台阶的两侧应设扶手,上口和下口及桥下防护区应设提示盲道;桥梁、隧道入口的人行道应设缘石坡道,桥梁、隧道的人行道应设盲道;立体交叉的人行道口应设缘石坡道,立体交叉的人行道应设盲道。

城市广场的地面应平整、防滑、不积水;广场设有台阶或坡道时,距每段台阶与坡道的起点与终点 250 mm—500 mm 处应设提示盲道,人行道中有行进盲道时,应与提示盲道相连接;当地面存在高度差时,除了设置台阶外,还应同步配备轮椅坡道;若条件受限无法安装轮椅坡道,则应考虑设置无障碍电梯。城市广场的无障碍设施的位置应设置无障碍标志;广场的公共停车场,应按照机动车停车位数量的 2% 设置无障碍停车位。

各类城市绿地出入口均须配置无障碍设施,数量需严格按照规定执行;旅游步道、活动广场等关键区域,则需精心规划无障碍通道。对于无障碍游览支园路和小路,其纵坡应严格控制在8%以内,一旦坡度超出此范围,路面则需采取防滑措施,并明确标识不宜轮椅通行。园林建筑、园林小品等休憩设施不宜设置过高的台明或台阶,若必须设置,则需同时配备轮椅坡道及提示盲道等辅助设施;在绿地内规划休息座椅时,需充分预留轮椅停留空间,确保轮椅使用者能够轻松入座,享受舒适的休憩时光。此外,绿地内的无障碍设施还需与周边公共空间及主要建筑物出入口有效衔接,形成完整的无障碍环境;对于有高差的区域,应设置无障碍坡道或坡地形,确保行动不便者能够安全通行;在主要出入口、活动广场等关键位置,还需设置无障碍标志及导向标识,以便使用者快速准确地找到并使用无障碍设施。

(2) 居住区公共环境。

居住区公共环境无障碍设计的范围应包括:居住区道路、居住区绿地、配套公共设施等。

根据《城市道路和建筑物无障碍设计规范》以及《无障碍设计规范》(GB 50763-2012),居住区道路无障碍设计不仅涵盖居住区、小区、组团和宅间等道路的人行道部分,还包括缘石坡道、盲道、轮椅坡道等设施的设置。这些设计要求必须符合国家规定的无障碍设计标准,以确保所有道路使用者,特别是行动不便者,能够方便、安全地使用城市道路和建筑物。

在居住绿地中,无障碍设计的范围涵盖出入口、游步道、休憩设施、儿童游乐场、休闲广场、健身运动场、公共厕所等建筑物和场所。对于基地地坪坡度不大于5%的居住区,其居住绿地应全面满足无障碍要求,而对于地坪坡度超过5%的居住区,应至少配置一处无障碍居住绿地,且该绿地宜邻近无障碍住房及宿舍,并通过无障碍路径实现互联互通。主要出入口均须设计为无障碍出入口,若出入口总数达3个或以上,则无障碍出入口至少应占2个。若主要活动广场与相接地面或路面的高差小于300 mm,则所有出入口都应为无障碍出入口,高差大于300 mm且出入口少于3个时,同样所有出入口都应为无障碍出入口,而出入口为3个或更多时,至少应有2个无障碍出入口,组团绿地、开放式宅间绿地、儿童游乐区及健身运动场等出入口,均需增设提示盲道。游步道需确保无障碍通行,轮椅通道纵坡限制在4%以内,专用道则不超过8%。游步道及园林建筑、小品等休憩设施不宜设置高于450 mm的台明或台阶,必须设置时应同时配备轮椅坡道并在休憩设施入口处设置提示盲道,绿地及广场设置的休息座椅旁应留有轮椅停留空间;活动场地方面,林下铺装活动场地的林下净空不得低于2.20 m,儿童活动场地周围应避免种植遮挡视线的树木,保持较好的可通视性,并避免选用硬质叶片的丛生植物。

为居民服务的建筑,如居委会、卫生站、健身房、物业管理处、会所、社区中心和商业设施等,应设置无障碍出入口。设有电梯的建筑需至少配备1部无障碍电梯,而未设电梯的多层建筑则应至少设置1部无障碍楼梯。公共厕所必须遵循相关的无障碍设计规范。在居住区停车场和车库的无障碍设计方面,总停车位中应至少设置0.5%的无障碍机动车停车位;若设有多个停车场或车库,则建议每处至少配置一个无障碍机动车停车位,且这些无障碍停车位最好靠近停车场或住宅出入口,以便于使用;对于位于非首层的车库,应配置无障碍通道,并与无障碍电梯或无障碍楼梯相连,以确保能够顺畅直达首层。

三、公共环境无障碍设计原则

公共环境无障碍设计原则应遵循以下核心理念,以确保所有使用者,特别是残障人士、老年人及有特殊需求的人群,能够安全、便捷、有尊严地访问和利用公共空间。

1. 全面性与平等性

无障碍设计应覆盖公共环境的所有关键区域,包括但不限于出入口、通道、休憩区、服务设施、停车场等,确保每个人都能平等地享受公共资源和服务。

2. 易于识别与导向

利用清晰醒目的标识系统和导向设施,例如无障碍标志、盲道提示及低位信息标识,协助使用者迅速定位无障碍设施并掌握使用方法,增强其自主导航的便捷性。

3. 安全与舒适

设计应保证无障碍设施结构稳固、采用防滑材料、照明充分,并杜绝尖锐边角及突兀的高度变化,从而为使用者营造一个安全且舒适的公共空间。

4. 连贯性与便捷性

无障碍设施与主要交通节点(例如公共交通站点、人行道、电梯等)之间需构建连续且顺畅的连接通道,以减少行动障碍,提高通行效率。

5. 适应性与灵活性

设计应考虑不同身体条件和使用需求的变化,如提供可调节高度的服务台、不同尺寸的休息座椅等,确保设施的广泛适用性和灵活性。

6. 美观与融合

无障碍设施的设计不仅要满足功能性需求,还应注重与周围环境的和谐统一,通过美学设计提升公共空间的整体品质,促进无障碍环境的友好与包容。

7. 法规遵循与持续评估

设计应严格遵守国家及地方关于无障碍环境建设的法律法规,并建立持续评估机制。例如,某公司通过无障碍设施建设评估报告,定期审查和优化其无障碍设施,确保符合最新的设计标准和用户需求。此外,厦门市检察院通过公益诉讼案例,督促行政机关依法履职,改善盲道无障碍设施,体现了法律实施后的积极成效。

> **延伸阅读**
>
> 《无障碍设计规范》(GB 50763-2012):了解国家层面对无障碍环境建设的法律规定,重点了解国家法律对无障碍设施建设、公共服务场所的无障碍环境适配要求。

4-1-2

知识点三 常见公共环境无障碍设施类型与应用

常见公共环境无障碍设施种类繁多,旨在全面满足各类人群,特别是残疾人和老年人的特殊需求,确保他们也能平等、无障碍地参与社会活动。无障碍设施分类及其应用、注意事项和要求如下。

一、坡道、缘石坡道、盲道

坡道和缘石坡道主要应用于室内外台阶的替代,确保轮椅用户、行动不便者及推婴儿车的人士能顺畅通行;坡道需设计合理坡度、防滑表面,并配备扶手以增强安全性;盲道通过精心设计的凸起地砖形状和排列,为视障人士提供明确的行走指引,同时,地砖需保持完好无损、清洁无杂物,严禁被占用或损坏。

盲道的设计需考虑视障人士的需求,如避免急转弯和复杂交叉,确保路径连续、清晰;同时,盲道应与周边道路环境相协调,避免造成行走障碍。

二、无障碍垂直电梯、升降台等升降装置

无障碍电梯装有语音提示系统及触觉按钮,便于视障人士及行动不便者自主操作;电梯内部空间宽敞明亮,且装有紧急呼叫装置,确保安全无忧。升降台和升降机则适用于多层建筑内不同楼层间的垂直交通,需设计稳固、操作简便,并配备必要的安全防护措施。

升降装置需定期进行专业维护保养,以保障其平稳安全运行;操作人员则需接受专业培训,熟练掌握设备操作流程及应急处理预案。

三、警示信号、提示音响、指示装置

警示信号和提示音响用于向公众提供紧急信息或指引,如火灾报警、疏散指示等;需确保声音清晰、响亮,覆盖范围广;指示装置则用于指示无障碍设施的位置和使用方法,如无障碍卫生间标志、电梯按钮等,需设计醒目、易于识别。

警示信号和提示音响需与周边环境相协调,避免造成噪声污染;指示装置需保持清晰、准确,避免误导公众。

四、低位装置、专用停车位、专用观众席、安全扶手

低位装置如低位电话、低位服务台等,方便老年人、儿童以及行动不便者使用,需设计合理高度、易于操作;专用停车位和专用观众席则专为残疾人设计,需位于便利位置,并配备必要的辅助设施;安全扶手则用于提供支撑和平衡,需安装稳固、易于抓握。

低位装置及专用设施应依据人体工程学原理设计,以保障使用的舒适性和便捷性;安全扶手则需定期清洁与维护,确保其处于良好可用状态。

五、无障碍厕所、厕位

无障碍厕所内部空间宽敞,配备扶手、紧急呼叫系统等设施,方便身体残疾者或行动不便者使用;厕位设计需考虑轮椅进出和转身空间,确保使用便捷;同时,厕所内部需保持清洁、卫生,避免异味和污染。

无障碍厕所及厕位应实施定期维护保养,确保设施完好无损且功能正常;同时,加强管理和监督力度,防止被非法占用或损坏。

六、无障碍标志

无障碍标志旨在指示无障碍设施的位置及使用方法,例如无障碍卫生间、无障碍电梯等;其设计应醒目且易于识别,符合国际通用的无障碍符号标准;同时,保持标志的清晰与完整,防止其被遮挡或损坏。

无障碍标志的设置需考虑公众的视觉习惯和行为特点,确保易于发现和识别;同时,需加强宣传和教育,提高公众对无障碍设施的认识和使用意识。

七、其他便于残障人士、老年人、儿童及其他行动不便者使用的设施

轮椅、助行器、抓杆等辅助器具和设施,助力行动不便者保持平衡、支撑及移动,需设计合理、操作简便,并配备必要安全防护。同时,商场、医院等公共场所应设无障碍通道、柜台等便利设施,满足不同人群需求。

辅助器具和设施需定期维保,确保其可用;无障碍通道、柜台等设施应设计合理、易于使用。同时,加强管理和监督,确保无障碍设施有效利用,便捷公众出行。

> **延伸阅读**
>
> 《无障碍设施施工验收及维护规范》(GB 50642-2011):结合《无障碍设计规范》的无障碍设施设计要求,了解国家层面对无障碍设施建设的规定,重点了解公共服务场所无障碍设施的类型和建设要求。

知识点四:无障碍环境建设的实施与评估

一、无障碍环境现状评估

无障碍环境现状的评估步骤如下。

1. 实地考察

对社区、公共场所的无障碍设施进行全面考察,记录设施的缺失、损坏情况。例如,检查社区道路是否平整,有无障碍物。

2. 数据分析

分析无障碍设施对特殊群体的影响,如出行难度、安全隐患等。例如,根据中国疾病监测系统的数据,每年有超过4000万老年人至少发生一次跌倒,其中约一半发生在家中,这凸显了无障碍设施缺失对

老年人安全的影响。

3. 报告撰写

根据考察和分析结果,撰写详细的评估报告,提出改进建议。例如,在报告中列出需要改进的设施清单和具体措施。

二、无障碍设施改进方案设计

1. 设计原则

（1）符合法律法规和设计规范:确保改进方案严格遵循国家相关标准,特别是《无障碍设计规范》。

（2）结合实际需求和预算限制:结合社区的实际情况和预算约束,优先解决无障碍设施中最紧迫的问题。例如,在预算有限的情况下,先改造社区超市入口的坡道。

（3）注重实用性和可操作性:设计方案需切实可行,旨在显著提升无障碍环境的便利性。例如,选择防滑材料用于卫生间地面改造。

2. 实施步骤

（1）确定改进目标和重点项目:依据评估结果,明确需要改进的关键区域和设施。例如,将社区超市、公园和医院作为重点改造对象。

（2）制定具体的实施计划:包括时间表、预算估算等。例如,计划在三个月内完成社区超市入口的坡道改造,预算为5万元。

（3）征求相关方意见:积极与社区居民、物业及相关部门沟通,广泛征求意见和建议,以优化设计方案。例如,召开居民会议,听取老年人对改造方案的意见。

三、无障碍理念推广与宣传

1. 撰写文章或制作宣传册

普及无障碍环境建设的意义和知识。例如,撰写一篇关于无障碍环境对老年人生活影响的文章,发表在社区 newsletter 上。

2. 组织社区活动、讲座

提高公众对无障碍环境的认知。例如,邀请专家开展无障碍环境建设专题讲座,深入浅出地向居民普及相关知识。

3. 利用社交媒体等渠道

扩大宣传影响力。例如,在社区微信群内积极分享无障碍设施的正确使用方法和其对提升生活质量的重要性。

任务实施与评价

一、任务实施

1. 问题调研与分析

实地考察:精心绘制社区地图,详细标注超市、公园、医院等关键场所的无障碍设施现状,包括超市入口台阶的具体高度、卫生间空间尺寸等细节。

访谈记录:与张阿姨及其他轮椅使用者沟通,记录出行困难点(如医院电梯按钮需踮脚操作)。

政策对照:依据《无障碍环境建设条例》和《建筑与市政工程无障碍通用规范》(GB 55019 - 2021),识别不合规项,例如缘石坡道的坡度超过1∶20或正面和侧面坡度超过1∶12。

2. 影响评估

量化影响:统计张阿姨因设施缺陷导致的出行时间增加(如绕路至300米外的无障碍入口)、社交活动减少比例(如每月减少2次社区活动)。

理论分析:结合马斯洛需求层次理论,说明设施缺失导致的安全需求未满足(如坡道缺失增加跌倒风险)、社交需求受阻(如无法独立参加活动)。

3. 方案设计:分场景改造

社区超市:增设坡度为1:12、宽度不小于1.2米的无障碍坡道,并在入口处安装高度不超过0.9米的低位门铃。

公园卫生间:安装L型扶手,其中水平段长度不小于0.6米,垂直段长度不小于1.2米,并确保地面铺设防滑材料。

医院电梯:在电梯内加装高度不超过0.9米的低位按钮,并配备语音播报功能。

技术参数:符合《无障碍设计规范》(GB 50763-2012),如扶手直径35—45 mm、防滑地面摩擦系数≥0.6。

实施计划:分两阶段(3个月内完成超市和公园改造,6个月内完成医院改造),预算约5万元(社区自筹+政府补贴)。

4. 沟通与协作

多方协调:组织社区居委会、物业、施工方等召开协调会议,明确各方责任分工,如物业负责日常设施的维护与保养。

居民参与:通过"时间银行"招募志愿者参与设施监督(如每周检查坡道积水情况)。

二、任务评价

指标	评分要点	分值
问题识别全面性	覆盖至少3类场所,且每个场所列出≥2个具体问题(如超市无坡道、公园卫生间无扶手)	20分
方案技术合规性	改造建议符合《无障碍设计规范》,技术参数标注清晰(如坡度、扶手高度)	25分
实施计划可行性	分阶段明确时间节点、资金来源、责任方(如社区+施工方+志愿者)	20分
社会影响评估深度	结合理论分析影响(如马斯洛需求),并量化具体数据(如出行时间减少比例)	15分
创新性与参与度	提出"时间银行"等创新机制,居民参与度高(如访谈覆盖≥10名行动不便者)	20分

课后练习与拓展

一、课后练习

4-1

(一)选择题

1. 无障碍环境建设的核心目标是(　　)。

   A. 美化城市景观

   B. 方便特殊群体使用,促进社会包容

   C. 增加公共设施数量

   D. 提高城市经济效益

2. 下列哪项不属于无障碍环境的组成部分?(　　)

   A. 物质环境无障碍　　　　　　　　B. 信息无障碍

   C. 服务无障碍　　　　　　　　　　D. 经济无障碍

3. 公共建筑入口处的无障碍坡道坡度不应大于(　　)。

   A. 1:8　　　　　　　　　　　　　B. 1:12

   C. 1:15　　　　　　　　　　　　　D. 1:20

4. 盲道的主要作用是（　　）。
   A. 引导视力障碍者行走　　　　　　B. 美化城市道路
   C. 分隔人行道和车行道　　　　　　D. 减少交通事故
5. 无障碍电梯内部应配备（　　）。
   A. 普通按钮　　　　　　　　　　　B. 语音提示和触觉按钮
   C. 电视屏幕　　　　　　　　　　　D. 空调系统

（二）填空题

1. 无障碍环境包括_____、_____和_____三个方面。
2. 我国无障碍设施建设应遵循_____、_____、_____和_____的原则。
3. 无障碍卫生间应配备_____、_____和_____等设施。
4. 公共环境无障碍设计规范中，城市道路的无障碍设计范围包括人行道、过街天桥、_____和_____等。
5. 无障碍标志的设计应符合_____标准，确保醒目、易于识别。

（三）简答题

1. 简述无障碍环境建设对老年人生活的重要性。
2. 列举三种常见的无障碍设施及其作用。
3. 无障碍电梯与普通电梯的主要区别是什么？
4. 公共环境无障碍设计应遵循哪些原则？
5. 如何评估社区无障碍环境现状？

（四）案例分析题

1. 某社区为了创建无障碍社区，计划对社区内的公共场所进行无障碍改造。请结合所学知识，为该社区设计一套无障碍改造方案，包括改造内容、实施步骤和预算估算。
2. 李大爷因行动不便，需要使用轮椅出行。他所在的小区没有无障碍设施，导致他无法独立外出。请分析李大爷面临的问题，并提出解决方案。

二、课后拓展

1. 模拟设计：分组设计社区无障碍设施改进方案，含图纸、预算及实施计划。
2. 社会调研：调查本地老年人对社区无障碍环境的满意度，分析存在的问题并提出改进建议。
3. 宣传活动：组织一次"无障碍环境宣传日"活动，通过讲座、展览等形式，提高公众对无障碍环境建设的认识。

项目二　适老化社区生活环境

学习目标

1. 知识目标

（1）深入理解老年宜居环境评价指标体系，熟知各项指标的具体内容与标准。
（2）全面掌握社区养老服务设施规划配置的原则、标准。
（3）全面掌握老年宜居社区建设的理论基础、核心内容及具体实施路径。
（4）深入洞察老龄化社会对社区生活环境造成的挑战与带来的新机遇。

2. 能力目标

(1) 能够独立规划和设计适老化社区环境,确保满足老年人的特殊需求。
(2) 熟练评估社区养老服务设施的配置情况,并提出优化方案。
(3) 精准分析适老化社区建设中遇到的实际难题,并提出具有可操作性的解决方案。
(4) 拥有出色的沟通与协作技巧,能够协调多方利益相关者共同推进适老化改造进程。

3. 素养目标

(1) 树立尊老敬老的社会风尚,增强对老年人的关爱和尊重。
(2) 积极弘扬社会主义核心价值观,推动社会和谐发展。
(3) 培养创新精神和实践能力,为应对人口老龄化贡献力量。

情景任务

随着全球人口老龄化的加剧,越来越多的老年人面临着社区生活环境不适老的问题。为了提升老年人的生活质量,推动适老化社区建设成为当前的重要任务。本任务将围绕李奶奶所在小区的适老化环境评估与改造展开,通过实际案例让学生掌握适老化社区建设的相关知识和技能。

任务一:评估李奶奶所在小区的适老化环境

要求:

1. 对李奶奶所在的老旧小区进行实地考察,详细记录老年人日常遭遇的不便,涵盖通行受阻、休息设施匮乏及照明条件欠佳等问题。
2. 参考老年宜居环境评价指标,对小区的居住环境、公共服务设施、社区安全等方面进行全面评估。
3. 深入剖析小区养老服务设施配置,如日间照料中心、医疗服务中心及老年活动室等,综合评估其能否契合老年人实际需求。
4. 编制详尽的评估报告,明确指出小区适老化环境建设中的短板与缺陷,并提出初步改进举措。

目的:

1. 帮助李奶奶和小区居民清晰了解小区在适老化环境建设方面的现状,为后续推动改造工作提供实证基础。
2. 培养学生运用所学知识解决实际问题的能力,以及对老年宜居环境评价指标的应用能力。

任务二:制定李奶奶所在小区的适老化改造方案

要求:

1. 结合小区的实际情况和老年人的需求,制定一份详细的适老化改造方案。改造方案涵盖居住空间升级(增设电梯、扶手及防滑措施)、公共服务设施完善(增设老年活动室、医疗服务中心)及社区安全保障强化(增设监控、紧急呼叫系统)等关键领域。
2. 评估改造方案的可行性和成本效益,制定实施计划和时间表,明确责任分工和资金来源。
3. 积极与小区居民、物业公司及政府部门沟通协作,广泛收集各方意见和建议,据此不断优化改造方案。
4. 根据适老化改造指南,撰写一份详尽的改造方案报告,涵盖改造目标、具体措施、实施计划、预算估算等关键要素,并向小区居民进行宣讲和解释,确保方案的透明度和居民的参与度。

目的:

1. 通过制定适老化改造方案,为李奶奶所在小区提供一个切实可行的改造计划,提升老年人的生活质量。
2. 培养学生综合运用所学知识进行规划和设计的能力,以及沟通协调和团队合作的能力。
3. 通过宣讲和解释改造方案,增强学生的社会责任感和人文关怀精神。

 知识链接

知识点一　老年宜居环境评价指标

一、定义与依据

老年宜居环境评价指标体系是依据《中华人民共和国老年人权益保障法》《无障碍环境建设条例》《城镇老年人设施规划规范》以及"十四五"国家老龄事业发展和养老服务体系规划》等国家法律法规和规范建立的。其目的在于全面评估并优化老年人居住环境的适宜度，确保老年人在室内及公共环境中均能享受安全无忧、舒适便捷的生活条件。

二、指标内容

1. 生态环境指标

包括建成区绿化覆盖率、废物处理率、全年适宜温度天数、生态保护区和风景区等级等，为老年人提供优美、清洁、健康的自然环境。

2. 居住空间安全性指标

居住空间需配备防滑设施、稳固家具以及紧急呼叫系统等，以确保老年人的居住安全无忧。

3. 交通便利性指标

社区内道路需保持平整，并设置无障碍通道，同时确保公共交通站点距离居住地适中，以便老年人轻松出行。

4. 医疗服务设施指标

社区内应设立社区卫生服务中心，并确保优质医院和诊所在步行或短途车程范围内可达，从而满足老年人的医疗需求。

5. 社交和娱乐设施指标

设有老年活动中心、图书馆和文化中心等，丰富老年人的精神文化生活。

6. 室内环境舒适性指标

室内光线柔和、充足，温湿度适宜，家具布局合理，便于老年人行走和取物。

7. 社会环境指标

设有 24 小时安保系统，房屋和公共区域应有无障碍设计，为老年人提供安全、便利的社会环境。

三、评价标准与特征

1. 评价标准

依据国家相关法律规范文件，对各项指标设定具体标准，如生态环境需满足一定的绿化覆盖率、废物处理率等；居住空间安全性需通过防滑设施、紧急呼叫系统等保障。

2. 达标特征

生态环境优美，居住空间安全，交通便利，医疗服务设施齐全，社交和娱乐设施丰富，室内环境舒适，社会环境和谐安全。

知识点二　社区养老服务设施规划与配置

根据《城镇老年人设施规划规范》GB 50437-2007，城镇老年人设施的新建、扩建或改建项目应遵循统一规划、合理布局、因地制宜、综合开发、配套建设的原则，同时满足老年人的生理和心理需求。

一、养老服务设施配建要求

1. 社区养老服务设施配置标准

城镇养老服务设施涵盖老年公寓、养老院、护理院、托老所等，旨在保障老年人的起居生活、文化娱

乐、医疗保健及康复护理等基本需求，同时设有老年学校、活动中心、服务中心等，为老年人提供继续学习、交流及参与综合性文化娱乐活动的平台和服务。

表 4-2-1 老年人设施分级配建表

项目	5—10（万人）	0.5—1.2（万人）
养老院	应配建	宜配建
老年养护院	应配建	宜配建
老年服务中心（站）	应配建	应配建
老年人日间照料中心	——	应配建

在我国，一个社区的规模因地区而异，人数从几千人至几万人不等，较小的社区人口大致在1 000至3 000人左右，较大的社区甚至能够达到10万—30万人。养老服务设施的配置需根据社区人口数量和老龄化程度进行合理规划。

社区服务人口为5万—10万人时，应设置养老院、老年养护院，并且宜临近医疗卫生、文体等公共服务设施，建设规模不宜少于20张床位，建筑面积不少于700 m^2。一般中小型社区应至少设置1处老年人服务中心（站），并且与社区服务中心（站）统筹建设。服务人口5万—10万人时，老年服务中心的服务半径不宜大于1 000 m；服务人口为0.5万—1.2万人时，服务半径不宜大于300 m。服务人口为0.5万—1.2万人的老年人日间照料中心服务半径不宜大于500 m，建筑面积为350—750 m^2。

2. 社区养老设施布置要求

老年人设施应选择在地形平坦、自然环境较好、阳光充足、通风良好的地段布置。老年人设施应选址于基础设施完善的地段。老年人设施应选择在交通便捷、方便可达的地段布置，但应避开对外公路、快速路及交通量大的交叉路口等地段。老年人设施应远离污染源、噪声源及危险品的生产储运等用地。

老年人设施的建筑应根据当地纬度及气候特点选择较好的朝向布置。老年人设施场地内建筑密度不应大于30%，容积率不宜大于0.8。建筑宜以低层或多层为主。老年人设施场地坡度需小于3%，并实行人车分流，配置适量停车位。场地内步行道路宽度不应小于1.8 m，纵坡不宜大于2.5%，并应符合国家标准的相关规定。当在步行道中设台阶时，应设轮椅坡道及扶手。

老年人设施场地范围内的绿地率：新建不应低于40%，扩建和改建不应低于35%。集中绿地面积应确保每位老年人拥有不低于2平方米的空间。活动场地内的植物配置应追求四季常青，乔灌木与草地相结合，避免种植带刺、有毒或根茎容易裸露的植物。

老年人设施应提供适宜规模的休闲场地，涵盖活动场地和游憩空间，既可以依托居住区中心绿地布局，也可以与相关设施合并建设。布局宜动静分区。老年人游憩空间应选择在向阳避风处，并宜设置花廊、亭、榭、桌椅等设施。根据养老设施建筑总平面布局的相关规定，老年人活动场地应确保至少一半的活动面积位于标准建筑日照阴影线之外，并应配备适合老年人使用的健身运动器材和休息座椅，同时场地表面应平整、排水畅通，并采取防滑措施。室外临水面活动场地、踏步及坡道，应设护栏、扶手。集中活动场地附近应设置便于老年人使用的公共卫生间。

4-2-1

4-2-2

> **延伸阅读**
>
> 1.《城镇老年人设施规划规范》（GB 50437-2007）：了解国家层面对老年人设施、养老院、老年人日间照料中心等康养服务设施的配置要求和质量标准。
>
> 2.《养老设施建筑设计规范》（GB 50867-2013）：了解老年人设施、养老院、老年人日间照料中心等康养服务建筑的设计要求。

知识点三　老年宜居社区建设

一、老年宜居社区建设目标定位

老年宜居社区的建设旨在创造一个物质设施完善、精神生活丰富的养老环境,综合提高老年人的生活质量。这一目标定位深刻体现了对人性需求的全面理解与尊重,尤其聚焦于老年人因身体机能逐渐衰退所带来的生理与心理变迁,以及他们独特的个人生活习惯。老年宜居社区的建设,旨在不仅满足老年人基本的生活所需,更要触及他们深层次的内心需求,诸如社交互动、获得尊重及实现自我价值等,以此推动从"被动养老"向"主动养老"的转变,积极倡导老年人树立自信、自立、自强的生活态度。

二、老年宜居社区建设的内容

老年宜居社区建设的内容涵盖了多个方面,旨在满足老年人多样化、多层次的服务需求,为他们创造一个安全、舒适、便捷的生活环境。

1. 设施配套齐全

社区内应设立居家养老服务中心(站),内含日间休息室、休闲娱乐区、健身康复区、图书阅览室及配餐室等多种功能区域,且需配备齐全、先进的设施与设备。这些区域应通风、采光条件良好,符合消防安全、无障碍建设等相关规定。优化基础设施空间布局,确保周边饮食店、小超市、理发店、药房、银行等生活服务网点齐全。设有卫生服务中心(站),并与社区居家养老服务中心建立签约服务机制或就诊绿色通道,确保老年人就医方便。

2. 服务功能完善

对社区内高龄、独居、空巢、留守、失能等特殊困难老年人进行摸排,建立动态管理数据库,并通过电话访问、上门探望等方式定期提供服务。大力推广志愿养老服务,并积极探索互助养老新模式。构建居家与社区养老服务的信息化联通体系,实施定期探望、守望互助及签约服务制度。已建立智慧养老服务平台的区域,应充分利用平台优势,围绕"六助一护"服务(助餐、助洁、助行、助浴、助医、助购及远程照护),为老年人提供个性化、就近便捷的养老服务。

3. 居住便捷舒适

针对社区内经济困难的高龄、失能、残疾老年人家庭,实施适老化改造工程,提升其居住的安全性和舒适度。在社区公共区域安装一体式休闲桌椅,老旧住宅小区楼道安装爱心椅和扶手。对公共区域坡道、弯道、台阶等处进行防滑处理,小区人行横道建坡道,楼道、人行道亮化,满足老年人出行安全和便捷需求。绿化达标,具有一定的公共绿化区域,社区内花草树木修剪整齐,无违章搭建,整齐有序。

4. 人际友善和谐

弘扬敬老、养老、助老社会风尚,开展"敬老养老助老"主题教育活动,弘扬中华民族孝亲敬老传统美德。加强老龄法律法规的普及宣传教育,提升居民依法维护老年人合法权益的意识和能力。巩固经济供养、生活照料和精神慰藉的家庭养老功能,引导接纳、尊重、帮助老年人的关爱意识,为老年人创造良好的生活氛围。

5. 社区机构健全

老年人协会、社区卫生服务组织、居家养老服务组织、社区物业管理服务组织、业主委员会等服务组织机构健全。服务团队需经过专业培训及严格考核,以保障服务品质。社区居委会建立了完善的规章制度,并实行政务、事务、服务、财务的全面公开,有效增强了社区管理的透明度。

三、养老服务设施规划与配置

老年宜居社区的养老服务设施配置应综合考虑老年人的居住、文化娱乐、医疗保健等多方面需求,确保为老年人提供安全、方便、舒适、卫生的生活环境。同时,设施的配置和管理应符合相关标准和规定,确保服务质量和老年人的生活质量。

1. 居住设施

根据养老机构达标建设具体标准,老年公寓每床建筑面积指标不应小于40平方米,以确保居住舒适度。卧室每床位净面积不低于5平方米,单人卧室净面积不低于8平方米,每间卧室床位数不大于4床,以满足老年人对私密性和舒适度的需求。老年居住用房应包含卧室、卫生间等必要空间,老年公寓还应包括起居室、厨房、阳台等,确保功能齐全,方便老年人生活;建筑布局要考虑到老年人的生理和心理特点,确保良好的日照、通风和采光,冬至日满窗日照不宜小于2小时。

居住设施内应全面进行无障碍设计,确保老年人行动安全。这包括地面平整、防滑处理、扶手设置等,以及卧室、卫生间等空间满足轮椅通行要求,门宽不小于800 mm,方便老年人进出。例如,卫生间应设置防滑地砖和扶手,坐便器高度宜为450 mm,冲洗阀的安装高度宜离地800 mm,以方便老年人操作。此外,卫生间的空间应足够宽敞,确保老年人在使用轮椅或其他辅助设备时能够自由进出和转身。

2. 公共设施

社区综合服务站根据社区规模和老年人需求合理配置,面积不小于一定标准(具体数值需根据当地规定确定),提供日间照料、文化娱乐、健康咨询等服务,满足老年人多元化需求;应规划图书馆、文化活动室等文化休闲空间,旨在为老年人打造学习新知、交流心得、享受娱乐的温馨场所,其面积与设施配置均需贴合老年人活动特性,兼顾舒适体验与安全保障;应设置健身场地、多功能运动场地等体育设施,鼓励老年人进行身体锻炼,设施配置应考虑老年人的身体特点和运动习惯,确保安全性和适用性。

3. 服务设施

需配备专业医疗设备与资深医护人员,提供涵盖基础医疗与紧急救治在内的全方位服务,医疗服务设施须严格遵循卫生医疗规范,确保医疗服务品质与安全双达标;应设置独立的备餐场地和餐厅等膳食服务设施,提供营养均衡、易于消化的膳食,膳食服务应满足老年人的口味和饮食习惯,确保食品安全和卫生。此外,需综合提供家政、洗浴、康复护理等服务,全面满足老年人日常所需,服务设施配置需特别考虑老年人特殊需求,如无障碍设计、防滑措施等,以保障服务品质与安全。

以上所有设施应确保老年人的安全性和舒适度,符合无障碍设计规范。设施内部应配置醒目的标识与导向系统,便于老年人轻松识别与使用。设施的管理和维护应规范、专业,确保设施的正常运行和老年人的生活质量。

四、老年宜居社区建设的路径

老年宜居社区建设应从社区实际出发,突出地方特色,有计划、有步骤地实现发展目标。要正确把握老年人的需求,明确目标定位,从老年人需求的角度开展宜居社区建设。同时,需强化老年人养老需求与实际满意度的调研工作,在保障基本需求满足的同时,兼顾多层次、个性化需求的实现。老年宜居社区建设不仅要保证各项建设指标达标,更要注重老年人生活环境的真实改善和生活质量的实际提高。

任务实施与评价

任务一:评估李奶奶所在小区的适老化环境

1. 任务实施

(1)实地考察与记录:对小区进行全面实地考察,重点关注楼梯、通道、公共活动区域、休息设施、照明系统等老年人日常活动频繁的区域。记录老年人面临的通行难题,如陡峭楼梯、狭窄通道,以及休息设施的缺乏,如长椅、凉亭不足,还有照明不足等问题。通过访谈小区内老年人,深入了解他们对小区环境的实际需求与不满之处。

(2)老年宜居环境评价指标应用:参考老年宜居环境评价指标,对小区的居住环境(如空气质量、噪声水平)、公共服务设施(如便利店、医疗机构)、社区安全(如监控覆盖、紧急呼叫系统)等方面进行全面评估。评估小区现有养老服务设施的配置,涵盖日间照料中心、医疗服务中心、老年活动室等,分析这些设施是否充分满足老年人的实际需求。

(3) 问题分析与改进建议：撰写详细的评估报告，指出小区在适老化环境建设方面存在的问题和不足。提出初步改进建议：增设电梯、扶手，进行防滑处理；优化公共服务设施布局，增设老年活动室、医疗服务中心；加强社区安全，增设监控设备、紧急呼叫系统等。

2. 任务评价

（1）知识运用准确性：评估者能否准确运用老年宜居环境评价指标对小区环境进行全面评估，识别出关键问题并提出合理的改进建议。

（2）数据收集完整性：实地考察和访谈是否全面，收集的数据和信息是否充分，能否支持评估报告的准确性和可靠性。

（3）分析与建议能力：评估者能否深入分析小区环境对老年人生活的影响，提出切实可行的改进建议，并考虑实施的可行性和成本效益。

任务二：制定李奶奶所在小区的适老化改造方案

1. 任务实施

（1）改造方案制定：结合小区的实际情况和老年人的需求，制定详细的适老化改造方案。方案应涵盖居住空间改造，如增设电梯、扶手及防滑措施；公共服务设施优化，如建立老年活动室与医疗服务中心；以及社区安全提升，包括增设监控与紧急呼叫系统。

（2）可行性与成本效益评估：在进行适老化改造施工方案的可行性分析与评估时，需综合考虑市场需求、技术可行性、经济可持续性、社会因素和环境可持续发展等多方面因素。首先，通过专业评估与需求分析，确保改造方案的科学性、实用性和针对性。其次，运用成本效益分析方法，比较项目的全部成本和效益，以最小的成本获得最大的收益。在此基础上，制定详细的实施计划和时间表，明确责任分工，并合理规划资金来源。考虑改造过程中可能遇到的困难和挑战，提出应对措施。

（3）沟通与完善：积极与小区居民、物业公司及政府部门沟通，吸纳各方意见，以完善改造方案。撰写完整的改造方案报告，包括改造目标、具体措施、实施计划、预算估算等。向居民宣讲改造方案，解答疑惑，以增强其参与感与支持度。

（4）宣讲与解释：组织宣讲会，向小区居民详细介绍改造方案的内容、目的和预期效果；解答居民的疑问和担忧，收集反馈意见，进一步完善方案。

2. 任务评价

（1）规划与设计能力：改造方案需全面且合理，切实满足老年人实际需求，同时兼顾实施可行性与成本效益。

（2）沟通协调能力：需有效沟通小区居民、物业公司、政府部门等，广泛收集意见与建议，以不断完善改造方案。

（3）方案解释与宣讲能力：需清晰、准确地向小区居民阐释改造方案内容、目的及预期效果，以提升居民参与度和支持度。

（4）社会责任感与人文关怀：评估者是否表现出对老年人的关爱和尊重，是否将提升老年人的生活质量作为改造方案的核心目标。

课后练习与拓展

一、课后练习

（一）单项选择题

1. 适老化社区生活环境中，关于步行道路的设计，以下哪项不符合老年人友好原则？（　　）

A. 道路平坦无障碍　　　　　　　　　　B. 路面采用防滑材料

C. 设有足够的照明设施　　　　　　　　D. 道路转弯处设计成锐角以增加挑战性

2. 在老年宜居环境评价指标体系中,以下哪一项是衡量社区医疗服务可达性的关键指标?（　　　）

A. 社区绿化覆盖率　　　　　　　　　　B. 距最近医院的直线距离

C. 社区活动中心的数量　　　　　　　　D. 居民平均收入水平

3. 社区养老服务设施规划中,下列哪项不属于基本配置要求?（　　　）

A. 日间照料中心　　　　　　　　　　　B. 紧急呼叫系统

C. 高端健身房　　　　　　　　　　　　D. 无障碍卫生间

4. 老年宜居社区建设中,强调的"智慧养老"主要体现在哪一方面?（　　　）

A. 社区环境的智能化管理　　　　　　　B. 增加社区内绿化面积

C. 组织更多老年人文化活动　　　　　　D. 提升社区餐厅的餐饮质量

（二）填空题

1. 适老化社区生活环境的评价指标通常包括居住安全性、生态环境、交通便捷性、_____和室内环境舒适性等方面。

2. 社区养老服务设施规划中,应考虑设置社区卫生服务中心以满足_____和紧急救援需求。

3. 老年宜居社区建设中,为了促进老年人的社交活动,通常会规划有_____等设施。

4. 在设计适老化住宅时,厨房和卫生间的布局应遵循无障碍原则,以确保老年人使用的_____。

（三）简答题

1. 简述适老化社区生活环境中,步行道设计应注意哪些方面?

2. 老年宜居社区中,如何合理规划社区医疗服务设施以提高服务效率?

3. 解释"智慧养老"在老年宜居社区建设中的应用及其意义。

4. 分析社区养老服务设施配置中,无障碍设施的重要性及具体应包括哪些内容。

（四）论述题

在推进老年宜居社区建设的过程中,会遇到哪些主要挑战?应如何克服这些挑战,确保社区真正适应并服务于老年人的生活需求?请结合国内外成功案例进行论述。

二、课后拓展

1. 适老化社区改造案例分析

（1）选择国内外2—3个典型的适老化社区改造案例进行深入分析。调研这些社区在居住环境设计、养老服务设施配置、智慧养老技术应用等方面的具体措施。评估改造后的社区对老年人生活质量、社交活动参与度、健康状况等方面的改善效果。撰写一份详细的案例分析报告,包括改造背景、具体措施、效果评估及改进建议。

（2）通过案例分析,深入理解适老化社区改造的关键要素和成功路径。培养学生分析问题、解决问题的能力,以及将理论知识应用于实践的能力。

2. 社区养老服务志愿者体验活动

（1）联系本地社区或养老服务机构,组织学生参与为期一周的养老服务志愿者活动。学生将亲身参与并体验社区养老服务设施的实际运作,通过与老年人深入互动交流,全面了解他们的实际需求和生活期望。同时,协助社区或机构开展日常养老服务活动,如陪伴聊天、健康监测、生活照料等。撰写一份志愿者体验报告,分享个人感悟、观察到的现象以及改进建议。举办学生体验分享会,鼓励学生交流心得,增进相互学习。

（2）亲身体验活动旨在加深学生对老年人的理解,培养社会责任感和奉献精神,同时提升实践能力和综合素质。

项目三　老年人居家环境无障碍改造

1. 知识目标
（1）深入了解居家环境无障碍改造的标准与原则,包括空间布局、通行便利、安全防护等方面。
（2）熟悉老年人生活辅助设施的配置标准,如家具、卫浴、照明等。
（3）了解国内外老年人居家环境无障碍改造的最新研究成果与实践案例。

2. 能力目标
（1）能够根据老年人的身体机能特点,设计并实施个性化的居家环境无障碍改造方案。
（2）熟练运用无障碍设计原则,对居家环境进行安全评估与改造优化。
（3）掌握老年人生活辅助设施的选择、安装及调试,确保安全有效。

3. 素养目标
（1）培养尊重老年人、关注老年人生活质量的社会责任感。
（2）强化以人为本的设计理念,注重老年人的实际需求与情感体验。
（3）弘扬尊老爱幼的传统美德,提升社会对老年人的关注与关爱。
（4）倡导可持续发展与人文关怀理念,推动构建无障碍、友好型的居家环境。

情景任务

王奶奶,75岁,现居住在一个老旧小区的二楼。随着年龄的增长,王奶奶的行动能力逐渐下降,上下楼梯、洗澡、如厕等日常活动都变得越来越困难。王奶奶的儿子小赵,是一名建筑师,对无障碍设计有一定的了解。他希望能够通过专业的知识和技能,为母亲打造一个安全、舒适、无障碍的居家环境。

任务一:评估王奶奶居家环境无障碍需求

要求:

小赵需要对王奶奶的居家环境进行全面评估,确保改造方案的科学性、实用性和针对性。评估将涵盖安全性(如防滑处理、紧急呼叫系统)、空间布局(居住空间布局、通行路径)、设施设备(家具摆放、照明系统、卫浴设施)、社交需求、日常需求、收支情况、心理因素以及后续维护和检查。根据王奶奶的身体机能特点(如行动不便、视力下降等),识别并列出需要改造的无障碍需求点。参照居家环境无障碍改造的标准与原则,初步设计改造方案,明确改造的重点区域和具体措施。

目的:

帮助王奶奶识别并明确居家环境中的无障碍需求,为后续的无障碍改造提供实证基础和明确方向。同时,培养学生运用无障碍设计原则进行环境评估的能力。

任务二:制定王奶奶居家环境无障碍改造方案

要求:

小赵需要结合王奶奶的实际需求和预算,制定一份详细的居家环境无障碍改造方案。改造方案需详尽列出具体措施,如增设扶手、安装升降椅、改善照明条件及卫浴设施改造等,并明确所需材料和设备的选型及预算。结合王奶奶的生活习惯与喜好,改造方案需兼顾实用与美观,旨在营造安全且舒适的居家氛围。小赵需与无障碍改造专家团队紧密协作,确保改造方案切实可行,实施效果符合预期。

目的:

通过制定详细的居家环境无障碍改造方案,为王奶奶打造一个安全、舒适、无障碍的居家环境。同时,培养学生综合运用无障碍设计原则、生活辅助设施配置标准等知识进行实际改造方案设计的能力,以及团队协作与项目管理的能力。

任务三:实施与评估王奶奶居家环境无障碍改造项目

要求:

小赵需要领导无障碍改造团队,按照改造方案进行施工。在施工过程中,小赵需要监督施工质量,确保改造措施得到有效实施。改造竣工后,小赵需全面评估改造效果,涵盖通行便捷度、安全防护性及居住舒适度等关键指标。根据评估结果,小赵需要对王奶奶进行使用培训,确保她能够安全、正确地使用改造后的居家环境。

目的:

通过实施与评估居家环境无障碍改造项目,确保改造效果符合王奶奶的实际需求。同时,培养学生将理论知识应用于实践的能力,以及项目管理和质量控制的技能。此外,通过为老年人提供实际的帮助,增强学生的社会责任感和人文关怀意识。

知识点一　老年人居住区环境无障碍改造

为老年人提供安全便利的无障碍设施,旨在改善民生,提升为老服务质量,并完善以居家、社区、机构为支撑的社会养老服务体系。近年来,我国无障碍环境建设取得积极进展,但与满足日益增长的养老服务需求和行业发展目标,存在明显差距。老年人居住环境的建设、整治和改造,应当符合《城镇老年人设施规划规范》(GB 50437-2007)、《养老设施建筑设计标准》(GB 50867-2022)、《建筑与市政工程无障碍通用规范》(GB 55019-2021)、《既有建筑维护与改造通用规范》(GB 55022-2021)、《老年人居住建筑设计规范》(GB 50340-2016)以及《无障碍设计规范》(GB 50763-2012)等相关标准规范的要求。

一、总体要求

1. 加强政策指导与资金支持

按照中央和省级人民政府的要求,各级政府和相关部门应加强业务指导,积极筹措资金,推进老年人家庭和居住区公共设施无障碍改造工作。

2. 强化沟通协调与意见反馈

无障碍改造方案应广泛征求受助家庭和相关居民的意见,加强沟通协调,确保改造工作符合实际需求。

3. 严格执行无障碍设施建设标准

在新建、改建及扩建道路、建筑物、交通设施和居住区时,务必遵循国家无障碍设施建设标准,并优先对与老年人日常生活紧密相关的公共服务设施进行无障碍改造。

二、改造内容与标准

1. 道路系统改造

道路系统改造需注重简洁通畅与安全性,确保老年人能够便捷、安全地出行。具体要求包括:步行道路应形成连续的无障碍通道系统,有效宽度不小于0.9m,路面采用防滑、耐磨、色彩鲜明的铺装材料,以提高行走的稳定性和可视性;道路系统应有明确的方向指示和标识,如设置清晰的导向牌和路标,增强道路的可识别性;同时,应避免人车混行,通过设置人行道、隔离栏等措施,保障老年人的步行安全。此外,道路两侧应安装连续的扶手设施,以便为行走不便的老年人提供必要的支撑与帮助。

2. 停车设施与交通节点改造

停车设施改造需考虑轮椅使用者的特殊需求,设置专用的轮椅停车位,其宽度不小于 3.5 m,并与人行通道无缝衔接,确保轮椅使用者能够方便进出。轮椅停车位应靠近停车场出入口或建筑物主要出入口,并设置明显的国际通用无障碍标志,便于识别。在交通节点,如路口、交叉口等位置,应设置无障碍坡道或升降平台,方便轮椅通行;同时,应优化交通信号灯的配置,确保老年人有足够的时间安全通过路口。

3. 室外台阶、踏步与坡道改造

室外台阶、踏步和坡道的设计需注重适老化,尽量减小老年人的行动难度。具体要求包括:台阶与踏步的尺寸需合理设计,高度宜控制在 0.15 m 以内,宽度则不小于 0.30 m,且踏步表面应加装防滑条或采用防滑铺装材料。坡道设计需保持平缓坡度,一般不超过 1∶12 的比例,并增设防滑措施及扶手装置,以提升行走时的稳定性。在坡道两端和转弯处,应设置平台或扩大空间,便于老年人停留和转向。此外,坡道两侧应设置连续的扶手,高度宜为 0.85 m 至 0.90 m,方便老年人抓握。

4. 建筑无障碍设施改造

建筑无障碍设施改造需注重细节和人性化设计,确保老年人能够方便、安全地使用建筑。具体要求包括:建筑物出入口应设置无障碍坡道或升降平台,并配备防滑和扶手设施;公共走道应宽敞明亮,有效宽度不小于 1.20 m,两侧设置连续的扶手;楼梯应设置防滑条或防滑铺装,并配备扶手和休息平台;电梯应满足无障碍设计要求,如轿厢尺寸足够大,可容纳轮椅和陪同人员,并设置低位按钮和语音提示系统。此外,卫生间、休息室等公共区域需配备低位马桶、无障碍洗手池及抓杆等设施,确保老年人使用的便捷性。

5. 居住区公共设施无障碍改造

居住区公共设施无障碍改造需注重整体性和系统性,确保老年人能够便捷地享受各项服务。具体要求包括:缘石坡道、轮椅坡道等无障碍人行道应设计合理,坡度平缓且配备防滑措施及扶手,确保通行安全。公共健身器材、游乐设施等应设置低位操作区域或辅助设施,方便老年人使用;公共停车场需规划无障碍停车位,并设置无障碍通道及必要的辅助设施,便于老年人停车及出行。同时,应加强无障碍设施的维护和管理,确保其安全、可靠、易用。此外,居住区内的标识系统应清晰易懂,方便老年人识别和导航。

三、实施与监督

1. 实施计划与进度管理

实施阶段需制定详细的项目计划与进度安排,确保改造工程有序进行。首先,应明确各阶段的任务目标、责任分工和时间节点,形成清晰的工作流程;其次,建立定期汇报与协调机制,及时解决实施过程中遇到的问题,确保项目按计划推进;同时,采用项目管理软件或工具进行进度跟踪与监控,实时掌握工程进展,及时调整计划以应对突发情况。此外,对于关键节点和里程碑事件,应设置明确的验收标准和流程,确保改造质量。

2. 质量监督与安全管理

质量监督是确保改造工程达到预期效果的关键。需构建严谨的质量管理体系,确立清晰的质量标准和检验流程,全面覆盖材料采购、施工流程、成品防护等关键环节。此外,要强化现场安全管理措施,严格执行安全生产责任制,定期开展安全检查,及时排查并消除安全隐患,以保障施工人员及周边居民的人身安全。对于发现的质量问题或安全隐患,应立即整改,并追究相关责任人的责任。

3. 居民参与反馈机制

改造工程应充分尊重居民的意愿和需求,建立居民参与机制,鼓励居民提出改造建议,参与方案讨论与决策过程。利用问卷调查、座谈会等多种渠道广泛收集居民意见,确保改造方案能够精准对接居民的实际需求。同时,建立反馈机制,及时回应人民关切,解决改造过程中出现的问题,提升居民满意度。对于居民的合理诉求,应纳入改造计划,并适时调整优化。

4. 资金使用与审计监督

改造工程涉及大量资金投入,应建立严格的财务管理制度,确保资金使用的合法合规与高效透明。

需明确资金来源及分配计划,强化预算管理和控制,严防超支和浪费现象的发生。同时,引入第三方审计机构进行定期审计,对资金使用情况进行全面审查,确保资金安全。对于发现的违规使用资金行为,应依法依规进行处理,保障改造工程的廉洁性。

5. 后期维护与持续改进

改造完成后,需建立维护机制,定期检查维修无障碍设施,保障其持久运行。并建立改进机制,依据反馈和使用情况,优化无障碍设施功能布局,增强改造成效。同时,加强无障碍设施宣传,提升居民认知与使用,共创和谐包容居住环境。

> **延伸阅读**
>
> 《建筑与市政工程无障碍通用规范》(GB 55019-2021):掌握该规范对于老年人居住区环境无障碍改造的强制性要求,重点了解无障碍通行设施、服务设施及信息交流设施的建设和运行维护标准。

知识点二　老年人居家环境无障碍改造

居家环境无障碍改造对于提升老年人的生活质量具有重要意义。在进行改造时,应遵循整体规划、安全性设计、智能便捷性、舒适性与人性化以及持续维护与更新的原则;同时,还应结合老年人的生理需求和生活习惯来制定具体的改造标准和措施。

一、老年人居住环境的特殊需求

老年人的居住环境设计,需从满足其身体需要和生活安全性、便利性两方面着眼。具体而言,老年人的居住环境应满足以下几个方面的特殊需求。

1. 满足身体需要

老年人身体机能逐渐衰退,对生活环境有着更为特殊的需求。例如,热水和取暖设施对他们而言至关重要,不仅能帮助维持体温,还能有效预防感冒等常见疾病。同时,老年人对于卫生洁具和给水排水配件的选择也有特殊的要求,应选用节水型、低噪声的产品,以方便他们的日常使用。

2. 重视安全性和使用的便利性

在老年人的居住环境中,安全性和使用的便利性必须得到高度重视。为此,应安装电气设备、安全报警设备等,全方位保障老年人在家中的安全。例如,老年人住宅的电气系统应采用埋管暗敷方式,并配备短路保护和漏电保护装置,从而有效避免电气事故的发生。此外,老年人居住的卫生间应做局部等电位连接,以防止触电事故的发生。

二、居家环境无障碍改造的原则

居家环境无障碍改造应遵循整体规划、安全性设计、智能便捷性、舒适性与人性化以及持续维护与更新的原则,确保改造后的环境既符合老年人的生理需求,同时又能够有效提升老年人的生活品质。

1. 整体规划与布局

整体规划与布局是居家环境无障碍改造的基础。设计阶段需充分考虑老年人生理需求及生活习惯,合理规划空间与家具布局,确保改造后的环境既满足生理需求,又提升生活品质。如空间流通性要确保宽敞明亮、通道无阻;安全性设计则选用防滑材料、圆角家具,降低受伤风险。

2. 无障碍设施与细节

无障碍设施与细节是居家环境无障碍改造的重要组成部分。它们能够直接影响老年人的生活质量和安全性。因此,在进行改造时,应重点关注无障碍通道、扶手和抓杆等无障碍设施的设置和细节处理。

例如：在门口、通道等关键位置应设置无障碍通道；在卫生间、浴室等易滑倒区域应安装扶手和抓杆等辅助设施，并确保这些设施质量可靠、易于维护使用。

3. 舒适性与人性化

舒适性与人性化是居家环境无障碍改造的重要目标之一。它要求改造后的环境不仅要满足老年人的生理需求，还要能够提升他们的心理感受和生活品质。因此，在进行改造时，应注重色彩与光线的选择、家具布局的合理性以及通风与换气的效果等方面。例如：可以选择柔和的色彩和适宜的照明来营造温馨舒适的居家环境；可以根据老年人的生活习惯和喜好来合理布局家具；同时，还应保持室内通风良好、空气新鲜。

4. 持续维护与更新

持续维护与更新是居家环境无障碍改造的保障措施之一。它要求定期对无障碍设施进行检查和维护，确保其完好可用；同时，还应根据老年人的需求变化和技术进步对设施进行更新和升级。例如，定期检查扶手、抓杆等辅助设施，按需升级智能家居系统，并引入新技术设备提升改造效果和生活品质。

三、居家环境无障碍改造的具体标准

1. 场地坡度与门槛高度

根据《城镇老年人设施规划规范》要求，老年人设施场地坡度应不大于3%，以方便老年人活动。在设计老年人居住环境中的无障碍斜坡时，坡度应尽可能平缓，一般建议坡度不超过1∶12，以确保老年人能够安全、稳定地上下斜坡。当门槛高度小于1.5 cm时，门槛两边可以设计为坡度不大于30°的斜面；当门槛高度超过3 cm时，需要配置门槛斜坡，可用水泥建造固定斜坡，也可用铝合金建活动斜坡。

2. 门道扩宽

门道的宽度对于老年人的通行至关重要。当轮椅进出房门时，如果房门板厚度阻挡了通行，可以将原来房门的搭链换成双L形搭链，以扩大门道的宽度。这样，老年人就可以更加方便地使用轮椅进出房间。

3. 卫浴改造

卫浴是老年人日常生活中使用频率较高的区域，也是容易发生意外的区域。因此，卫浴改造需着重考虑安全性、便捷移动性及淋浴设备的易用性。例如：卫生间门口增设低位扶手，助力老年人进出时保持平衡；同时，淋浴器具的设计也应考虑老年人的使用习惯和身体条件，以确保他们能够安全、方便地沐浴。

4. 地面改造

地面防滑性能对老年人安全至关重要。因此，在地面改造中，应选用凹凸花纹、防滑性能好的地砖和防滑垫，以减少老年人滑倒的风险。此外，确保地漏畅通无阻，及时排出积水。此外，卫生间门口应无高度差，选择外开式房门，并在门面设置低位扶手，以方便老年人进出卫生间。

5. 电气与智能设备

在电气与智能设备的改造中，应充分考虑老年人的使用习惯和身体条件。例如，老年人住宅厨房内，吸油烟机、冰箱及燃气泄漏报警器处应预留插座。卫生间内应设置不少于一组的防溅型三极插座。同时，可以引入智能家居系统，如智能照明、智能温控等，方便老年人通过语音或手机APP控制家中设备，提高生活便捷性。

6. 紧急呼叫系统

紧急呼叫系统是老年人居住环境中必不可少的安全设施之一。老年人遇紧急情况时，它能即时警报，促使救援人员迅速响应。因此，在卧室、客厅等关键区域应安装紧急呼叫按钮或手环等紧急呼叫设备。

四、老年人生活辅助设施配置标准

老年人生活辅助设施的配置应综合考虑老年人的生理、心理需求以及安全、便捷、舒适的原则，确保为他们提供一个全方位、高品质的生活环境。同时，注重设施的维护与更新，确保设施的持续可用性和实用性。

1. 个人护理与辅助设备

根据老年人的行走能力,配置合适的助行器,如三脚杖、四脚杖、助行架等,帮助他们保持平衡,减轻行走负担。为行动不便的老年人配置轮椅,并考虑安装轮椅升降机、移位板等设备,方便他们在不同楼层或房间之间移动。安装便座增高器、马桶扶手及洗澡椅等,保障老年人在卫生间使用的安全与舒适。

2. 健康监测与康复设备

配置血压计、血糖仪、心率监测器等健康监测设备,定期为老年人进行健康检查,及时发现并处理健康问题。根据老年人的康复需求,配置合适的康复理疗设备,如电动起立床、牵引床、低频治疗仪等,帮助他们恢复身体功能。适老化智能产品,如紧急呼叫手环,集成了紧急呼叫功能,能够与家庭报警系统或社区服务中心连接,确保老年人在紧急情况下能够及时寻求帮助。同时,考虑安装智能定位设备,方便家人随时了解老年人的位置信息。

3. 智能家居与便捷生活设施

引入智能家居系统,如智能照明、智能温控、智能安防等,通过语音或手机 APP 控制家中设备,提高老年人的生活便捷性。配置自动感应门、自动升降窗帘、智能厨房助手等便捷生活设施,减少老年人日常生活中的体力消耗。提供电视机、收音机、平板电脑等娱乐与通讯设备,丰富老年人的精神生活,保持与家人和朋友的联系。

4. 设施维护与更新

应定期对生活辅助设施进行维护与检查,确保其处于良好状态。一旦发现损坏或故障,应立即进行修复或更换,以保障其正常使用。为老年人及其家人提供设施使用培训和指导,确保他们能够正确、安全地使用各项辅助设施。随着科技的进步和老年人需求的变化,定期对生活辅助设施进行更新和升级,提高设施的实用性和便捷性。

> **延伸阅读**
>
> 1.《既有建筑维护与改造通用规范》(GB 55022-2021):熟悉该规范中关于居家环境无障碍改造的具体标准与原则,着重掌握改造过程中需遵循的安全、便利及实用性要求,确保改造后的居家环境符合无障碍生活需求。
>
> 2.《关于加快实施老年人居家适老化改造工程的指导意见》(民发〔2020〕86号):需深入理解居家环境无障碍改造的标准与原则,并着重关注政府支持保障的特殊困难老年人家庭的改造需求,明确基础类与可选类改造项目的具体要求。
>
> 3.《老年人居住建筑设计规范》(GB 50340-2016):理解关于老年人生活辅助设施配置的具体标准,重点把握无障碍设计、室内环境及室外环境等方面的配置要求,以确保老年人居住环境的安全、舒适与便利。

4-3-2

4-3-3

4-3-4

任务实施与评价

任务一:评估王奶奶居家环境无障碍需求

1. 任务实施

(1)居住空间布局评估:王奶奶居住在二楼,上下楼梯成为主要障碍。楼梯间需增设扶手,并考虑安装电梯或升降平台的可行性。居住空间内,各房间之间的通行路径需保持宽敞无障碍,避免家具摆放造成通行困难。

（2）通行路径评估：需确保室内通道宽度至少能容纳轮椅通行（一般不低于 90 厘米），地面材料须具备防滑功能，且避免高低不平以减少跌倒风险。同时，门口宽度需足够宽敞（一般不低于 80 厘米），便于轮椅进出。

（3）家具摆放评估：家具布局需充分考虑老年人的身体机能，如沙发、椅子等应便于老年人起身和坐下，高度需适中。同时，家具边缘应设计得圆滑无锐角，以防止碰撞伤害。卧室床铺的高度应适宜老年人轻松上下，建议增设稳固的床边扶手，以增强安全性。

（4）照明系统评估：为确保老年人的居住安全和舒适，室内照明应充足且柔和，避免刺眼。根据适老化改造的建议，照度应高于常人，例如客厅的平均照度可达到 200～300 lx，阅读、书写时的照度应提高至 500～700 lx，走廊照度保持在 50～100 lx，起夜时的照度控制在 50—70 lx。关键区域如走廊、楼梯间、卫生间等应增设辅助照明，例如夜灯或感应灯，以减少眩光并提供夜间行走的安全性。

（5）卫浴设施评估：卫生间应安装扶手，高度一般在 50 cm 到 60 cm 之间，以方便老年人站立和坐下时保持平衡。淋浴区需采取防滑措施，例如安装防滑垫或淋浴椅，以降低滑倒风险。马桶的高度应适中，一般推荐在 35 cm 到 40 cm 之间，以确保老年人坐下和站起时的舒适度，同时可考虑安装马桶增高垫或马桶扶手，以提供额外支持。

2. 任务评价

（1）知识运用准确性：小赵能够准确运用无障碍设计原则和标准，对王奶奶的居家环境进行全面评估，识别出需要改造的无障碍需求点，说明他对无障碍设计的知识掌握较为扎实。

（2）评估全面性：评估涵盖了居住空间布局、通行路径、家具摆放、照明系统、卫浴设施等多个方面，确保改造方案全面细致，无遗漏。

（3）方案初步设计合理性：改造方案初步设计符合无障碍设计原则，重点区域和具体措施明确，为后续改造提供了明确方向，设计思路合理。

任务二：制定王奶奶居家环境无障碍改造方案

1. 任务实施

（1）需求细化：根据"任务一"评估结果，进一步细化王奶奶的具体需求，如楼梯扶手的具体样式和材质、电梯或升降平台的型号和安装方式等。

（2）预算制定：在适老化或残疾人家庭无障碍改造项目中，根据改造需求、材料设备选型以及房屋规模等因素，制定详细的预算。预算应包括但不限于材料费、设备费、施工费等，确保涵盖建筑结构改造、室内空间改造、设备设施改造等关键项目，参考国内市场的行情和具体改造案例，如扶手和无障碍设施、厨房和洗手间改造、照明和地板改造等，以确保预算的全面性和准确性。

结合王奶奶的实际经济状况，精心规划预算，以保障改造方案既经济又切实可行。

（3）材料设备选型：楼梯扶手，选用防滑、耐用、易于清洁的材料，如不锈钢或实木；电梯或升降平台，根据房屋结构和预算，选择适合的型号和品牌，确保安全可靠。

（4）家具：选择符合无障碍设计原则的家具，如可调节高度的餐桌、椅子等。

（5）照明设备：选用节能、环保、易于控制的照明设备，如 LED 灯、智能开关等。

（6）卫浴设施：选择防滑、易清洁的卫浴设施，如防滑地砖、淋浴椅、马桶扶手等。

（7）施工方案制定：与专业的无障碍改造团队深入交流，确保改造方案不仅可行，而且实施后能取得理想效果。制定详细的施工方案，包括施工时间、施工步骤、安全措施等。

（8）沟通与确认：将改造方案、预算和施工方案与王奶奶及其家人进行沟通，确保他们了解并同意改造方案。依据王奶奶及其家人的宝贵意见，对改造方案进行细致调整与优化。

2. 任务评价

（1）需求分析能力：小赵能够准确理解王奶奶的具体需求，并根据评估结果制定详细的改造方案，需求分析准确。

(2) 预算制定能力:预算制定科学严谨,充分考量了改造的实际需求与王奶奶的经济承受能力,从而确保了改造方案既经济又可行。

(3) 材料设备选型能力:材料设备的选型严格遵循无障碍设计原则,在确保安全性的基础上,兼顾了实用便捷与美观大方,选型精准无误。

(4) 团队协作能力:小赵能够与无障碍改造团队进行有效沟通,确保改造方案的顺利实施,团队协作顺畅。

任务三:实施与评估王奶奶居家环境无障碍改造项目

1. 任务实施

(1) 施工监督:小赵领导无障碍改造团队,按照改造方案进行施工。在施工过程中,小赵严格监督施工质量,确保每一项改造措施都能精准落地。他能够敏锐地发现潜在问题并迅速解决,从而有力保障了施工进度与质量的双重达标。

(2) 改造效果评估:改造完成后,小赵对改造效果进行评估,包括通行便利性、安全防护性、舒适度等方面。评估结果需符合无障碍设计原则和标准,确保改造后的居家环境安全、舒适、易于使用。

(3) 使用培训:根据评估结果,小赵对王奶奶进行使用培训,确保她能够安全、正确地使用改造后的居家环境。培训内容包括但不限于楼梯扶手的使用、电梯或升降平台的操作、卫浴设施的使用等。

(4) 后续跟踪与维护:改造完成后,小赵需对改造设施进行定期检查和维护,确保设施的正常运行和使用寿命。根据王奶奶的使用反馈,对设施进行必要的调整和优化。

2. 任务评价

(1) 项目管理能力:小赵领导无障碍改造团队,严格执行改造方案,监督施工质量,确保项目顺利实施,展现出强大的项目管理能力。

(2) 评估能力:准确全面,符合无障碍设计原则,确保改造后的居家环境安全舒适、易于使用,评估结果可靠。

(3) 培训能力:小赵能够清晰地向王奶奶解释改造设施的使用方法和注意事项,确保了她能够安全、正确地使用改造后的居家环境,培训效果良好。

(4) 社会责任感:小赵通过为老年人提供实际帮助,展现了强烈的社会责任感和人文关怀,令人钦佩。

课后练习与拓展

一、课后练习

4-3

(一) 单项选择题

1. 老年人居住区环境无障碍改造的首要目的是( )。
A. 提升居住区美观度　　　　　　　　B. 确保老年人居住安全及便利
C. 增加居住区绿化面积　　　　　　　D. 提高房地产价值

2. 下列哪项不属于居家环境无障碍改造的标准与原则?( )
A. 安全性　　　　　　　　　　　　　B. 舒适性
C. 豪华性　　　　　　　　　　　　　D. 易用性

3. 老年人生活辅助设施配置中,对于视力不佳的老年人,应优先考虑配置( )。
A. 高档家具　　　　　　　　　　　　B. 助听器
C. 放大镜或助视器　　　　　　　　　D. 智能家电

4. 在进行老年人居家环境无障碍改造时,楼梯间应增设的主要设施是(　　)。
   A. 豪华地毯　　　　　　　　　B. 扶手
   C. 装饰画　　　　　　　　　　D. 健身器材
5. 下列哪项不是老年人卫浴设施改造中需要考虑的因素?(　　)
   A. 防滑措施　　　　　　　　　B. 淋浴椅
   C. 高档浴缸　　　　　　　　　D. 马桶扶手

(二) 填空题

1. 老年人居家环境无障碍改造应遵循_____、_____、_____和_____等原则。
2. 在进行老年人生活辅助设施配置时,应特别注意设施的_____性和_____性。
3. 老年人居住区环境无障碍改造中,地面材料须具备_____和_____的特点。
4. 为了确保老年人上下楼梯的安全,楼梯间应增设_____。
5. 卫浴设施改造中,淋浴区需考虑安装_____或_____以减少跌倒风险。

(三) 简答题

1. 简述老年人居家环境无障碍改造的主要目标。
2. 列举三项老年人生活辅助设施配置中应考虑的关键因素。
3. 在进行老年人卫浴设施改造时,为什么需要特别注意防滑措施?
4. 楼梯间增设扶手对老年人有哪些好处?

(四) 论述题

1. 结合实际案例,论述老年人居家环境无障碍改造的重要性和必要性。
2. 论述在进行老年人生活辅助设施配置时,如何平衡实用性与美观性的关系,并给出具体建议。

二、课后拓展

1. 考察本地公共环境无障碍设施实施情况

选择本地几个具有代表性的公共场所(如公园、图书馆、医院、购物中心等),实地考察无障碍设施的建设和使用情况。包括但不限于无障碍通道、无障碍卫生间、盲道、电梯及坡道等设施。

实地考察能够增强对无障碍设施建设重要性的认知,提高无障碍环境设计的敏感度,为未来改进提供有力的实证支撑。

2. 举办无障碍改造知识讲座与工作坊

组织一场面向社区工作人员、老年人家属及志愿者的无障碍改造知识讲座,介绍无障碍改造的重要性、原则、标准以及成功案例。随后开展一个工作坊,邀请专业人士或学生团队现场演示如何测量、设计和安装无障碍设施,如扶手、淋浴椅等。鼓励参与者动手实践,制作简易的无障碍设施模型。

此举旨在提升公众对无障碍改造的认知度,激发更多人的设计理念与实践能力,从而为老年人居家环境的无障碍改造汇聚更多社会支持。

3. 监测与评估无障碍改造效果

针对已经实施无障碍改造的社区或机构,制定一套详细的监测与评估方案。定期收集老年人及其家属的反馈意见,评估改造前后的生活便利性和安全性变化。使用问卷调查、访谈、实地观察等方法,收集数据并进行分析。根据评估结果,提出进一步的改进建议或优化方案。

确保无障碍改造项目的实际效果符合预期目标。为后续的无障碍改造项目提供经验和教训。不断提升无障碍改造的质量和水平,为老年人创造更加舒适、安全的居住环境。

模块五

社区居家养老服务政策法规

模块导读

在人口老龄化持续加剧的背景下，社区居家养老已成为我国养老服务体系的基础支撑。本模块聚焦社区居家养老政策法规与标准体系，通过解析国家及地方政策文件、标准规范与实践案例，系统梳理社区居家养老服务的参与主体、服务内容、设施建设及监管机制。通过情景任务与案例分析，让学生熟知智慧养老技术标准与适老化改造要求，具备设计合规社区居家养老服务方案、评估服务质量及应对法律风险的能力，培养学生运用政策法规解决实际问题的能力，未来可在社区居家养老服务中心等机构从事社区居家养老服务政策执行、服务管理及创新实践，推动社区居家养老服务规范化、专业化发展，为构建"老有所养、老有所依"的社会环境贡献专业力量。

思维导图

- 项目一 社区居家养老服务认知
  - 概念：家庭为核心、社区为依托、专业化服务机构为载体的社会化养老模式
  - 作用：提供专业、公益、多元服务，促进产业融合
  - 服务内容与形式：生活照料、医疗保健等，上门与设施服务
  - 组织体系：政府、企业、社会组织等协同合作

- 项目二 社区居家养老服务政策法规
  - 政策法规体系：国家与地方政策结合，构建养老服务政策框架
  - 核心要素：明确参与主体、服务对象、内容及管理监督机制
  - 日间照料中心建设：规范建设标准、服务规范，提供政策支持
  - 政府购买服务：明确政策依据、内容及实施要求
  - 农村养老政策：多举措支持农村社区居家养老服务发展

- 项目三 社区居家养老服务标准
  - 服务主体标准：明确准入、运营规范和退出机制
  - 服务质量标准：构建三级标准体系，规范服务内容与流程
  - 服务安全标准：涵盖设施、食品等安全领域，建立管理机制
  - 服务人员标准：规定职业标准、配置和培训考核要求

项目一 社区居家养老服务认知

学习目标

1. 知识目标

（1）深入理解社区居家养老概念，精准区分家庭养老、居家养老与社区居家养老的不同。

（2）全面掌握社区居家养老在应对老龄化社会中的关键作用，熟悉其政策法规框架与标准规范。

（3）系统了解社区居家养老服务的组织体系、服务内容及形式，明确政府、企业、社会组织在其中的角色定位。

2. 能力目标

（1）能够根据老年人的身心状况、家庭经济条件等因素，为其推荐合适的社区居家养老服务。

（2）能依据政策法规评估社区居家养老服务质量，发现服务中存在的问题并提出改进建议。

（3）具备组织和协调社区居家养老服务资源的能力，能够参与社区养老服务项目的策划与实施。

3. 素养目标

（1）增强对养老事业的社会责任感，树立尊老敬老的良好风尚。

（2）培养对社区居家养老服务工作的认同感和职业兴趣，愿意为老年人服务。

（3）增强法律意识和服务意识，确保在工作中依法依规为老年人提供优质服务。

情景任务

在某市的一个老旧社区，70岁的陈爷爷和68岁的李奶奶是一对空巢老人，子女均在国外工作。两位老人身体健康，但平时生活较为单调，缺乏社交活动。陈爷爷喜欢书法和阅读，李奶奶则热爱手工和园艺。他们希望能在社区中找到更多的社交机会，参与感兴趣的活动，同时也希望了解如何利用社区资源提高生活质量。

1. 任务要求

（1）分析陈爷爷和李奶奶的养老需求，包括生活照料、医疗健康、精神慰藉、文化娱乐等方面。

（2）根据他们的实际情况，制定一套个性化的社区居家养老服务方案，重点满足其社交和文化需求。

（3）介绍社区居家养老服务的政策法规依据，说明服务方案的合法性和可行性。

（4）设计服务质量评估指标，对服务实施过程进行监督和评估。

2. 任务目的

通过本任务的深入学习和实践，旨在使学生能够灵活运用所学的社区居家养老服务知识，解决实际案例中的问题，进而提升学生的问题分析与解决能力，同时培养学生的团队合作精神和创新意识，并加深学生对社区居家养老服务工作的认知与理解。

知识链接

知识点一 社区居家养老的概念界定

一、家庭养老

家庭养老是指老年人居住在家中，主要由家庭成员（如子女、配偶等）提供生活照料、经济支持和精神慰藉的一种传统养老方式。其特点在于以家庭为核心，依靠亲情和责任保障老年人晚年生活。我国家庭养老历史悠久，为众多老人首选。但社会发展导致家庭规模缩小、老龄化加剧、工作压力增大，家庭养老功能逐渐减弱。

二、居家养老

2008年，民政部在《关于全面推进居家养老服务工作的意见》中对居家养老进行了定义："政府和社会力量依托社区，为居家的老年人提供生活照料、康复护理、家政服务、精神慰藉等多方面居家养老服务的一种服务方式。"居家养老注重政府与社会力量的结合，依托社区，为居家老人提供多元服务，弥补家庭养老之不足。居家养老与家庭养老之别在于，前者不仅依靠家庭成员，更利用社区资源与专业机构，为老人提供更全面的专业服务。

三、社区居家养老

在德国、法国、英国、加拿大和澳大利亚等发达国家，养老方式根据资源的使用被细分为家庭养老、社区养老和机构养老。我国政府将社区养老拆分为居家养老和社区养老，但二者联系紧密，居家养老以社区为依托，因此社区居家养老可看作是以家庭为基础、社区为依托，融合多方主体的社会化养老模式。学术界普遍认为，社区居家养老是老年人居住在家中，享受社区提供的多种服务的社会化养老模式，其内涵与民政部对居家养老的定义相近。

本教材中，社区居家养老模式以家庭为核心，依托社区，借助专业化服务机构，通过政府购买服务、社会广泛参与及非政府组织实体承办等多元化运行方式，灵活采取上门服务、日托照顾或邻里互助等形式，旨在为居家养老的老年人提供包括生活照料、医疗保健及心理慰藉等在内的全方位社会化服务。与传统家庭养老不同，社区居家养老强调社区在养老服务供给中的责任，家庭负责基本生活服务，社区整合资源提供多元化、专业性服务，全方位保障老年人晚年生活质量。

> **延伸阅读**
>
> **1.《"十四五"国家老龄事业发展和养老服务体系规划》**
>
> 制定部门：国务院
>
> 实施时间：2022年
>
> 主要内容：明确构建"居家社区机构相协调、医养康养相结合"的养老服务体系，强调社区居家养老以家庭为基础、社区为依托，融合政府、社会、市场多方主体，提供专业化服务。规划提出"15分钟养老服务圈"建设目标，推动社区嵌入式养老机构与居家养老服务衔接，强化家庭养老功能与社区服务的协同作用。
>
> **2.《关于全面推进居家养老服务工作的意见》**
>
> 制定部门：民政部等10部门
>
> 实施时间：2008年
>
> 主要内容：首次清晰界定居家养老概念，指政府与社会力量携手，依托社区平台，为居家老年人提供多样化服务，同时提出构建居家养老服务网络、制定统一服务标准等具体措施。文件强调居家养老与家庭养老的本质区别，突出社区资源整合与专业服务供给的重要性。

5-1-1

5-1-2

知识点二　社区居家养老在应对老龄化社会中的作用

一、提供专业性服务

社区居家养老服务团队中的医护人员均经过严格培训，掌握医疗护理、急救等专业技能，这是普通家庭成员或家政服务人员难以比拟的。例如,社区养老服务中心的护理人员可以为老年人提供定期体检、康复训练等专业服务,帮助老年人管理慢性疾病,提高生活质量。

二、提供公益性服务

社区居家养老服务具有公益性或准公益性特点。例如,社区助餐点为老年人提供价格优惠的餐食,部分社区还为老年人提供免费的文化娱乐活动和健康讲座。这些服务有效缓解了老年人的经济压力,使更多老年人得以享受基础养老服务,提升了晚年生活质量。

三、提供多元化服务

随着社会发展,老年群体呈现出多元化需求。社区居家养老可以针对独居、空巢、丧偶等不同老年群体的特点,提供个性化服务。比如,为独居老人提供定期上门探访服务,为丧偶老人提供心理疏导服务,为有学习需求的老人提供老年大学课程等。

四、促进产业融合发展

社区居家养老服务通过智能化系统、社区嵌入式服务、互联网技术以及社区互助模式,有效推动了与医疗健康、体育健身等产业的融合发展。例如,在山东省,作为全国首个医养结合示范省,已经形成了包括"居家医养、医护巡诊"在内的多种服务模式,为老年人提供便捷的医疗服务。此外,社区与医疗机构的合作也包括了疾病筛查、预防教育以及术后康复等多方面,大幅提升了老年人的就医体验和生活质量。而且,通过组织旅游活动等,进一步丰富了老年人的精神文化生活。同时,鼓励社会力量参与养老服务供给,通过政府购买服务、公建民营等方式,引入更多优质养老服务资源,促进养老服务产业的发展。

> **延伸阅读**
>
> **1.《关于进一步推进医养结合发展的指导意见》**
>
> 制定部门:国家卫生健康委等十一部门
>
> 实施时间:2022年
>
> 主要内容:推动医疗与养老服务深度融合,支持社区卫生服务机构与养老服务机构共建共享资源,为居家老年人提供家庭病床、上门巡诊等医疗服务。文件明确医养结合服务的公益性定位,要求加强对失能、慢性病老年人的健康管理,促进养老服务与医疗健康产业协同发展。
>
>
>
> **2.《智慧健康养老产业发展行动计划(2021—2025年)》**
>
> 制定部门:工业和信息化部等三部门
>
> 实施时间:2021年
>
> 主要内容:提出发展"互联网+养老"模式,推动智能设备与社区居家养老服务融合。文件支持建设智慧养老服务平台,提供远程健康监测、紧急呼叫等服务,提升社区居家养老的便捷性和精准性,满足老年人多样化需求。
>
>

知识点三　社区居家养老服务内容与形式

一、服务内容

社区居家养老服务内容广泛,全面覆盖老年人生活需求。

1. 生活照料服务

涵盖日间托老、购物配餐、特殊陪护及日常家政如洗衣、清洁、家电维修等。

2. 医疗保健服务

包括疾病防治、康复护理、心理健康支持、临终关怀、健康教育及建立健康档案和家庭病床。

3. 精神慰藉服务

通过读书读报、谈心沟通、专业心理咨询等方式,关注并促进老年人心理健康。

4. 文化娱乐服务

为老年人提供学习和活动场所、体育健身设施和组织健身团队等,组织引导老年人参加学习培训、书法绘画、知识讲座、图书阅览等文体活动。

二、服务形式

1. 上门服务

针对身体不能自理、行动不便的老年人,由专业护理人员上门提供服务,满足老年人在家中的生活需求。

2. 设施服务

动员身体状况较好、能够自理的老年人到社区机构网点接受服务,参加社区组织的活动,丰富老年人的精神文化生活。

三、服务标准

1. 服务质量标准

规范社区居家养老服务,涵盖服务人员专业素质、服务流程规范性及服务效果评价。服务人员需持职业资格证书,服务中尊重老人意愿与尊严,结束后实施满意度调查。

2. 设施建设标准

明确社区养老服务设施建设要求,如日间照料中心,规定场地面积、设施配备及功能分区,确保满足老年人基本需求。

5-1-5

> **延伸阅读**
>
> **《居家养老上门服务基本规范》(GB/T 43153—2023)**
>
> 制定部门:国家市场监督管理总局、国家标准化管理委员会
>
> 实施时间:2023年9月7日
>
> 主要内容:我国首个居家养老上门服务国家标准,明确服务组织资质(需取得相关行政许可或备案)、人员要求(护理员需完成72学时岗前培训)及服务流程规范。文件将服务内容划分为生活照料(助餐、助浴)、基础照护(翻身护理、康复训练)、健康管理(慢性病监测、用药指导)等7大类20项,要求服务前签订协议、服务中记录过程、服务后进行满意度调查(≥85%)。特别强调适老化改造服务需进行安全评估,紧急呼叫响应时间≤30分钟,为居家养老服务的专业化、规范化提供刚性依据,推动服务质量可量化、可追溯。

知识点四　社区居家养老服务的组织体系

1. 组织领导

各级政府应将社区居家养老服务纳入工作议程,制定符合当地实际的政策措施。各级老龄工作委员会办公室履行综合协调职能,配合相关部门推动社区居家养老服务工作的开展。民政部门负责本辖区社区居家养老服务工作的规划、管理、指导、组织实施和服务人员培训、服务对象评估等工作。财政、人力资源和社会保障、卫生、残联等部门按照各自职责协同做好相关工作。

2. 管理体制

健全县(市、区)、乡镇(街道)和社区(村)三级工作机构和服务网络,分别建立居家养老服务指导中心、居家养老服务中心、居家养老服务站点。这些机构受政府委托,负责本辖区居家养老服务的实施和管理。它们的主要职责包括建立老年人信息库、发布服务供需信息、评估享受政府补贴的老年人资格、审查居家养老服务人员资格、接受服务反馈以及检查监督服务质量等。例如,某社区养老服务中心提供多样化的服务,包括生活照料、健康管理、精神慰藉等,确保老年人的生活质量得到提升。

3. 服务主体

社区居家养老服务主体包括企业、机构、志愿者组织和公益慈善组织等。地方政府积极推动构建以企业和机构为核心、社区为桥梁的居家养老服务网络,着力发展社区居家养老服务志愿者队伍,激励社区居民及单位积极为居家老人提供服务,并引导公益慈善组织投身养老服务事业。

> **延伸阅读**
>
> 1.《国务院办公厅关于建立健全养老服务综合监管制度促进养老服务高质量发展的意见》
>
> 制定部门:国务院办公厅
>
> 实施时间:2020年
>
> 主要内容:构建"质量安全+资金使用+运营秩序"三维监管体系,明确政府、企业、社会组织在养老服务中的职责分工。文件要求建立三级养老服务管理网络(县、乡镇、社区),强化对服务质量、资金使用和服务主体的监管,推动多部门协同合作。
>
> 2.《关于加强养老机构预收费监管的指导意见》
>
> 制定部门:民政部等七部门
>
> 实施时间:2024年
>
> 主要内容:建立预收费全链条监管机制,限定养老服务费预收周期(最长12个月)、押金额度(≤月床位费12倍),要求会员费专款专用。文件引入银行存管和风险保证金制度,防范非法集资,明确退费规则,强化跨部门协同监管,为社区居家养老服务的资金管理提供参考。

5-1-6

5-1-7

任务实施与评价

一、任务实施

1. 分析陈爷爷和李奶奶的养老需求

(1)生活照料:两位老人身体健康,生活基本能够自理,但需要一些日常帮助,如购物、打扫卫生等。

(2)医疗健康:需要定期体检,关注慢性疾病预防,以及在突发疾病时能够得到及时救助。

(3)精神慰藉:空巢老人,子女不在身边,容易感到孤独,需要有人陪伴、聊天,进行心理疏导。

(4)文化娱乐:陈爷爷喜欢书法和阅读,李奶奶热爱手工和园艺,希望参与相关的社区活动,丰富精神生活。

2. 制定个性化社区居家养老服务方案

(1)生活照料服务:安排专业的家政服务人员每周上门2次,为两位老人提供购物、打扫卫生等服务。

(2)医疗健康服务:与社区卫生服务中心合作,为两位老人建立健康档案,定期安排医护人员上门体检;为两位老人安装"一键通"呼叫设备,以便在突发疾病时能够及时联系到社区医疗服务人员或拨打急救电话。

(3)精神慰藉服务:组织社区志愿者每周上门1次,陪两位老人聊天、读书读报,带他们参加社区组织的文化娱乐活动。

(4)文化娱乐服务:在社区活动中心开设书法、阅读、手工和园艺等兴趣小组,邀请两位老人参与;为两位老人提供社区图书馆和文化活动中心的免费借阅和活动资格。

3. 介绍政策法规依据

(1) 根据《中华人民共和国老年人权益保障法》,地方政府和有关部门应当为居家老年人提供生活照料、医疗护理等服务。

(2) 依据《"十四五"国家老龄事业发展和养老服务体系规划》,强化社区居家养老服务能力,完善社区居家养老服务网络,为老年人提供便捷、优质的服务。

(3) 根据《政府购买养老服务实施办法》,符合条件的老年人可申请政府提供的居家养老服务,涵盖助餐、助洁、助医等项目。

4. 设计服务质量评估指标

(1) 服务满意度:通过定期对陈爷爷和李奶奶进行问卷调查或访谈,了解他们对服务的满意度。

(2) 服务及时性:检查服务人员是否按时上门服务,在两位老人需要帮助时能否及时响应。

(3) 服务专业性:评估服务人员的专业技能和服务态度,如家政服务人员的服务质量、医护人员的专业水平等。

(4) 服务安全性:确保服务过程中不存在安全隐患,如"一键通"呼叫设备的正常使用、家政服务人员在操作家电时的安全等。

(5) 文化活动参与度:统计陈爷爷和李奶奶参与社区文化活动的次数和反馈,评估文化娱乐服务的效果。

二、任务评价

1. 评价标准

(1) 知识运用准确性:能够准确运用社区居家养老服务的相关政策法规和专业知识,分析陈爷爷和李奶奶的养老需求,制定合理的服务方案。

(2) 方案合理性:该服务方案全面覆盖了陈爷爷和李奶奶在生活照料、医疗健康、精神慰藉及文化娱乐等方面的需求,既具备实际操作性,又高度贴合其个性化需求。

(3) 沟通能力:能够与陈爷爷和李奶奶及其家属进行有效的沟通,了解他们的需求和意见,及时调整服务方案。

(4) 创新能力:在服务方案设计中能够提出创新性的想法和措施,如利用社区资源开展兴趣小组活动,提高服务的针对性和趣味性。

2. 评价方式

(1) 学生自评:学生对自己在任务实施过程中的表现进行自我评价,包括参与度、知识运用、团队协作等方面。

(2) 小组互评:小组内成员之间相互评价,指出优点和不足,共同提高。

(3) 教师评价:教师根据学生的任务完成情况、课堂表现、创新能力等方面进行综合评价,给出成绩和反馈意见。

课后练习与拓展

一、课后练习

(一) 选择题

1. 下列关于家庭养老、居家养老和社区居家养老的描述,正确的是(　　)。

A. 家庭养老主要依赖政府和社会力量

B. 社区居家养老以家庭为核心、社区为依托,融合多方主体

C. 居家养老仅由家庭成员提供服务

D. 社区居家养老与家庭养老完全独立,不依赖家庭

2. 社区居家养老服务的核心特征是(　　)。

A. 完全由政府主导提供服务　　　　B. 依赖家庭成员的亲情支持

C. 通过社区整合资源,提供多元化专业服务　　D. 仅限机构内集中养老

3. 下列哪项不属于社区居家养老的服务内容?(　　)

A. 上门送餐、洗衣等生活照料服务　　B. 社区老年大学书法课程

C. 子女定期回家探望　　　　　　　　D. 社区医疗站健康体检

4. 社区居家养老服务的组织体系中,负责服务质量监督的主体是(　　)。

A. 老年人家庭　　　　　　　　　　B. 社区居家养老服务站点

C. 企业和商业机构　　　　　　　　D. 志愿者组织

(二) 填空题

1. 社区居家养老的定义是"以家庭为核心、_____为依托、专业化服务机构为载体"的社会化养老模式。

2. 家庭养老与社区居家养老的主要区别在于,前者依赖家庭成员,后者借助_____和专业服务机构。

3. 社区居家养老服务内容包括生活照料、医疗保健和_____。

4. 社区居家养老的组织体系分为三级:县(市、区)居家养老服务指导中心、乡镇(街道)居家养老服务中心和_____。

(三) 简答题

1. 简述家庭养老、居家养老和社区居家养老的核心差异。

2. 社区居家养老在应对老龄化社会中发挥哪些关键作用?请列举3点。

3. 社区居家养老的服务形式主要有哪两种?分别适用于哪类老年群体?

(四) 案例分析题

结合情景任务中陈爷爷和李奶奶的需求:

1. 详细分析陈爷爷和李奶奶在生活照料、精神慰藉及文化娱乐方面的具体需求;

2. 根据社区居家养老服务内容,提出3项针对性服务建议(如组织书法兴趣小组、手工园艺活动等)。

(五) 讨论题

1. 政府、企业、社会组织在社区居家养老中分别承担什么角色?如何形成协同合作?

2. 随着老龄化加剧,社区居家养老服务可能面临哪些挑战?请提出改进思路。

二、课后拓展

1. 社区调研任务

主题:本地社区居家养老服务现状调研

选取一个社区,调研其居家养老服务设施(例如日间照料中心、社区医疗站)的覆盖率、服务内容以及老年人的参与度,深入分析经济条件、传统观念、服务便利性等因素对老年人接受社区居家养老服务的影响,并据此撰写一份约800字的调研报告,提出切实可行的优化建议。

2. 方案设计实践

任务:为情景任务中的陈爷爷和李奶奶设计个性化服务方案

结合他们的兴趣(书法、手工、园艺),规划社区文化活动(如每周一次书法班、园艺分享会),说明服务方案的政策依据(如《"十四五"国家老龄事业发展和养老服务体系规划》),并评估方案的可行性。

3. 政策分析与宣讲

政策分析:收集本地政府关于社区居家养老的最新政策,包括不同年龄和收入群体老人的养老服务补贴标准(如基本养老服务补贴和专项护理补贴),以及社区居家养老服务设施建设规划,分析其对老年人生活质量的影响,撰写500字分析报告。

宣讲活动：组织面向社区老年人的政策宣讲会，重点介绍居家养老服务的申请条件、服务内容及权益保障。宣讲内容将涵盖国家对居家养老服务提出的政策背景、基础养老金政策、缴费参保补贴政策、特殊补贴政策以及居家养老服务体系建设政策，制作宣传手册或PPT。

项目二　社区居家养老服务政策法规

学习目标

1. 知识目标

（1）系统掌握社区居家养老服务政策法规体系的构成，熟知国家及地方层面的核心法律文件与政策要求。

（2）深入理解社区居家养老服务的参与主体、服务对象、服务内容及管理监督机制的政策依据。

（3）全面掌握社区老年人日间照料中心的建设标准、服务规范及相关政策支持。

（4）精准把握政府购买社区居家养老服务的政策要点、实施路径及监管要求。

（5）了解农村社区居家养老服务的特殊政策支持，明确其发展方向与保障措施。

2. 能力目标

（1）能熟练运用政策法规精准剖析农村社区居家养老服务的短板，并提出针对性强、操作性好的解决方案。

（2）能严格依据政策要求，全面评估社区老年人日间照料中心的建设标准与服务质量，确保其合规高效运营。

（3）掌握政府购买服务的操作流程，能够协助老年人申请并享受相关政策福利。

（4）具备政策宣讲能力，能够向老年人及其家属解读社区居家养老政策，提升公众认知。

（5）培养团队协作精神和资源整合能力，在政策框架内积极探索并实施多元化、创新性的养老服务模式。

3. 素养目标

（1）增强对农村社区居家养老服务政策的认同感，树立依法保障老年人权益的职业意识。

（2）培养关注农村养老问题的社会责任感，积极推动政策落实与服务创新。

（3）强化服务意识与法律意识，在实践中体现对老年人的尊重与关爱。

情景任务

在我国中西部某农村地区，68岁的张奶奶独居在家，子女常年在外务工。她患有高血压和关节炎，行动不便，生活面临诸多困难。当地虽有社区居家养老服务政策，但存在资源不足、服务质量不高、政策宣传不到位等问题。张奶奶对相关政策不了解，不知如何申请服务。

1. 任务要求

（1）分析该地区社区居家养老服务的主要问题。

（2）根据政策法规，为张奶奶制定个性化服务方案。

（3）说明方案的政策依据及实施路径。

（4）设计服务质量监督与评估机制。

2. 任务目的

通过本任务,学生能够:

(1) 运用政策法规解决实际养老问题;

(2) 提升政策应用与服务设计能力;

(3) 强化对农村养老服务的关注度与责任感。

知识链接

知识点一 社区居家养老服务政策法规体系

我国社区居家养老服务政策法规体系以"国家统筹引领、地方创新实践"为特征,形成"法律奠基—规划引领—政策支撑—地方探索"的立体化架构,系统性覆盖服务内容、设施建设、多元参与及质量监管。

一、国家层面政策:顶层设计与实施框架

(一) 基础性法律:明确权责与发展原则

《中华人民共和国老年人权益保障法》(2018 年修正)

法律定位:我国养老服务领域的基础性法律,确立"居家为基础、社区为依托、机构为补充"的养老服务体系,为社区居家养老发展提供根本法律依据。

核心条款:

服务内容:第 37 条明确居家养老服务包括生活照料、医疗护理、精神慰藉、紧急救援等,鼓励社会力量通过政府购买服务、公建民营等方式参与(第 43 条)。

设施保障:第 35 条要求地方政府将养老服务设施纳入城乡规划,新建居住区按每百户≥20 平方米标准配建,老旧小区通过改建、置换等方式补足(第 60 条)。

责任划分:明确政府主导责任(统筹规划、资金支持)、家庭基础责任(经济供养、生活照料)、社会主体协同责任(专业化服务供给),构建多元共治格局。

(二) 顶层规划文件:构建全国发展蓝图

1. 《"十四五"国家老龄事业发展和养老服务体系规划》(国务院,2021 年)

规划定位:国家层面养老服务体系建设的纲领性文件,首次将社区居家养老纳入"15 分钟生活圈"建设,明确"十四五"发展目标。

核心任务:

设施网络:到 2025 年,实现城市社区养老服务设施全覆盖,农村社区覆盖率达 80%以上,推动形成"15 分钟养老服务圈"(第 12 条)。

服务升级:支持社区开展日间照料、助餐助洁、康复护理等"一站式"服务,推动社区养老与医疗、家政、教育等资源融合(第 15 条)。

技术赋能:推广"互联网+养老"模式,建设社区智慧养老服务平台,提供远程健康监测、紧急呼叫、服务预约等功能(第 23 条)。

2. 《关于推进养老服务发展的意见》(国办发〔2019〕5 号)

改革重点:聚焦"放管服"改革,破解社会力量参与壁垒,提升社区居家养老服务可及性。

关键举措:

放宽市场准入:允许企业通过公建民营、政府购买服务等方式运营社区养老设施,简化审批流程(第 5 条)。

精准服务供给:建立老年人养老需求评估机制,依据失能等级、健康状况提供差异化服务,如为失能

老人提供上门护理(第8条)。

质量监管创新:引入第三方评估机构,对社区养老服务设施的服务质量、安全管理进行年度考核,结果向社会公示(第12条)。

(三)关键部委政策:细化实施标准与路径

1. 《关于全面推进居家养老服务工作的意见》(全国老龄办等十部门,2008年)

政策地位:我国首个系统部署居家养老服务的综合性文件,确立"政府推动、社会参与、市场运作"的基本原则。

核心内容:

明确社区作为居家养老服务的主要载体,要求每个社区建立居家养老服务站点,提供助餐、助浴、健康咨询等基础服务(第3条)。

提出"十一五"目标:到2010年,全国城市社区基本建立居家养老服务网络,农村社区试点覆盖50%以上(第4条),为后续政策提供实践基础。

2. 《社区居家养老服务设施建设标准》(建标143-2010,民政部、住建部)

技术规范:首个国家级社区养老设施建设标准,明确设施分类与配置要求。

规模分类:按社区人口规模划分三类,一类社区(3万—5万人)建筑面积≥1600 m²,配建≥30张休息床位;二类社区(1.5万—3万人)≥1085 m²,配建≥20张床位(第5条)。

功能分区:强制要求设置生活照料区(休息室、餐厅、沐浴间)、健康管理区(医疗保健室、康复训练室)、文化娱乐区(阅览室、多功能活动室),并配备无障碍设施、紧急呼叫系统(第7—9条),为地方设施建设提供刚性依据。

3. 《居家养老上门服务基本规范》(GB/T 43153-2023,市场监督管理总局、国标委)

服务标准化里程碑:首个全国性居家养老上门服务标准,推动服务流程规范化。

服务内容:涵盖助餐(48小时食品留样)、助浴(提前评估健康状况)、助急(紧急响应时间≤30分钟)等6大类20项服务,明确服务协议签订、过程记录、满意度调查等流程。

人员资质:要求护理员完成72学时岗前培训(含急救技能、沟通技巧),医护人员需持护士资格证或康复治疗师证上岗,从源头保障服务专业性。

二、地方政策法规实践:区域创新与特色探索

(一)省级地方性法规:先行先试与标准创新

1. 上海市《社区居家养老服务规范》(2009年,全国首个省级标准)

创新价值:定义"六助"核心服务(助餐、助浴、助洁、助急、助行、助医),细化服务流程(如助医需建立健康档案、定期随访)和质量指标(满意度≥85%),成为全国社区养老服务标准化建设的标杆。首创"菜单式"服务模式,老年人可通过社区服务平台自主选择服务项目,政府对经济困难群体按等级补贴(如低保老人助餐补贴8元/餐),平衡公益性与市场化。

2. 《北京市居家养老服务条例》(2015年,首部省级专项立法)

特大城市治理经验:确立"政府主导、社会协同、家庭尽责、市场运作"模式,明确社区居委会职责(如建立老年人信息档案、组织志愿服务),强化社区在资源整合中的枢纽作用(第10—12条)。创新"时间银行"机制,鼓励低龄老人为高龄老人提供服务,服务时间可兑换未来照护,写入法规第33条,推动互助养老制度化。

(二)新兴实践:应对老龄化新挑战

1. 《山东省养老服务条例》(2023年修订,人口大省实践)

城乡统筹特色:提出"15分钟养老服务圈"建设目标,城市社区重点发展嵌入式养老服务站,农村地区推广"互助养老院""幸福院",推动城乡服务均等化(第25—27条)。

明确经济困难失能老年人补贴政策(半失能每月800元、全失能1500元),并要求社区养老设施配备

智能监测设备(如智能床垫、跌倒报警器),覆盖率达100%(第32条)。

2. 《黑龙江省居家和社区养老服务条例》(2024年,智慧养老先行)

技术赋能亮点:首次将"互联网+养老""智慧养老平台"纳入法规,规定社区必须接入省级智慧养老监管系统,实时采集服务数据(如助餐订单、健康监测数据),实现服务过程可追溯(第18条)。

强化设施配建刚性要求,新建小区养老服务用房每百户≥20 m²,已建成小区通过租赁、置换等方式补足,未达标不得通过验收(第11条),从规划源头破解设施短缺问题。

知识点二　社区居家养老服务政策核心要素解析

一、参与主体

1. 政府

统筹规划、资金支持、监管评估。例如,《关于全面推进居家养老服务工作的意见》明确县级以上人民政府应将居家养老服务纳入国民经济和社会发展规划。

2. 家庭

履行赡养义务,提供基础生活照料。《中华人民共和国老年人权益保障法》第14条规定:"赡养人应当履行对老年人经济上供养、生活上照料和精神上慰藉的义务,照顾老年人的特殊需要。"

3. 社会力量

企业、社会组织、志愿者提供专业化服务。《国务院关于加快发展养老服务业的若干意见》鼓励社会资本进入养老服务领域,支持家政、物业等企业参与居家养老服务。

4. 老年人

参与互助养老,表达服务需求。部分地区出台政策支持老年人互助组织,例如《山东省养老服务条例》倡导低龄健康老年人向高龄老年人提供志愿服务。

二、服务对象

1. 重点保障群体

高龄、失能、低保、空巢等特殊困难老年人,享受政府免费或补贴服务。例如,《关于加强农村留守老年人关爱服务工作的意见》要求建立农村留守老年人定期探访制度,提供生活照料、精神慰藉等服务。

2. 普通老年群体

可自主购买普惠型居家养老服务。上海市《社区居家养老服务规范》规定,普通老年人可通过社区服务平台选择居家养老服务项目。

三、服务内容

1. 基础服务

助餐、助洁、助浴、助急、助行、助医。《国务院关于加快发展养老服务业的若干意见》(国发〔2013〕35号)要求地方政府支持企业和机构提供上述定制服务。

2. 特色服务

康复护理、心理慰藉、文化娱乐、法律援助。《北京市居家养老服务条例》规定,社区应提供老年教育、文化体育活动等服务。

3. 医养结合服务

家庭病床、上门巡诊、中医药健康指导。《关于进一步推进医养结合发展的指导意见》(国卫老龄发〔2022〕25号)提出,支持有条件的医疗卫生机构为居家老年人提供上门医疗服务。

四、管理监督

1. 政府监管

民政部门定期检查服务质量,建立信用评价体系。《养老机构管理办法》规定,民政部门需对养老机构的服务质量和安全管理实施严格的监督检查。

2. 行业自律

推动成立养老服务行业协会,并由其负责制定服务标准及职业道德规范。《上海市社区居家养老服务规范》要求行业协会加强对服务机构的自律管理。

3. 社会监督

设立投诉渠道,引入第三方评估机构。《安徽省政府购买养老服务实施办法》规定,服务对象可便捷地通过12345热线进行投诉,同时,民政部门将委托专业第三方机构对服务进行客观评估。

5-2-1

5-2-2

> **延伸阅读**
>
> 1. 《关于全面推进居家养老服务工作的意见》
>
> 制定部门:全国老龄工作委员会办公室、国家发展改革委等10部门
>
> 实施时间:2008年1月
>
> 主要内容:我国早期系统部署居家养老服务的政策性文件,确立"十一五"期间任务,即以社区为依托,构建"政府统筹、家庭尽责、社会参与"的服务体系。明确政府负责规划资金、家庭承担基础赡养、社会力量提供专业化服务(如助餐、助浴、康复护理),提出"以人为本、社会化运作"原则,为后续政策中多元主体协同机制奠定基础。
>
> 2. 上海市《社区居家养老服务规范》
>
> 制定部门:上海市质量技术监督局、上海市民政局
>
> 实施时间:2009年12月1日
>
> 主要内容:全国首个省级社区居家养老服务地方标准,明确提出了"助餐、助浴、助洁、助急、助行、助医"六助核心服务,详细规定了服务流程(例如助餐服务需保留食品48小时以备检查)、人员资质(护理员需完成至少80学时的专业培训)以及质量评估标准(服务满意度需达到85%以上)。此外,要求社区建立老年人信息档案,提供个性化的"菜单式"服务选项,旨在为全国的标准化建设树立标杆。

知识点三 社区老年人日间照料中心建设

社区老年人日间照料中心作为社区居家养老服务的重要载体,其建设与运营需遵循国家政策标准,以实现"设施规范化、服务专业化、监管精细化"目标,满足老年人多样化需求,以下从建设标准、服务规范、政策支持三方面展开阐述。

一、建设标准:遵循国标规范,强化适老化设计

依据民政部《社区老年人日间照料中心建设标准》(2013年)及地方实践,建设标准需结合社区人口规模与功能需求科学配置。

1. 规模分类与面积指标

(1) 一类社区(人口规模3万—5万人):建筑面积不低于1600平方米,适合大型社区,配备不少于30张休息床位,以满足高密度老年群体的集中照护需求。

(2) 二类社区(人口规模1.5万—3万人):建筑面积不少于1085平方米,配置不少于20张休息床位,既满足中型社区的基础照护需求,又兼顾了老年人的活动空间。

(3) 三类社区(1万—1.5万人):建筑面积≥750 m^2,配备≥10张休息床位,以满足《社区老年人日间照料中心建设标准》中三类用房标准配置,保障小型社区基础服务覆盖。新建居住区需按《"十四五"国家

老龄事业发展和养老服务体系规划》要求,新建居住区需按标准每百户配建20平方米养老服务设施,老旧城区则通过改建、置换等方式增加面积,确保服务半径不超过300米。

2. 功能分区与设施配置

(1) 生活服务区:设休息室(每间4—6人,配防滑地面与独立卫生间)、餐厅(含配餐间,提供适老化餐食)、沐浴间(助浴设施+紧急呼叫装置),满足日常照护需求。

(2) 保健康复区:包括医疗保健室(健康监测、用药指导)、康复训练室(理疗设备)、心理疏导室(认知干预),对接社区卫生服务中心,提供专业健康服务。

(3) 娱乐活动区:含阅览室、书画室、多功能活动室(文化课程、兴趣小组)、网络室(智能设备培训),丰富精神文化生活。

(4) 辅助用房:配置办公室、厨房(食品安全认证)、洗衣房、公共卫生间(无障碍设计),保障运营支持。在设施安全方面,必须配备无障碍通道、电梯(二层以上必备)、消防系统、24小时监控及紧急呼叫装置。此外,建筑的日照、通风和隔音设计必须符合《老年人居住建筑设计规范》中关于声环境、热环境和物理环境的具体要求。

二、服务规范:聚焦多元需求,细化服务标准

依据国家标准《社区老年人日间照料中心服务基本要求》(GB/T 33168-2016)及地方实践,服务内容与流程需兼顾基础性与个性化。

1. 核心服务内容

(1) 基础服务。

生活照料:提供日均约10元的低价助餐服务,以及助洁、衣物清洗服务,并可根据需求延伸提供上门服务。

健康管理:为老年人建立健康档案,提供定期体检、慢性病监测服务,并对接家庭医生签约服务,确保健康管理全面。

安全保障:提供全天候监护服务,为失能老人配备定位追踪设备,并设置紧急救援响应系统,确保安全无忧。

休闲娱乐:组织书画、棋牌、手工等活动,开放图书阅览、影视播放,日均活动时长≥4小时。

(2) 特色服务。

中医保健服务包括针灸、按摩等理疗项目,同时联合社区卫生中心,共同开展中医药健康干预措施。

认知干预:针对轻度认知障碍老人,设计记忆训练、益智游戏等定制课程。

智慧养老:通过智能手环、健康监测平台实时追踪心率、血压,异常情况自动预警。

短期托养:提供临时留宿(3—7天),缓解家庭照护压力,收费标准由地方政府公示。

2. 服务质量与人员配置

护理员与老年人比例不低于1:6,确保半失能老人照护精细化。

医护人员须持证上岗(护士资格证、康复治疗师证等),定期参加专业培训(每年≥40学时)。

建立服务评价机制,依据满意度调查(月均不低于85%)及年度第三方评估结果,动态优化服务,例如上海市规定日托所必须安装人脸识别、红外感应报警等智能设备,以增强安全防护能力。

三、政策支持:强化资金保障,落实税费优惠

1. 财政补贴与专项支持

(1) 建设补贴:地方政府对新建、改建项目实行差异化补助政策,山东省部分地区2023年每处补贴50万元,宁夏回族自治区则按新建2000元/m^2、改建1000元/m^2的标准进行补贴。

(2) 运营补贴:宁夏每年每处补贴3万元,陕西省咸阳市渭城区则每处补贴2万元,以此鼓励社会力量积极参与,通过公建民营、民建公助等模式运营。

(3) 专项基金:中央财政通过专项彩票公益金、养老专项基金支持设施设备采购,如陕西省2024年投入 1.2 亿元用于全省日间照料中心适老化改造。

2. 税费优惠与资源整合

(1) 税收减免:依据《关于养老、托育、家政等社区家庭服务业税费优惠政策的公告》(2019 年第 76 号),日间照料中心免征增值税、房产税,减免城市基础设施配套费,承受土地、房屋用于养老服务的免征契税,政策有效期至 2025 年 12 月 31 日。

(2) 资源共享:鼓励与社区卫生服务站、党群服务中心共建共享,如上海市《专业照护型老年人日托所建设与服务指南》要求日托所与社区医疗点距离≤100 米,实现医养资源无缝对接。

(3) 社会参与:借助政府购买服务、公益创投等手段,吸引企业和社会组织积极参与,如北京市推动连锁化养老机构接管社区日托所,构建起"机构引领中心、中心惠及家庭"的服务网络。

> **延伸阅读**
>
> **1.《社区老年人日间照料中心建设标准》(建标 143-2010)**
>
> 制定部门:民政部、住房和城乡建设部
>
> 实施时间:2010 年 12 月 1 日
>
> 主要内容:作为我国首个国家级社区日间照料中心建设规范,文件明确设施分类与规模要求,如一类社区(3 万—5 万人)需配建≥1 600 m² 设施,设置≥30 张休息床位,二类社区(1.5 万—3 万人)≥1 085 m²,≥20 张床位。功能分区强制要求生活服务区(休息室、餐厅、沐浴间)、保健康复区(医疗保健室、康复训练室)、文化娱乐区(阅览室、多功能活动室)及辅助用房,并规定适老化设计标准(无障碍通道、紧急呼叫装置等)。文件还提出设施应与社区卫生服务中心联动,强化医疗资源整合,为地方设施建设提供刚性依据。
>
>
>
> **2.《关于推进养老服务发展的意见》(国办发〔2019〕5 号)**
>
> 制定部门:国务院办公厅
>
> 实施时间:2019 年 4 月 16 日
>
> 主要内容:聚焦社区日间照料中心运营支持,明确对在社区提供日间照料、康复护理、助餐助行等服务的机构给予税费减免(如免征增值税、房产税),并要求地方政府通过财政补贴、公建民营等方式支持设施运营。文件提出"15 分钟养老服务圈"目标,推动社区日间照料中心与医疗机构共建共享资源,支持建设智慧养老服务平台,提供远程健康监测、紧急呼叫等功能。此外,文件要求建立服务质量评估机制,通过第三方评估动态优化服务,为日间照料中心的规范化运营提供政策保障。
>
>

知识点四 政府购买社区居家养老服务政策

政府购买社区居家养老服务,作为优化养老资源配置和提升服务专业化水平的重要机制,需遵循"政策引导、需求导向、规范流程、绩效优先"原则。

一、政策依据:国家框架与地方实践结合

1. 国家层面政策法规

(1)《政府购买服务管理办法》(财政部令第 102 号,2020 年):明确政府购买养老服务的主体(各级行政机关)、承接主体(企业、社会组织、事业单位)及购买流程,规定购买内容需符合"公共服务领域"和"事权范围",禁止转包行为。

(2)《财政部 民政部 全国老龄办关于做好政府购买养老服务工作的通知》(财社〔2014〕105 号):明确购买范围限于"基本养老服务",涵盖生活照料、康复护理及精神慰藉,并实行"资金预算—项目申

报—绩效评价"的闭环管理机制,中央财政提供专项基金支持。

(3)《"十四五"国家老龄事业发展和养老服务体系规划》(2021年):提出"完善政府购买居家养老服务政策,重点向经济困难、失能、高龄老人倾斜",明确将适老化改造、智慧养老平台建设纳入购买内容。

2. 地方实施细则

(1)《安徽省政府购买养老服务实施办法》(2023年修订):服务对象细分为特困、低保、重点优抚等六类老人,购买内容具体为助餐(每餐补贴10元)、助浴(每次20元)、紧急呼叫(每月15元)等服务,并建立"服务对象满意度(60%)+服务质量指标(40%)"双评估体系,评估结果直接影响次年预算分配。

(2)《北京市政府购买养老服务目录》(2022年):服务分为基本保障类(生活照料)、拓展服务类(康复护理)及特色创新类(认知干预),采用"清单管理+动态调整"模式,单个项目补贴上限为50万元,鼓励承接机构创新,如开发"时间银行""喘息服务"等产品。

二、购买内容:分层分类,精准对接需求

1. 基础服务类(托底保障)

(1)生活照料:如助餐(社区食堂配餐)、助洁(每月4次家庭保洁)、助浴(季度上门服务),主要面向低保和特困老人。陕西省政府对这些服务提供补贴,确保特困人员基本生活救助标准不低于当地低保标准的1.3倍。例如,对于特困人员的照料护理标准,全护理特困人员每月可获得不低于当地最低工资标准的25%的补贴。

(2)安全保障:包括紧急呼叫系统安装(政府全额补贴设备费用)、24小时响应服务(月均费用为10元),并与12349养老服务热线对接,确保老人能够"一键求助"。

(3)健康管理:涵盖年度免费体检、慢性病随访(每季度进行一次),并与家庭医生签约服务紧密联动,政府每年为每位老人购买60元的服务。

2. 拓展服务类(多元供给)

(1)康复护理:针对失能老人的肢体康复训练(每次45分钟,政府补贴50%)、压疮护理(每周2次,补贴60%),需承接机构具备医疗资质。

(2)精神慰藉:每周1次上门探访(时长≥1小时)、老年大学课程(每课时补贴20元),引入心理咨询师、社工等专业力量,服务满意度需达85%以上。

(3)智慧养老:智能手环监测(政府补贴设备费70%)、居家安全预警(烟雾/燃气传感器安装,全额补贴),数据接入社区养老服务平台,实现远程监管。

3. 特殊支持类(政策倾斜)

(1)适老化改造:为失能老人家庭补贴卫生间扶手、智能监测设备,改造资金中央与地方按比例分担。

(2)长期护理保险衔接:青岛市试点将政府购买服务与长期护理保险制度整合。

三、实施要求:全流程规范与监管机制

1. 承接主体资质审核

企业须具备养老服务经营范围、3年以上运营经验、无不良信用记录。

社会组织需注册满2年,拥有至少10名持证护理员的专业团队,且年度审计报告合格。

事业单位需经主管部门批准,具备公益服务资质,例如社区卫生服务中心可承接健康管理类服务。

2. 购买流程标准化

(1)项目申报:社区初审老人需求,县级民政部门汇总编制年度购买计划,经财政部门审核后纳入预算。

(2)竞争采购:通过公开招标(预算≥100万元)、竞争性谈判(预算<100万元)选择机构,签订服务合同(明确服务内容、周期、质量标准)。

(3)验收结算:服务期满后,由第三方评估机构出具验收报告,按季度或年度拨付资金(预留10%作为质量保证金)。

3. 绩效评估与动态监管

构建包含"服务对象线上扫码评价打分、社区居委会复核确认、相关部门随机抽查"的三级评估体系，对于满意度低于80%的项目，将要求其进行整改；若连续两年未能达标，则会被纳入黑名单管理。

浙江省"浙里养"智慧养老服务平台通过实时监控服务轨迹（例如护理员定位、服务时长记录）并利用大数据分析，有效预警服务缺失和资金滥用等风险，实现了养老服务的全流程数字化监管。

> **延伸阅读**
>
>
>
> 《政府购买服务管理办法》（财政部令第102号，2020年）
>
> 制定部门：财政部
>
> 实施时间：2020年3月1日
>
> 主要内容：国家层面管理规范，明确政府购买养老服务的主体为各级行政机关，承接主体须具备相应资质（如企业需3年以上运营经验、社会组织需注册满2年）。规定购买流程需通过公开招标（预算≥100万元）或竞争性谈判，禁止转包，建立"项目申报—预算审核—绩效评价"闭环管理，要求服务合同明确服务内容、质量标准及资金拨付方式，为地方实践提供操作指南。

知识点五　农村社区居家养老服务政策支持

农村社区居家养老是应对农村老龄化、破解"空心化"问题的关键举措，政策设计需聚焦农村老年人在经济保障、医疗健康、精神慰藉等方面的特殊需求，构建"政府主导、社会协同、村民参与"的支持体系。

一、政策依据：筑牢农村养老制度根基

1. 国家顶层设计文件

（1）《"十四五"国家老龄事业发展和养老服务体系规划》（2021年）：明确提出"加强农村养老服务设施建设，推动城市养老资源向农村延伸"，要求到2025年农村社区日间照料中心覆盖率达到60%以上，将农村留守老人、独居老人纳入重点保障范围。

（2）《乡村振兴战略规划（2018—2022年）》：将"健全农村养老服务体系"作为乡村治理重要内容，提出"支持农村幸福院、日间照料中心等设施建设，鼓励发展互助养老、邻里守望等模式"，强化农村养老服务的本地化供给。

（3）各地相继出台《农村养老服务体系建设推进方案》，针对农村养老"设施缺、人才少、资金紧"问题，提出实施"农村养老服务补短板工程"，地方财政对中西部地区给予建设补贴，推动农村养老服务设施达标率显著提升。

2. 专项政策与地方实践

（1）《关于加强农村留守老年人关爱服务工作的意见》（2017年）：建立"三级定期探访制度"，即村每周、乡镇每半月、县级每月进行探访，并为留守老人建档立卡，提供生活照料、紧急救援等全方位服务，同时明确子女赡养责任与政府兜底保障的界限。

（2）《山东省养老服务条例》：山东省第一部养老服务地方性法规，规定农村社区需按每百户15平方米配建养老服务设施，将农村幸福院纳入村级公共服务体系，省级财政给每个幸福院运营补贴。

二、特殊支持措施：靶向解决农村养老痛点

1. 经济保障：构建多元化资金支持体系

（1）基础养老金与救助补贴。

自2012年起，中央财政对城乡居民基础养老金的最低标准进行了逐步提升，在此期间，地方政府也

根据自身经济状况提供了额外的补贴。针对农村低保户和特困老人,实施了分类救助措施。2023年,部分农村特困人员的供养标准达到了8000元/年,相比2015年增长了60%。此外,生活不能自理的老人还可额外获得每月300至1000元的护理补贴。

(2)适老化改造专项补贴。

中央财政对农村困难家庭适老化改造给予补贴(如卫生间防滑处理补贴、智能监测设备补贴),2023年全国累计改造农村困难家庭204.3万户。

2. 医疗支持:夯实农村基层健康服务网

(1)家庭医生签约服务全覆盖。

2023年农村地区家庭医生签约率大幅提升,部分地区重点人群(65岁以上老人、慢性病患者)签约率超85%,提供每年1次免费体检、慢性病随访(每季度1次)、急诊转诊"绿色通道";推动村卫生室与养老服务设施共建,如四川省在农村社区设立"医养结合服务站",配备血压仪、康复器材,实现"小病不出村、慢病有人管"。

(2)医保政策倾斜。

根据2023年农村合作医疗政策,门诊统筹报销比例已提高至50%,同时高血压、糖尿病等慢性病用药也被纳入医保报销范围,年度最高报销额度可达10万元。

3. 文化与社会支持:激活农村内生养老资源

(1)互助养老与精神慰藉。

推广"银龄互助"模式,鼓励低龄健康老人结对帮扶高龄老人,如安徽省建立2.3万个"留守老人互助小组",实现"生活互帮、情感互通";支持农村老年协会建设,开展广场舞、戏曲表演等活动,2023年全国农村老年协会覆盖率达85%。

(2)基础设施补短板。

实施"农村幸福院建设工程",中央财政给每个幸福院补贴,全国建成农村幸福院数据大幅提升,提供日间照料、助餐服务;推动"互联网+农村养老",如贵州省在村寨部署"一键呼叫"系统,接入县级养老服务平台,实现紧急救援响应时间≤15分钟。

三、实施机制:强化政策落地与资源整合

1. 考核监督

将农村养老服务纳入乡村振兴考核,建立县、乡、村三级责任体系,西部某省把农村幸福院运营与村干部绩效挂钩,未达标者扣减5%年度考核分。

2. 社会参与

鼓励企业、乡贤捐赠助力农村养老,如广东省"千企帮千村"行动,已有2000余家企业结对帮扶,累计投入3.2亿元。

3. 人才激励

建立农村养老服务岗位补贴制度,对在村从事养老服务的人员给予补贴,优先推荐参加"乡村振兴人才计划"。

延伸阅读

1. 《农村养老服务体系建设推进方案》(2023年)

制定部门:民政部、国家发展改革委、财政部、农业农村部

实施时间:2023年12月

主要内容:针对农村养老"设施缺、人才少、资金紧"问题,提出实施"农村养老服务补短板

工程"。明确到2025年，农村社区日间照料中心覆盖率达到60%以上，中西部地区县级特困人员供养服务设施（敬老院）改造提升工程全覆盖。中央财政对中西部地区给予60%~80%建设补贴，推动农村养老服务设施达标率提升至80%。鼓励利用农村闲置校舍、村委会用房等改建为养老服务站点，支持发展互助养老、"时间银行"等模式，强化农村养老服务的本地化供给。

2.《关于加强农村留守老年人关爱服务工作的意见》(2017年)

5-2-7

制定部门：全国老龄办、民政部、教育部等六部门

实施时间：2017年10月

主要内容：建立"三级定期探访制度"（村每周、乡镇每半月、县级每月），要求为农村留守老年人建立详细档案，并实时更新信息台账。明确地方政府负责统筹资源，为留守老人提供生活照料、紧急救援、精神慰藉等服务，积极鼓励社会力量，包括通过政府购买服务和志愿服务等多种形式，参与到关爱服务中来。强化家庭赡养主体责任，要求子女与留守老人签订家庭赡养协议，定期探访陪伴，推动形成"政府主导、家庭尽责、社会参与"的关爱服务格局。

3.《乡村振兴战略规划(2018—2022年)》

5-2-8

制定部门：中共中央、国务院

实施时间：2018年9月

主要内容：将"健全农村养老服务体系"作为乡村治理重要内容，提出"支持农村幸福院、日间照料中心、互助养老点等设施建设，鼓励发展互助养老、邻里守望模式"。明确地方政府需统筹整合农村养老资源，积极推动城市优质养老服务企业向农村地区延伸服务范围，通过政府购买服务、结对帮扶等方式提升农村养老服务可及性。强化农村养老服务与医疗、文化、旅游等产业融合，打造"养老＋"乡村振兴特色场景，提升农村老年人生活质量。

任务实施与评价

一、任务实施

1. 问题分析

（1）家庭支持弱化：青壮年劳动力外流导致家庭照护能力不足，数据来源于《2022年度人力资源和社会保障事业发展统计公报》。

（2）经济来源有限：农业收入不稳定，子女供养能力弱，国家养老保障标准偏低。

（3）医疗资源匮乏：乡镇卫生院服务能力受限，且报销流程烦琐，数据参考《2020年我国卫生健康事业发展统计公报》。

（4）精神慰藉缺失：空巢比例高，文化活动匮乏，依据第四次中国城乡老年人生活状况调查报告。

2. 服务方案

（1）生活照料：政府购买家政服务，每周3次上门做饭、保洁，依据《国务院关于加快发展养老服务业的若干意见》。

（2）医疗健康：签约家庭医生，每月上门体检，安装"一键通"设备，依据《关于进一步推进医养结合发展的指导意见》。

（3）日间照料：进入社区日间照料中心，享受康复训练与文娱活动，依据《社区老年人日间照料中心建设标准》。

（4）精神慰藉：组织志愿者定期探访，开展老年人文娱活动，依据《关于加强农村留守老年人关爱服务工作的意见》。

3. 政策依据

(1)《中华人民共和国老年人权益保障法》第 37 条:政府提供居家养老服务支持。

(2)《关于深化养老服务改革发展的意见》:强化农村养老服务网络建设,确保到 2029 年基本建成覆盖城乡的县乡村三级养老服务网络,并在 2035 年进一步完善,以满足老年人的养老服务需求。

(3)《政府购买服务管理办法》:明确购买居家养老服务的程序。

4. 监督评估

(1) 质量指标:服务满意度≥90%,紧急响应时间≤15 分钟。

(2) 评估机制:实行季度第三方评估与年度服务对象评议相结合,严格遵循《安徽省政府购买养老服务实施办法》。

二、任务评价

(1) 政策应用能力:能否准确运用政策解决实际问题。

(2) 方案合理性:服务设计是否符合政策要求与老人需求。

(3) 沟通能力:政策解读是否清晰易懂。

(4) 创新意识:是否提出可持续的服务优化建议。

课后练习与拓展

一、课后练习

(一) 选择题

1. 我国首部社区居家养老服务地方标准是( )。

A.《北京市居家养老服务条例》

B.《上海市社区居家养老服务规范》

C.《山东省养老服务条例》

D.《南京市社区居家养老服务标准》

2. 社区老年人日间照料中心建设标准由( )制定。

A. 省级政府 B. 民政部

C. 卫健委 D. 市场监管局

5-2

(二) 简答题

1. 请简述政府购买居家养老服务涵盖的主要内容,并阐述其实施的具体要求。

2. 社区老年人日间照料中心的服务规范包括哪些方面?

(三) 案例分析

结合情景任务,分析张奶奶服务方案的政策依据及实施难点。

二、课后拓展

1. 政策调研:基于对本地居家养老服务现状的深入分析,结合政府政策和社区实践调查,撰写《农村居家养老服务政策落实情况报告》。

2. 方案设计:为社区设计"智慧养老服务平台"方案,结合政策要求说明功能模块。

3. 模拟宣讲:以"农村居家养老政策解读"为题,制作 PPT 并进行模拟宣讲。

项目三 社区居家养老服务标准

学习目标

1. 知识目标

（1）掌握社区居家养老服务主体的准入标准和运营规范，清晰界定政府、企业、社会组织的权责范围。

（2）熟悉养老服务人员的职业标准、能力要求，以及不同星级养老机构的人员配置情况。

（3）深入理解社区居家养老服务质量标准的核心要素，熟练掌握服务质量评估的方法和工具。

（4）熟悉最新养老服务安全标准，掌握养老机构安全管理规范的制定与实施路径。

2. 能力目标

（1）能够依据政策法规准确评估社区居家养老服务机构的合规性，并提出切实可行的改进建议。

（2）能根据老年人需求，设计符合标准的服务流程与质量控制体系。

（3）掌握养老服务人员培训计划的制定方法，确保服务团队符合职业标准。

（4）具备应急处理能力，能够制定并实施养老机构安全应急预案。

3. 素养目标

（1）增强对养老服务标准化重要性的认识，树立依法依规服务的职业意识。

（2）培养关注老年人安全与福祉的责任感，提升服务质量与风险防范意识。

（3）强化团队协作与资源整合能力，推动社区居家养老服务规范化发展。

情景任务

某市阳光社区养老服务中心近期收到多起老年人家属投诉，反映服务人员态度恶劣、护理操作不规范、活动设施存在安全隐患等问题。区民政局委托某职业院校团队对该中心进行服务质量评估，要求学生团队通过实地调研、数据分析和政策对照，找出问题根源并制定整改方案。

任务要求

（1）依据《中华人民共和国老年人权益保障法》《养老机构管理办法》等法律法规，评估该中心在服务主体资格、业务经营合规、制度管理、场所要求、从业人员资质等方面的合规性。

（2）结合《养老护理员国家职业技能标准（2022年版）》和《社区老年人日间照料中心服务基本要求》，制定针对性整改措施。

（3）设计服务质量监督与持续改进机制，确保整改效果长效化。

（4）撰写整改报告，向区民政局和社区养老服务中心反馈评估结果与建议。

任务目的

通过本任务，学生能够：

（1）能够综合运用政策法规与专业标准，有效解决实际问题；

（2）增强养老服务机构合规管理能力，并持续改进服务质量；

（3）加强服务意识，提升风险防控能力，确保为老年人提供安全且优质的养老服务。

知识点一　社区居家养老服务主体管理标准

一、政策依据

1.《关于加快发展养老服务业的若干意见》(国发〔2013〕35号)

2013年国务院印发,明确提出"政府主导、社会参与、市场运作、保障基本"的发展原则,要求强化政府在制度建设、政策保障、规划引导等方面的主导作用,同时充分发挥市场机制作用,支持企业、社会组织、个人等多元主体参与社区居家养老服务体系建设,推动形成多层次、多样化的养老服务供给格局。

2.《社区老年人日间照料中心建设标准》(建标143-2010)

住房和城乡建设部、国家发展改革委联合发布的国家级建设规范,针对新建、改建、扩建的老年人日间照料中心,从选址要求(需临近居住区、交通便利、环境适宜)、建设规模(根据服务覆盖人口确定建筑面积)、功能分区(生活照料区、医疗保健区、文化娱乐区等独立区域划分)、设施配置(无障碍设施、消防安保设备、生活服务器具等具体参数)到规划布局(日照通风、绿化景观、人车分流等技术指标)进行全流程规范,为基层设施建设提供科学依据。

3. 省级地方条例及服务标准

(1) 上海市《社区居家养老服务规范》(DB31/T 461-2009):作为国内老龄化程度最高的城市之一,上海制定的地方标准聚焦服务精细化,明确居家养老服务包括生活护理、医疗保健、精神慰藉等8大类53项具体服务内容,规定服务机构需建立24小时响应机制,从业人员须具备相应职业资格并定期接受培训,同时建立服务质量第三方评估制度。

(2)《北京市居家养老服务条例》(2015年施行):首都地区首部居家养老地方性法规,突出"政府引导、社会参与、家庭尽责、子女尽孝、保障基本"原则,明确政府在居家养老设施规划建设、财政投入、服务监管等方面的职责,创新建立养老服务人才岗位补贴、养老服务清单等制度,同时对社区养老服务设施配建比例(每百户不少于20平方米)、农村养老服务网络建设等作出专项规定。

(注:各地可根据实际补充本省/市相关条例,如广东省《养老服务条例》、浙江省《居家养老服务促进条例》等)

二、主体类型与标准

(一) 政府主导型服务主体

1. 运营主体:街道办事处、社区居民委员会或政府直属事业单位。

2. 服务定位:聚焦兜底保障职能,重点为辖区内特困老年人(无劳动能力、无生活来源、无赡养人和扶养人)、低保家庭老年人、失能失智老年人等特殊困难群体提供基本养老服务。

3. 建设标准:须符合《城市社区服务站建设标准》(建标167-2014),建筑面积不少于300平方米,设置日间照料、助餐服务、健康管理等基础功能区,配备专职养老服务工作人员,服务经费纳入财政预算保障。

(二) 企业运营型服务主体

1. 资质要求:具有独立法人资格的企业或民办非企业单位,需在市场监管部门登记注册并取得营业执照。

2. 服务机制:通过公开招投标、政府购买服务、市场化运营等方式参与养老服务,遵循市场竞争规则。

3. 质量标准:

(1) 必须符合《养老机构管理办法》(民政部令第66号)关于服务安全、服务流程、人员配备的基本要求;

(2) 纳入地方养老服务质量星级评定体系(如五星级机构需具备智慧养老信息系统、专业医疗护理团队、个性化服务方案等进阶条件);

(3) 建立服务收费公示制度,明码标价并接受价格主管部门监管。

(三) 社会组织型服务主体

1. 登记要求:在民政部门注册登记的社会团体、社会服务机构(民办非企业单位)或基金会。

2. 服务宗旨:坚持非营利性公益属性,以服务老年人需求为导向,开展助老志愿服务、老年教育、文化娱乐等特色服务。

3. 监管规范:

(1) 遵守《社会团体登记管理条例》《民办非企业单位登记管理暂行条例》等法规;

(2) 年度服务计划需报业务主管单位备案,重大项目需通过专家论证;

(3) 定期向社会公开服务项目进展、资金使用情况等信息,接受社会监督。

三、准入与退出机制

(一) 准入管理

1. 申请材料:

(1) 主体资格证明(营业执照/登记证书、法定代表人身份证明);

(2) 场所证明(产权证明或租赁协议,需符合消防、环保、建筑安全等要求);

(3) 人员配置文件(养老护理员、医护人员职业资格证书,管理人员简历);

(4) 服务方案(服务内容清单、收费标准、风险防控措施);

(5) 承诺书(遵守法律法规、接受监管、保障服务质量的书面承诺)。

2. 审批流程:申请主体向县级民政部门提交材料→部门组织专家评审(15 个工作日内完成)→通过审核后办理备案登记→纳入全国养老服务信息系统统一管理。

(二) 退出机制

1. 主动退出:服务主体需提前 3 个月向备案部门提交退出申请,说明退出原因、服务承接方案,完成在孵老年人的安置交接工作,经审核同意后办理注销登记。

2. 强制退出:对存在以下情形的主体,民政部门依法启动退出程序。

(1) 年度服务质量考核连续两年不合格;

(2) 存在严重安全隐患(如消防、食品、护理安全事故)且拒不整改;

(3) 存在挪用养老服务资金、欺诈老年人等违法违规行为;

(4) 擅自变更服务场所、缩小服务范围或降低服务标准。

强制退出时,由民政部门牵头成立专项工作组,负责协调过渡期服务承接、资产清算、纠纷处理等工作,确保老年人合法权益不受侵害。

知识点二 社区居家养老服务质量标准

社区居家养老服务质量标准是保障老年人权益、规范服务供给、提升服务效能的重要依据。随着老龄化程度加深,构建科学完备的质量标准体系成为优化社区居家养老服务的关键环节。本教材从政策依据、核心质量指标、质量评价体系以及改进机制这四个方面进行了系统而全面的阐述,同时结合了国家标准与地方实践案例,以确保服务质量的可量化、可评估及可持续提升。

一、政策依据:构建"国家 + 地方 + 行业"三级标准体系

1. 国家标准:筑牢质量底线

(1)《社区老年人日间照料中心服务基本要求》(GB/T 33168-2016):国家推荐性标准,明确服务内容涵盖生活照料(助餐、助浴、助洁)、健康管理(健康档案建立、慢性病监测)、精神慰藉(心理咨询、文化活动)等 7 大类 28 项服务。服务流程需包含需求评估(初评、动态调整)、方案制定(个性化服务计划)、服务

记录(签到打卡、服务日志)、效果反馈(满意度调查)四阶段,要求服务响应时间≤15分钟,投诉处理率100%。为实现这一目标,需加强投诉处理机制,如设立专门的养老服务投诉中心,建立多元化投诉途径,并与相关部门建立协作机制,确保投诉得到及时有效的解决。同时,应强化对养老服务人员的培训,提升服务质量,以满足老年人的多样化需求。

(2)《养老机构服务安全基本规范》(GB 38600-2019):强制性国家标准,尽管主要面向机构养老,但其中涵盖的消防安全(如消防设施需定期检测)、食品安全(要求48小时食品留样)以及应急处理(紧急呼叫系统响应时间需控制在3分钟以内)等关键安全指标,同样为社区居家养老服务提供了宝贵的参照。例如,社区助餐点需参照食品经营许可标准,服务人员需掌握急救技能(心肺复苏培训覆盖率100%)。

2. 地方标准:细化区域执行细则

上海市《社区居家养老服务规范》(DB31/T 461-2009):全国首个省级地方标准,在国家标准基础上增加"六助"服务量化指标。例如:助餐服务需提供4种以上适老化餐品;助浴服务时,室温需严格控制在24至26摄氏度之间,以确保老人舒适;助洁服务则要求单次服务时长不少于90分钟,以满足清洁需求。建立"服务过程全记录"制度,要求护理员每次服务后上传服务照片、定位信息至智慧平台,实现服务轨迹可追溯。

《北京市居家养老服务质量规范》(2022年修订):针对特大城市养老需求,新增"智慧养老服务标准",社区需为失能老人配备智能监测设备,覆盖率需达到80%以上,以远程实时监测心率、血压等关键健康指标,一旦出现异常情况,将自动触发三级预警机制,及时通知家属、社区及医疗机构。同时,规定文化娱乐活动每周不少于3次,每次时长≥2小时,满足老年人社交需求。

3. 行业标准:促进行业自律

中国养老服务业协会颁布了《社区居家养老服务机构等级划分与评定》标准,将服务机构划分为三星至五星,考核涵盖服务人员持证率(初级养老护理员不低于80%)、智慧化设备覆盖率(不低于60%)及用户满意度(不低于90%)等指标,旨在通过等级评定激励机构提升服务质量,例如五星机构需确保24小时值班,紧急救援响应时间不超过10分钟。

二、核心质量指标:从服务内容到流程的全链条规范

1. 服务内容:分层分类满足多元需求

(1)基础服务(托底保障)。

生活照料:助餐服务需提供低盐低脂餐食(每周更新食谱),助洁服务包含室内保洁、衣物清洗(每月4次),助浴服务需配备防滑垫、呼叫铃(使用率≥95%)。例如,南京市社区助餐点实行"中央厨房+冷链配送"模式,确保餐品48小时留样,覆盖80%的社区老年人。

健康管理:建立电子健康档案(建档率≥95%),每年免费体检1次,慢性病老人每季度随访1次,家庭医生签约率≥80%(如青岛市通过"医养结合"平台实现健康数据实时同步)。

(2)特色服务(品质提升)。

康复护理:针对失能老人的肢体康复训练(每周3次,每次45分钟),需由具备专业资质的康复治疗师执行,确保关节活动度改善率达到60%以上(例如,上海市规定在提供康复服务前需进行功能评估,并根据评估结果制定个性化的训练计划)。

精神慰藉:每周1次上门探访(时长≥1小时),每月定期组织丰富多彩的集体活动,如生日会、节庆活动等,同时确保心理咨询服务覆盖率达到30%以上(例如,北京市通过政府购买社工服务的方式,为独居老人提供专业的情绪疏导服务)。

2. 服务流程:标准化与个性化结合

服务前:通过《老年人能力评估表》进行初评(包含生活自理能力、认知状态等8个维度),结合家庭经济状况、居住环境制定个性化方案。例如,杭州市开发"养老服务需求评估系统",自动生成服务建议,方案匹配准确率达90%。

服务中:护理员需规范佩戴工牌,按时签到打卡,并利用移动终端详细记录服务内容,包括助餐时间、健康监测数据等,一旦发现异常情况,将实时上传至社区管理平台进行处理。上海市试点"区块链+养老服务",服务记录上链存证,防止数据篡改。

服务后:通过纸质问卷或线上小程序开展满意度调查(覆盖率≥95%),针对差评问题48小时内响应整改。深圳市建立"服务质量红黑榜",连续两次进入黑榜的机构暂停承接政府购买服务。

3. 质量评价:定量与定性指标结合

(1) 定量指标(可量化考核)。

养老机构服务响应时间≤15分钟(紧急呼叫),确保投诉处理率100%,并在7个工作日内向投诉者反馈处理结果。

根据《养老机构岗位设置及人员配备规范》,护理员与服务对象的比例应不低于1∶15—1∶20(自理老人)、1∶8—1∶10(部分自理老人)、1∶3—1∶5(完全不能自理老人)。专业人员(医生、社工)配备率应不低于30%,以确保提供高质量的照护服务。

智慧设备在线率≥95%,服务记录完整率100%(包含服务时间、内容、对象签字),正如在武汉社区的智慧养老社会实验中所展示的,通过智慧养老综合服务管理平台,实时监测和管理老年人的健康状况和服务需求。

(2) 定性指标(主观体验评估)。

老年人满意度≥90%(通过第三方抽样调查);

服务专业性评价≥4.5分(1~5分制,重点评估护理技术、沟通能力);

家庭支持度提升率(如子女满意度、照护压力缓解率)≥70%(通过前后对比调研)。

三、质量改进机制:构建"评估—反馈—优化"闭环

1. PDCA循环驱动持续改进

计划(Plan):每年初需制定详细的质量提升计划,例如,计划于2024年将智慧养老设备的覆盖率提升至80%,并确保失能老人的康复服务标准化率达到100%。

执行(Do):通过培训提升人员技能(年度培训时长≥40学时),引入智能系统优化服务流程(如杭州市"民生直达"平台实现服务申请、派单、评价一体化)。

检查(Check):每月进行自查,确保服务记录完整、设备运行状态良好;每季度邀请第三方进行评估,包括委托会计师事务所审计资金使用情况及邀请高校团队开展满意度调查。

处理(Act):针对检查结果,召开质量分析会,建立详细问题台账,如"助餐口味单一""康复设备不足"等问题,并设定整改期限,将整改措施纳入下一年度计划。

2. 多元主体协同监管

政府监管:民政部门实施"双随机、一公开"检查(每年抽查比例≥20%),重点核查服务资质、资金使用、安全管理,违规机构纳入失信名单(如北京市2023年公示23家不合格机构)。

行业自律:成立社区养老服务协会,制定《服务公约》,开展星级评定(如广东省养老服务业协会建立"服务质量星级榜",引导机构对标提升)。

社会监督:设立12345热线、微信小程序等投诉渠道,引入老年人家属、志愿者参与监督,如南京市组建"银龄监督团",每月抽查服务现场,问题整改率达98%。

3. 智慧化赋能质量管控

各地通过建设"智慧养老平台"实现质量数据实时监测。

· 上海市"养联体"平台已接入超2 000家社区服务机构,实时追踪服务轨迹与满意度数据,自动生成分析报告。成都市"天府养老云"平台配备智能预警系统,自动提醒服务超时、设备离线等问题,响应效率提高40%。青岛市将服务质量指标融入长期护理保险系统,评估结果与资金拨付直接挂钩,构建"数据驱动、精准监管"新模式。

> **延伸阅读**
>
> **《长沙市社区居家养老服务机构等级评定实施细则(试行)》**
> 制定部门:长沙市民政局
> 实施时间:2023年1月1日
> 主要内容:明确社区居家养老服务机构等级分为1A至5A五级,有效期三年,每年复核。规定资质条件需具备法人登记、消防许可等,不同等级对应建筑面积(200—800平方米)和床位(2—20张)标准。服务功能从1A级的巡访、日间休息等基础服务,到5A级增加全日托养、紧急救援等高级服务。评定程序包括机构自评、区县民政部门评定及公示,总分100分,各等级需达相应分值且分项分数不低于规定比例,经费由民政部门承担,禁止收费。

5-3-1

知识点三 社区居家养老服务安全标准

社区居家养老服务安全标准是保障老年人生命财产安全、防范服务风险的核心规范,涵盖设施安全、消防安全、食品安全、应急管理等关键领域。通过构建"预防—监控—应急"全链条安全体系,确保老年人在居家和社区场景中获得可靠的安全保障。

一、政策依据:构建"国标为基+地方细化"的安全规范体系

1. 国家级强制性标准

(1)《养老机构服务安全基本规范》(GB 38600-2019):我国首个养老服务安全强制性国家标准,明确养老机构在消防安全、食品安全、应急处理等11个方面的安全要求。其中,针对社区居家养老服务的参照条款包括:

消防设施定期检测(每月1次),安全出口24小时畅通;

食品原料采购索证索票,餐品48小时留样;

紧急呼叫系统响应时间≤3分钟,配备专职应急管理人员。

(2)《老年人居住建筑设计规范》(GB 50340-2016):规定老年人住宅及社区养老设施的无障碍设计标准,如通道宽度≥0.9米、卫生间扶手高度80—85厘米、地面防滑系数≥0.6等,从建筑层面降低安全风险。

2. 地方实施细则与创新标准

(1)《上海市社区养老服务设施安全管理办法》(2023年):细化社区日间照料中心安全管理要求。具体包括:

每日进行设施安全巡查(重点检查消防、电气、特种设备),记录存档2年以上;

服务人员需掌握急救技能(心肺复苏、海姆立克法),培训覆盖率100%;

引入"安全风险评估制度",每季度由第三方机构对设施安全、服务流程进行风险评级。

(2)《北京市居家养老服务场所消防安全管理规范》针对老旧社区养老设施,要求:

每层设置独立烟感报警装置,安装自动喷水灭火系统;

电气线路每5年全面检测一次,禁止私拉乱接;

疏散通道夜间保持常亮照明,照度≥1.0lx。

二、核心安全指标:全场景风险防控要点

1. 设施设备安全

(1)无障碍与适老化设计。

地面:采用防滑材料(摩擦系数≥0.65),高差处设斜坡(坡度≤1∶12)或扶手;

卫生间:坐便器旁设L型扶手(水平长度≥60厘米),淋浴区设折叠凳与紧急呼叫按钮;

家具:边角倒圆处理(半径≥5毫米),床高45—50厘米便于起身,床头配备呼叫装置。

(2) 消防与电气安全。

消防设施:按每50平方米1具灭火器配置(类型为ABC干粉),每季度检查压力值;

电气设备:使用带漏电保护的空气开关,大功率设备(如理疗仪)单独回路供电,禁止使用花线、裸线。

2. 食品安全与卫生

(1) 食材管理。

采购:选择具备食品经营资质的供应商,留存进货凭证6个月以上;

储存:生熟分开存放(间距≥30厘米),冷藏温度0—4℃,冷冻温度≤-18℃;

加工:生熟刀具/砧板分色区分,肉类加工中心温度≥70℃,凉菜制作需在专用操作间。

(2) 餐品服务。

适老化设计:软食颗粒≤1厘米,流质食物黏度≤500 mPa·s,避免呛咳风险;

留样制度:每餐按≥125克标准留样,冷藏保存48小时,记录留样时间、餐品名称。

3. 应急管理与风险处置

(1) 紧急呼叫系统。

居家场景:安装"一键呼叫"设备(含定位功能),响应时间≤15分钟,对接社区24小时值班中心;

社区场景:在活动区、卫生间等区域设置拉绳式呼叫装置,信号同步传输至工作人员手环。

(2) 应急预案与演练。

制定《火灾/跌倒/突发疾病应急处置流程》,明确各岗位责任(如联络组、救护组、疏散组);

每季度组织一次全流程演练(含老年人参与),重点检验逃生路线、急救响应、家属通知效率,演练记录存档3年。

(3) 风险评估与干预。

入住前评估:使用《老年人跌倒风险评估表》《认知障碍筛查表》,高风险老人制定专项防护方案(如佩戴防跌倒腰带、床头标识警示);

动态监测:通过智能手环实时追踪心率、血压、活动轨迹,异常数据触发三级预警(家属→社区护士→医疗机构)。

三、安全管理机制:责任明晰与技术赋能

1. 预防机制:源头控制风险

(1) 服务主体准入申请社区居家养老服务资质时,需提交《设施安全合格证明》(消防验收、特种设备检测报告)、《安全管理制度》(含应急预案、人员培训计划),民政部门联合消防、市场监管部门现场核查。

(2) 人员安全培训

岗前培训:包含《养老服务安全操作规范》《急救技能实操》,考核合格后方可上岗;

年度复训:每12个月更新安全知识(如新版消防法规、食品安全案例),培训时长≥8学时。

2. 监控机制:全流程动态监管

(1) 智慧化安全监测

安装物联网传感器:在厨房监测燃气泄漏(浓度≥0.1%自动报警)、在卧室监测离床超时(超过30分钟未返回触发提醒);

视频监控系统:重点区域(出入口、走廊、厨房)24小时录像,存储时长≥90天,数据加密防止泄露。

(2) 多部门联合巡查

民政部门每半年开展"双随机"安全检查,重点抽查消防设施、食品留样、应急演练记录;

社区居委会每月组织老年人家属代表参与安全巡检,填写《安全隐患反馈表》,整改结果公示7天。

3. 应急处理:快速响应与闭环管理

建立"三级响应机制":①现场处置(护理员5分钟内到达,进行初步急救);②机构响应(10分钟内联

系家属、启动应急预案);③外部联动(15 分钟内对接社区卫生服务中心/120,同步上报民政部门)。

事故复盘与改进:发生安全事故(如跌倒、火灾)后,48 小时内召开专题分析会,从设施缺陷、操作流程、人员培训等维度制定改进措施,整改报告报送主管部门备案。

4. 责任追究:强化安全底线意识

建立"安全信用档案",对存在重大安全隐患且拒不整改的机构,列入失信黑名单,3 年内不得承接政府购买服务;

落实服务人员"安全绩效挂钩",将事故发生率、隐患排查率纳入绩效考核(权重≥40%)。

> **延伸阅读**
>
> 《养老机构服务安全基本规范》(GB 38600-2019)
> 制定部门:国家市场监督管理总局、国家标准化管理委员会
> 实施时间:2022 年 1 月 1 日
> 主要内容:规定养老机构服务安全的基本要求,需符合消防、卫生等强制性标准,使用安全标志,护理员需培训合格上岗。安全风险评估涵盖噎食、压疮等 9 类风险,每年至少一次评估并划分等级。服务防护包括防噎食(专人看护、适宜饮食)、防跌倒(地面防滑、药物监测)等 9 项措施。管理要求制定 9 类突发事件应急预案并每年演练,每半年开展安全工作评价,从业人员每半年接受安全培训,考核合格率不低于 80%,并对老年人进行安全宣传教育。

5-3-2

知识点四　社区居家养老服务人员标准

一、职业标准与能力要求(依据《养老护理员国家职业技能标准(2022 年版)》)

1. 职业等级

初级、中级、高级、技师四级,技能要求依次递进。

2. 核心能力

(1) 生活照料:清洁卫生、饮食护理、排泄照料等基础技能。
(2) 技术护理:给药、消毒、急救处理等专业技能。
(3) 康复护理:肢体康复训练、闲暇活动组织等能力。
(4) 心理护理:心理疏导、情绪管理等沟通技巧。
(5) 职业素养:尊老敬老、爱岗敬业、遵章守法。

二、人员配置标准(以居养型养老机构为例)

星级	行政管理人员比例	护理员与老人比例	专业技术人员要求
一星级	≤15%	按需配备	持证上岗率≥70%
二星级	≤15%	1:16	至少 1 名营养师
三星级	≤10%	1:14	至少 1 名专职医师
四星级	≤10%	1:12	至少 2 名康复师
五星级	≤10%	1:10	至少 2 名心理咨询师

三、培训与考核

1. 岗前培训

新入职人员需接受不少于180学时的培训,内容包括职业道德、技能操作等。

2. 定期考核

每年进行技能复核,不合格者需参加再培训,持证上岗率需达100%。

> **延伸阅读**
>
> **《国家职业技能标准养老护理员(2019年版)》**
>
> 制定部门:中华人民共和国人力资源和社会保障部、中华人民共和国民政部
>
> 实施时间:2019年
>
> 主要内容:将养老护理员职业等级由四级扩展为五级(初级工至高级技师),新增"失智照护""能力评估""质量管理"等内容。职业功能从六项增至七项,包括生活照护、基础照护、康复服务等。申报条件按等级设置不同工作年限及学历要求,鉴定方式包括理论考试、技能考核和综合评审。各级别技能要求递进,如初级工需掌握清洁、饮食照护等基础技能,高级技师需具备专项功能评估、质量管理体系建立及行业发展研究能力,理论与技能考核权重随等级调整,突出实践与管理能力。

任务实施与评价

一、任务实施

1. 现状评估

(1) 服务主体:阳光社区养老服务中心为企业运营型,已取得营业执照,但未在民政部门备案。

(2) 人员配置:现有护理员10名,均为初级,无专业医师或营养师。

(3) 服务质量:家属投诉集中在服务态度差、护理操作不规范(如喂食呛咳)。

(4) 安全管理:消防通道堆放杂物,部分设施老化,无紧急呼叫系统。

2. 整改措施

(1) 主体合规:督促中心完成民政备案,提交服务质量承诺书。

(2) 人员培训:组织护理员参加中级技能培训,新增1名专职医师和营养师。

(3) 服务优化。

① 制定标准化服务流程,如"喂食三步骤"(观察、慢喂、清洁)。

② 每月开展满意度调查,设立24小时投诉热线。

(4) 安全升级。

① 清理消防通道,安装自动喷淋系统和紧急呼叫器。

② 对浴室进行防滑改造,加装扶手。

3. 监督机制

(1) 内部监督:每周由护士长抽查服务记录,每月召开质量分析会。

(2) 外部监督:引入第三方机构进行季度评估,结果与政府补贴挂钩。

二、任务评价

(1) 政策应用能力:能否准确引用政策法规分析问题。

(2) 方案合理性:整改措施是否具有针对性和可操作性。

(3) 创新意识:是否提出可持续改进建议。

（4）沟通能力：整改报告是否清晰易懂，逻辑严谨。

课后练习与拓展

一、课后练习

（一）选择题

1. 根据《养老护理员国家职业技能标准（2022年版）》，初级养老护理员需掌握的核心能力是（　　）。
   A. 制定个性化康复训练方案
   B. 基础生活照料与急救处理
   C. 心理疏导与情绪管理
   D. 服务质量评估与改进

2. 社区老年人日间照料中心建设标准中，三类社区的建筑面积要求为（　　）。
   A. 750 m²　　　　B. 1 085 m²　　　　C. 1 600 m²　　　　D. 2 000 m²

3. 养老机构安全管理中，紧急呼叫系统的响应时间应≤（　　）。
   A. 10 分钟　　　　B. 15 分钟　　　　C. 20 分钟　　　　D. 30 分钟

5-3

（二）简答题

1. 简述社区居家养老服务质量的核心要素。
2. 列举养老机构安全管理的 5 项重点内容。

（三）讨论题

1. 结合实际案例，讨论如何平衡养老服务标准化与个性化需求。
2. 随着智慧养老技术的普及，社区居家养老服务安全标准可能面临哪些新挑战？如何通过技术手段提升安全保障水平？

二、课后拓展

1. 政策调研：调研本地社区居家养老服务标准，对比国家标准，撰写分析报告。
2. 方案设计：为某社区设计"智慧养老服务质量监测平台"方案，说明功能模块与实施路径。
3. 模拟演练：分组模拟养老机构消防演练，制定应急预案并评估效果。

模块六

养老机构运营管理政策法规

模块导读

截至2024年底，我国60岁及以上人口3.1亿人，占全国人口的22.0%。预计到2050年，这一比例将超过30%，意味着每三个人中就可能有一位老年人。与此同时，家庭结构的小型化、少子化趋势愈发显著，"4-2-1"甚至"8-4-2-1"的家庭结构日益普遍，使得家庭养老的负担逐渐加重，传统的家庭养老模式面临着前所未有的压力。在此背景下，养老机构作为社会养老服务体系的重要组成部分，其作用和地位愈发凸显。养老机构能够为老年人提供专业化、多样化的服务，涵盖生活照料、医疗保健、康复护理、文化娱乐等多个方面，有效满足老年人在不同阶段的需求。本模块旨在介绍养老机构运营与管理过程中的相关政策内容，以培养学生严格遵守法律法规，确保养老机构合法运营的专业素养和实践能力。

思维导图

- **项目一 养老机构登记备案**
  - 养老机构的基本概念
    - 法规层面定义：《养老机构管理办法》明确床位数≥10张，提供集中住宿和照料护理服务
    - 行业视角定义：按运营模式分为公办、民办、公建民营、服务内容涵盖生活照料、康复护理等
  - 登记备案管理
    - 法人登记程序：非营利性→民政部门；经营性→市场监管部门，双重管理体制
    - 备案工作流程：收住老人后10个工作日内备案，提交备案申请书、登记证书、承诺书等材料
    - 变更备案要求：名称、地址、床位等事项变更需及时备案

- **项目二 养老机构财税与融资策略**
  - 财税优惠政策解析
    - 增值税优惠：养老服务免征增值税、社区养老服务收入免税（2019-2025年）
    - 企业所得税优惠：非营利性机构免税收入范围、小微企业减征政策
    - 房产税/土地使用税/契税：福利性、非营利性机构自用房产土地免税、社区养老机构承受土地房屋免税
  - 融资政策
    - 信贷融资：政府推动金融机构提供专项信贷、需合法资质、稳定经营、有效抵押
    - 债券融资：支持发行公司信用类债券、探索REITs模式盘活存量资产
    - 创新模式："以房养老"、养老产业投资基金、吸引社会资本多元化投入

- **项目三 养老机构服务规范与标准**
  - 生活照料服务规范
    - 饮食服务：个性化食谱、食品留样48小时、餐具消毒
    - 起居服务：协助穿衣、洗漱，关注身体状况和情绪变化
    - 清洁卫生：每日清扫居室，定期消毒，区分清洁用具
  - 医疗护理服务标准
    - 基础护理：翻身、叩背、康复辅助器具指导、突发疾病及时转诊
    - 健康管理：每年体检，慢病监测，内设医疗机构需核准诊疗科目
  - 心理精神支持服务标准
    - 服务内容：环境适应，情绪疏导，危机干预，保护隐私
    - 人员要求：心理咨询师、社工或培训合格的护理员承担
  - 管理与运营规范
    - 服务管理：建立基本制度，公开服务信息，保护老人信息隐私
    - 人力资源：明确岗位职责，护理员需培训上岗，定期健康体检
    - 环境安全：床位面积≥6m²/人、配备无障碍设施、定期消防演练

- **项目四 医养结合相关政策法规**
  - 政策背景与意义
    - 产生背景：人口老龄化加剧，传统养老模式局限，医疗与养老资源分离
    - 重要意义：提升老人生活质量，减轻家庭负担，完善养老服务体系
  - 服务模式与实践
    - 机构模式：大型医养结合机构（功能一体化）、小型机构（社区合作）
    - 社区模式：日间照料中心+医疗机构合作、居家养老+上门医疗服务
    - 居家模式：家庭医生签约、智能设备辅助健康监测
  - 政策法规解读
    - 国家政策：《关于进一步推进医养结合发展的指导意见》等推动资源整合
    - 地方实践：上海"嵌入式"、北京智慧平台、贵州生态康养等差异化模式
    - 实施挑战：资金短缺、部门协调，应对措施（PPP模式、多部门联席会议）

项目一 养老机构登记备案

 **学习目标**

1. 知识目标

(1) 掌握养老机构的基本概念和主要类型。
(2) 理解养老机构从筹备到登记备案的完整流程。
(3) 熟悉养老机构备案所需的各类条件与标准。
(4) 了解国家及地方关于养老机构登记备案的法律法规、政策文件。

2. 能力目标

(1) 能够依据政策要求,准确收集、整理并填写养老机构登记备案所需的各项申请材料,确保材料真实、完整、有效。
(2) 能够对养老机构备案过程中的风险进行评估与识别,并制定相应应对策略。
(3) 能够严格按照规范流程,高效协助推进养老机构的登记备案工作,有效协调各环节事务,迅速解决流程中可能出现的常见问题。

3. 素养目标

(1) 认识养老机构登记备案合规操作的重要性,严格遵守法律法规,确保养老机构合法运营。
(2) 意识到养老机构登记备案工作对于保障老年人权益、推动养老事业发展的重要意义,以高度责任感对待每一个环节。

 **情景任务**

温馨养老院

王爷爷,今年89岁,是一位在城镇企业工作多年的职工,现在退休在家。小王经营着多家跨国公司,收入颇为可观。今年1月份,王爷爷因疾病复发,造成瘫痪在床,大小便失禁,需要人照顾。在回国照料王爷爷期间,小王注意到许多高龄独居老人患有多种疾病,亟需专业人员照料,因此萌生了投资创办一家民办公益性养老机构的想法,旨在为像王爷爷这样生活不能自理的老人提供帮助。作为个人想要开设一家养老院,该怎么办呢?有哪些注意事项?

任务一:了解国家及地方关于养老机构登记备案的法律法规、政策文件

要求:收集国家、地区有关养老机构设立的政策法规、管理规范及服务标准。如《中华人民共和国老年人权益保障法》《养老机构管理办法》《民办非企业单位登记管理暂行条例》等。

目的:帮助小王了解设立养老机构的政策法规,以便寻求政策支持,顺利完成登记备案。

任务二:熟悉养老机构登记备案的流程,协助解决相关问题

要求:了解该地区养老机构登记备案的办理部门和办理程序,完善相关申请材料,做好相关问题的处理预案,顺利取得登记证书并完成备案。

目的:综合考虑各种因素,协助小王顺利取得民办非企业单位登记证书并完成备案,同时提升运用理论知识解决实际问题的能力。

知识链接

知识点一　养老机构的基本概念

一、法规层面定义

1. 《养老机构管理办法》解读

《养老机构管理办法》于2020年8月21日经民政部部务会议通过,并自2020年11月1日起正式施行。该办法第二条明确规定,养老机构是指依法登记、为老年人提供全日集中住宿及照料护理服务,且床位数不少于10张的机构。此定义从关键维度清晰界定了养老机构,具有权威性。

2. 与其他相关法规定义对比

在《中华人民共和国老年人权益保障法》中,虽未对养老机构做出像《养老机构管理办法》那样详细明确的定义,但从整体立法精神来看,该法强调了养老机构作为为老年人提供集中居住和照料服务场所的重要性。该法从保障老年人权益出发,规范了养老机构设立、运营中的责任和义务,要求按国家规定和服务协议提供生活照料、康复护理、精神慰藉、文化娱乐等服务,并保障老年人的人身、财产安全等合法权益。这与《养老机构管理办法》中对养老机构服务内容和权益保障的要求在本质上是一致的,共同为养老机构的规范运营和老年人权益保护提供了法律依据。

二、行业视角定义

1. 服务内容角度定义

在养老服务行业内,养老机构作为提供全面、综合服务的专业场所,被广泛认为是满足老年人多层次、多样化养老服务需求的重要设施。其核心在于满足老年人在日常生活中的多元需求,涵盖饮食起居、清洁卫生、生活照料、康复护理、精神慰藉等多个方面。

2. 运营模式角度定义

从运营模式来看,养老机构主要分为公办、民办以及公建民营等多种类型,不同的运营模式对养老机构的定义和特点产生了显著影响。

公办养老机构由政府出资建设和运营,资金主要源自财政拨款,旨在为特殊困难老年群体提供基本养老服务,涵盖特困人员、孤寡老人及优抚对象等。政府的大力支持使得公办养老机构在资源获取方面具有明显优势,能够以较低的成本获得土地、资金、设备等资源。

民办养老机构由社会力量投资兴办,以市场化运营为方向,力求在经济效益与社会效益间取得平衡。民办养老机构的资金来源主要依靠投资者的投入以及运营过程中的收费收入。与公办养老机构相比,民办养老机构在运营管理上更加灵活,能够根据市场需求和老年人的个性化需求,快速调整服务内容和经营策略。为了在激烈的市场竞争中崭露头角,民办养老机构往往致力于提升服务品质与设施档次,采纳前沿的管理理念与先进的技术手段,精心打造多元化、定制化的养老服务产品。

公建民营养老机构是政府与社会力量合作的一种创新模式。在这种模式下,政府承担起养老机构基础设施建设的重任,随后通过招标、委托等规范化流程,将养老机构的运营重任托付给具备卓越运营能力的社会组织或企业。这种模式结合了公办养老机构和民办养老机构的优势,既充分利用了政府的资源优势,确保养老机构的公益属性,又借助了社会力量的专业运营能力,提高了养老机构的服务质量和运营效率。

延伸阅读
《养老机构管理办法》
制定部门:民政部

实施时间:2013年7月1日首次实施,2020年11月1日修订后重新实施

主要内容:办法旨在规范养老机构管理,明确营利性、非营利性养老机构登记后即可开展服务,收住老人10个工作日内完成备案。服务规范上,需建立入院评估制度、签订服务协议,提供多类型服务。运营管理涉及安全、消防等制度建设,合理收费,24小时值班等要求。民政部门主导监督检查,建立信用管理制度。违法违规将被责令改正,严重者依法追究刑事责任。

知识点二 养老机构登记备案管理

一、办理法人登记的工作程序

1. 设立民办非营利性养老机构

自养老机构设立许可取消以来,举办者在设立民办非营利性养老机构时,需遵循《民办非企业单位登记管理暂行条例》的相关规定,依法向当地民政部门行政审批窗口或行政审批局提交法人登记申请,获取民办非企业单位登记证书,并接受双重管理体制的监管。所属的行政审批局履行登记管理机关具体职责,负责养老服务业务部门履行业务主管单位具体职责。

2. 设立民办经营性养老机构

在取消养老机构设立许可后,举办者若需设立经营性养老机构,需依法向当地市场监督管理部门申请进行企业法人登记,并获取企业法人营业执照。对批准成立登记的民办经营性养老机构,实行双重管理体制。所属地市场监管部门履行登记管理机关具体职责,民政部门履行业务主管单位具体职责。民政部门与市场监管部门借助信息推送、信息共享等机制实现有效对接,确保能够及时了解并掌握养老机构的企业法人登记信息。

《养老机构管理办法》第九条规定,养老机构登记后即可开展服务活动。

二、养老机构备案的工作流程

依据《养老机构管理办法》第十条,营利性养老机构应在收住老年人后的10个工作日内,向服务场所所在地的县级人民政府民政部门提交备案申请。非营利性养老机构同样需在收住老年人后的10个工作日内,向其登记管理机关同级的民政部门提交备案申请。(见图6-1-1)

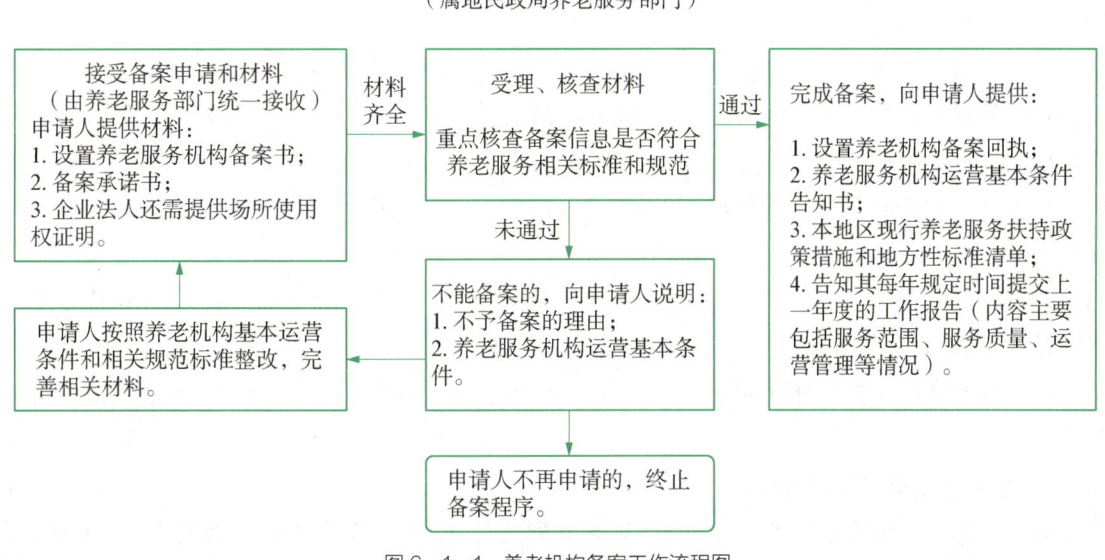

图6-1-1 养老机构备案工作流程图

任务实施与评价

任务一：了解国家及地方关于养老机构登记备案的法律法规、政策文件

1. 任务实施

（1）《中华人民共和国老年人权益保障法》。

第四十三条规定：设立公益性养老机构，应当依法办理相应的登记。设立经营性养老机构，应当在市场监督管理部门办理登记。

养老机构登记后即可开展服务活动，并向县级以上人民政府民政部门备案。

（2）《养老机构管理办法》。

① 第二章备案管理条例如下。

第九条　设立营利性养老机构，应当在市场监督管理部门办理登记。设立非营利性养老机构，应当依法办理相应的登记。

② 养老机构登记后即可开展服务活动，条例如下。

第十条　营利性养老机构办理备案，应当在收住老年人后10个工作日以内向服务场所所在地的县级人民政府民政部门提出。非营利性养老机构办理备案，应当在收住老年人后10个工作日以内向登记管理机关同级的人民政府民政部门提出。

第十一条　养老机构办理备案，应当向民政部门提交备案申请书、养老机构登记证书、符合本办法第四条要求的承诺书等材料，并对真实性负责。

③ 备案申请书应当包括下列内容。

- 养老机构基本情况，包括名称、住所、法定代表人或者主要负责人信息等；
- 服务场所权属；
- 养老床位数量；
- 服务设施面积；
- 联系人和联系方式。

民政部门应当加强信息化建设，逐步实现网上备案。

第十二条　民政部门收到养老机构备案材料后，对材料齐全的，应当出具备案回执；材料不齐全的，应当指导养老机构补正。

第十三条　已经备案的养老机构变更名称、法定代表人或者主要负责人等登记事项，或者变更服务场所权属、养老床位数量、服务设施面积等事项的，应当及时向原备案民政部门办理变更备案。

养老机构在原备案机关辖区内变更服务场所的，应当及时向原备案民政部门办理变更备案。营利性养老机构跨原备案机关辖区变更服务场所的，应当及时向变更后的服务场所所在地县级人民政府民政部门办理备案。

第十四条　民政部门应当通过政府网站、政务新媒体、办事大厅公示栏、服务窗口等途径向社会公开备案事项及流程、材料清单等信息。

民政部门应当依托全国一体化在线政务服务平台，推进登记管理机关、备案机关信息系统互联互通、数据共享。

（3）《民办非企业单位登记管理暂行条例》。

第八条　申请登记民办非企业单位，应当具备下列条件：经业务主管单位审查同意；有规范的名称、必要的组织机构；有与其业务活动相适应的从业人员；有与其业务活动相适应的合法财产；有必要的场所。民办非企业单位的名称应当符合国务院民政部门的规定，不得冠以"中国""全国""中华"等字样。

第九条　申请民办非企业单位登记，举办者应当向登记管理机关提交下列文件：登记申请书；业务主管单位的批准文件；场所使用权证明；验资报告；拟任负责人的基本情况、身份证明；章程草案。

第十条　民办非企业单位的章程应当包括下列事项：名称、住所；宗旨和业务范围；组织管理制度；法定代表人或者负责人的产生、罢免的程序；资产管理和使用的原则；章程的修改程序；终止程序和终止后资产的处理；需要由章程规定的其他事项。

第十一条　登记管理机关应当自收到成立登记申请的全部有效文件之日起60日内作出准予登记或者不予登记的决定。有下列情形之一的，登记管理机关不予登记，并向申请人说明理由：有根据证明申请登记的民办非企业单位的宗旨、业务范围不符合本条例第四条规定的；在申请成立时弄虚作假的；在同一行政区域内已有业务范围相同或者相似的民办非企业单位，没有必要成立的；拟任负责人正在或者曾经受到剥夺政治权利的刑事处罚，或者不具有完全民事行为能力的；有法律、行政法规禁止的其他情形的。

第十二条　准予登记的民办非企业单位，由登记管理机关登记民办非企业单位的名称、住所、宗旨和业务范围、法定代表人或者负责人、开办资金、业务主管单位，并根据其依法承担民事责任的不同方式，分别发给《民办非企业单位（法人）登记证书》《民办非企业单位（合伙）登记证书》《民办非企业单位（个体）登记证书》。依照法律、其他行政法规规定，经有关主管部门依法审核或者登记，已经取得相应的执业许可证书的民办非企业单位，登记管理机关应当简化登记手续，凭有关主管部门出具的执业许可证明文件，发给相应的民办非企业单位登记证书。

2. 任务评价

（1）数据收集完整性：通过查阅资料，国家及地区政策法规收集较为完整。

（2）沟通解释能力：学生能以通俗易懂的方式向小王解读相关内容，沟通解释能力较强。

任务二：熟悉养老机构登记备案的流程，协助解决相关问题

1. 任务实施

学生将设立养老机构时办理登记和备案的流程整合起来，向小王详细说明。可通过绘制流程图等形式进行解释，包括申请者需要提交的材料清单、及时解决可能出现的问题等。

2. 任务评价

流程图绘制与说明能力：制定的养老机构登记备案流程图较为全面、合理，且能够清晰地解释流程的各个阶段以及潜在问题。

解决问题能力：学生能运用所学内容，对潜在问题提出解决方法。

课后练习与拓展

一、课后练习

（一）选择题

1. 我国《养老机构管理办法》中明确养老机构是指床位数（　　）的机构。

　　A. 1张　　　　　　B. 5张　　　　　　C. 10张以内　　　　D. 10张以上

2. 下列不属于养老机构服务内容的是（　　）。

　　A. 生活照料　　　B. 康复护理　　　C. 医疗照护　　　　D. 紧急救援

3. 以下不属于养老机构的是（　　）。

　　A. 养老院　　　　　　　　　　　　　B. 老年大学

　　C. 临终关怀机构　　　　　　　　　　D. 养老痊愈医疗中心

4. 民办经营性养老机构向（　　）进行备案。

　　A. 机构编制管理部门　　　　　　　　B. 民政部门

C. 市场监管部门 D. 行政审批局

5. 以下哪项不是民办非营利性养老机构申请登记时需要提交的材料？（　　）
A. 登记申请表 B. 验资报告
C. 拟任负责人的基本情况证明 D. 备案承诺书

6. 营利性养老机构办理备案，应当在收住老年人后（　　）个工作日以内向服务场所所在地的县级人民政府民政部门提出？
A. 5 B. 7 C. 10 D. 60

（二）填空题

1. 从运营模式来看，养老机构主要分为＿＿＿＿、＿＿＿＿以及＿＿＿＿等多种类型。
2. 设立营利性养老机构，应当在＿＿＿＿办理登记。设立非营利性养老机构，应当在＿＿＿＿办理相应的登记。
3. 对批准成立登记的民办经营性养老机构，实行＿＿＿＿管理体制。
4. 登记管理机关应当自收到成立登记申请的全部有效文件之日起＿＿＿＿日内作出准予登记或者不予登记的决定。
5. 准予登记的民办非企业单位，由登记管理机关根据其依法承担民事责任的不同方式，分别发给＿＿＿＿、＿＿＿＿、＿＿＿＿。

（三）简答题

1. 简述养老机构备案的工作流程。
2. 什么是公办养老机构？它有哪些主要特点？
3. 简述养老机构的基本概念。

二、课后拓展

1. 调研本地养老机构的情况

选择本地的一个社区或村庄作为调研对象，深入了解并记录该地区养老机构的数量及涵盖的类型，最终撰写一份内容翔实的调研报告。

2. 持续关注政策动态

积极引导学生持续关注国家和本地政府部门最新发布的关于养老机构登记备案的政策动态。

分析新政策的影响，进行小组讨论。

项目二　养老机构财税与融资政策

学习目标

1. 知识目标

（1）掌握养老机构的财税政策。
（2）理解养老机构的主要融资渠道与融资方式。
（3）熟悉各项税收优惠对养老机构的影响。
（4）了解国家及地方关于养老机构财税及融资方面的法律法规、政策文件。

2. 能力目标

（1）培养学生分析财税政策对养老机构运营影响的能力。

(2) 提升学生根据养老机构实际情况选择合适融资策略的能力。

3. 素养目标

(1) 增强学生对养老服务行业的社会责任感。

(2) 培养学生的团队协作精神与沟通能力。

小李和朋友计划设立一家养老院,听闻B地某大型连锁养老机构在全国多个城市拥有分支机构,是行业内的领军企业,于是前往B地进行参观学习。小李和朋友从工作人员处了解到,该机构凭借对财税与融资政策的灵活运用,迅速扩大了规模并显著提升了服务质量。

在财税政策方面,该机构积极申请并享受各项税收优惠。该机构养老服务免征增值税,每年节省数百万元税款,用于提升餐饮服务,为老年人提供多样化、营养均衡的膳食。由于符合非营利性组织条件并取得免税资格认定,机构的捐赠收入、部分政府补助收入等免征企业所得税,使得更多资金能够投入服务优化中,如升级居住环境,为老年人打造更舒适的居住空间。该机构还受益于房产税、城镇土地使用税及契税优惠政策,降低了运营成本,减轻了资金压力。

在融资政策的运用上,该机构采取了多元化的融资策略。为扩大规模,该机构向银行申请了大额贷款,银行鉴于其良好的运营状况和稳定的现金流,为其提供了长期、低息的贷款,满足了机构建设新院区、购置设备的资金需求。同时,该机构积极引入社会资本,借助股权合作模式,与多家企业携手合作,既确保了资金的充裕,又通过整合合作企业的资源和经验,实现了管理水平和服务质量的双重提升。另外,该机构还成功发行公司信用债券,募集大量资金,用于拓展业务范畴,特别是康复护理、医疗保健等特色服务项目,从而显著增强了市场竞争力。

通过这次实地考察,小李和朋友了解到,根据养老机构的不同情况,合理利用国家提供的税收优惠政策,如对养老机构提供的服务免征增值税,以及对非营利性养老机构免征房产税等,可以有效缓解养老机构的资金压力,并助力其顺利发展。

任务一:分析该养老机构运用了哪些养老机构的税收政策

要求:收集国家、地区有关养老机构税收的政策法规。借助所学知识分析该养老机构运用了哪些税收优惠政策,以及对机构的运营产生了哪些影响。

目的:帮助小李及朋友了解养老机构的税收政策,以便寻求政策支持,降低运营成本,将更多的资金用于提升服务质量上来。

任务二:分析该养老机构运用了哪些养老机构的融资策略

要求:收集国家、地区有关养老机构融资的政策法规。借助所学知识分析该养老机构采取了哪些融资策略,以及对机构的运营产生了哪些影响。

目的:帮助小李及朋友了解养老机构采用的融资策略,以便获得充足资金,提升管理水平和服务质量,进一步增强市场竞争力。

知识点一 养老机构的财税优惠政策

一、养老机构财税政策解析

1. 增值税优惠

自2016年5月1日起,根据《财政部 税务总局关于全面推开营业税改征增值税试点的通知》(财税〔2016〕36号),养老机构提供的养老服务享受免征增值税的优惠。这里所指的养老机构,需依照民政部相关规定设立并依法办理登记,旨在为老年人提供集中居住和照料服务。养老服务涵盖生活照料、康复护理、精神慰藉及文化娱乐等方面。例如,某公办养老院为老年人提供的日常照料、康复训练及文化娱乐活动收入,均免征增值税。

在2019年6月1日至2025年12月31日期间,根据财政部 税务总局 发展改革委 民政部 商务部卫生健康委印发的《关于养老、托育、家政等社区家庭服务业税费优惠政策的公告》(以下简称《公告》),为社区提供养老服务的机构,其提供社区养老服务取得的收入同样免征增值税。如社区嵌入式养老机构,为周边老年人提供上门护理、助餐助浴等服务收入,可享受此优惠。

对于符合特定条件的养老机构,还能享受增值税留抵退税政策。自2022年7月纳税申报期起,符合条件的养老机构可向主管税务机关申请享受增量留抵税额的按月全额退还以及存量留抵税额的一次性全额退还政策。例如,A福利院在2024年6月期末留抵税额为120万元,而其2019年3月期末留抵税额为80万元。若福利院在2024年7月纳税申报期申请增量留抵退税,且之前未享受一次性存量留抵退税,则其存量留抵税额为80万元,增量留抵税额为40万元(120−80);若已享受一次性存量留抵退税,则增量留抵税额为120万元。该政策有效缓解了A福利院的资金压力,使其能够将更多资金投入设施设备改善和服务质量提升,例如购置先进的康复器材,为老年人提供更加专业的康复服务。

2. 企业所得税优惠

《公告》指出,符合非营利性组织条件且取得免税资格认定的养老机构,其取得的属于免税范围的收入,免征企业所得税。这些免税收入包含接受其他单位或者个人捐赠的收入、除财政拨款以外的其他政府补助收入(不包括因政府购买服务取得的收入)、按规定收取的会费、不征税收入和免税收入孳生的银行存款利息收入等。例如,B养老院被认定为非营利性组织后,其从企业获得的捐赠资金及政府拨付的运营补助(非购买服务性质的款项),均可免于计入应纳税所得额。

对于其他老年服务机构,若符合小微企业条件,在2023年1月1日至2027年12月31日期间,可享受企业所得税优惠政策。根据《关于进一步支持小微企业和个体工商户发展有关税费政策的公告》(财政部税务总局公告2023年第12号),年应纳税所得额不超过100万元的部分,减按25%计算应纳税所得额,按20%的税率缴纳企业所得税;年应纳税所得额超过100万元但不超过300万元的部分,减按50%计算应纳税所得额,按20%的税率缴纳企业所得税。假设C养老机构符合小微企业条件,某年度应纳税所得额为150万元,那么其需缴纳的企业所得税为$100\times25\%\times20\%+(150-100)\times50\%\times20\%=10$万元。

为社区提供养老服务的机构,在计算应纳税所得额时,其从提供养老服务中获得的收入,可按90%的比例计入收入总额。这意味着D社区养老服务中心,若其年度提供社区养老服务收入为200万元,在计算应纳税所得额时,仅需按$200\times90\%=180$万元计入,从而减少了应纳税额,增加了可用于发展的资金。

3. 房产税、城镇土地使用税及契税优惠

自2000年10月1日起,对政府部门和企事业单位、社会团体以及个人等社会力量投资兴办的福利性、非营利性的老年服务机构自用的房产、土地,暂免征房产税、城镇土地使用税。像E老年服务中心,由社会爱心企业投资建设,其自用的房产和土地无须缴纳房产税和城镇土地使用税,降低了运营成本。

根据《公告》,在2019年6月1日至2025年12月31日期间,为社区提供养老服务的机构,无论是自有还是通过承租、无偿使用等方式取得的房产、土地,均免征房产税、城镇土地使用税。社区嵌入式养老机构,通过租赁场地为社区老年人提供服务,该租赁场地用于养老服务的部分可享受房产税和城镇土地使用税的免征政策。

同样在2019年6月1日至2025年12月31日期间,为社区提供养老服务的机构,承租房屋、土地用于提供社区养老服务的,免征契税。若G养老机构新购置一处房产用于扩大养老服务规模,且该房产用于社区养老服务,那么在办理房产过户时,可免征契税,减轻了机构的资金支出压力。

二、财税政策对养老机构的影响

1. 降低运营成本

增值税方面,养老机构提供养老服务免征增值税,以及为社区提供养老服务的机构取得的相关收入免征增值税,这使得养老机构在服务销售环节无须缴纳增值税,直接减少了税费支出。例如,某大型连锁养老机构拥有多家分支机构,为众多老年人提供全面服务,年节省增值税可达数百万元。节省的资金可用于改善设施,如更新电梯、增加智能监测设备,提升老人生活便利与安全;同时优化餐饮,采购优质食材,提供营养健康饮食。

增值税留抵退税政策对资金周转困难的养老机构而言,如同及时雨。以某新建养老机构为例,在筹建初期投入大量资金购置房产、设备等,产生了巨额的进项税额。前期入住率低,收入有限,造成大量进项税额积压。通过申请增值税留抵退税,该机构获得了一笔可观的退税款,有效缓解了资金压力,使其能够按时支付员工工资、水电费等日常运营费用,避免了因资金短缺而导致的运营困境。

在企业所得税方面,符合非营利性组织条件且取得免税资格认定的养老机构,其部分收入免征企业所得税,这减少了机构的应纳税所得额,降低了所得税负担。例如,某慈善性质的养老机构,主要依靠社会捐赠和政府补助运营,获得非营利性组织免税资格后,捐赠和政府补助收入免税,助力机构将更多资金投向养老服务,如扩大服务范围及项目。

对于符合小微企业条件的老年服务机构,以及为社区提供养老服务的机构在计算应纳税所得额时的减计收入优惠,也切实降低了企业所得税税负。一小型社区养老服务站,年应纳税所得额120万元,按小微企业税收优惠,需缴所得税7万元(计算方式:$100×25\%×20\%+20×50\%×20\%$)。若该服务站符合为社区提供养老服务机构的减计收入优惠条件,将应纳税所得额减按90%计入,即应纳税所得额变为$120×90\%=108$万元,此时需缴纳企业所得税为$100×25\%×20\%+(108-100)×50\%×20\%=6.8$万元,相比之下,节省了0.2万元的税款。节省的资金可用于提升服务站的服务质量,如聘请专业的康复师为老年人提供康复训练,开展丰富多彩的文化活动等。

房产税、城镇土地使用税及契税优惠政策同样为养老机构减轻了负担。福利性、非营利性的老年服务机构自用的房产、土地暂免征房产税、城镇土地使用税,为社区提供养老服务的机构在相关房产、土地方面也享受免征政策,且承受房屋、土地用于社区养老服务的,免征契税。由社会爱心人士投资兴办的非营利性养老机构,其自有房产和土地无须缴纳房产税和城镇土地使用税,每年可节省数万元的税费支出。当该机构为扩大规模新购置一处房产用于社区养老服务时,免征契税又为其节省了一大笔资金,使其能够将更多资源投入养老服务设施建设和服务提升上,如打造舒适的居住环境、建设专业的康复训练室等。

2. 吸引社会资本投入

财税优惠政策使养老机构的投资回报率得到提升,从而吸引了更多社会资本的关注和投入。在税收优惠方面,如前文所述的增值税、企业所得税、房产税等多项税种的减免,降低了养老机构的运营成本,增加了利润空间。以投资建设一家中等规模的养老机构为例,假设前期投资5000万元,考虑到养老机构提供的服务可免征增值税,非营利性养老机构的收入可免征企业所得税,以及可能享受的其他相关税收优惠政策,预计每年运营成本为800万元,收入为1000万元,扣除各项税费后,净利润将有所增加,投资回收期有望缩短。享受财税优惠政策后,养老机构每年税费减免可达100万元,净利润因此跃升至200万元,显著缩短了投资回收期。这使得养老机构对社会资本的吸引力大大增强,吸引了更多企业和个人愿意投资养老服务领域。

此外,政府的财政补贴政策对社会资本投资养老领域起到了积极的推动作用。例如,一些地方政府对新建养老机构给予每张床位一定金额的建设补贴,对运营良好的养老机构给予运营补贴。某企业计划投资建设一家拥有200张床位的养老机构,当地政府按照每张床位1万元的标准给予建设补贴,该企业可获得200万元的补贴资金,这在一定程度上减轻了企业的前期投资压力。在运营过程中,若该养老机构达到政府设定的服务质量标准和入住率要求,根据相关补贴政策,还可获得每年50万元的运营补贴。这些补贴政策增加了投资养老机构的收益预期,激发了社会资本投资养老服务的积极性,促进了养老服务领域投资主体的多元化,推动了养老服务产业的快速发展。

> **延伸阅读**
>
> 《财政部 国家税务总局关于对老年服务机构有关税收政策问题的通知》
>
> 制定部门:财政部、国家税务总局
>
> 实施时间:2000年10月1日
>
> 主要内容:为贯彻相关老龄工作决定精神,该通知明确系列税收优惠政策。对政府部门、企事业单位、社会团体及个人兴办的福利性、非营利性老年服务机构,暂免企业所得税,其自用房产、土地、车船免征房产税、城镇土地使用税、车船使用税(车船使用税已取消)。对通过非营利社会团体和政府部门向这类机构的捐赠,企业和个人所得税前准予全额扣除。老年服务机构指为老人提供多方面服务的福利性、非营利性机构,如老年社会福利院、敬老院等。

知识点二 融资政策

一、现行主要融资政策与模式

1. 信贷融资政策

政府大力推动金融机构积极满足养老机构的信贷融资需求。《中共中央 国务院关于深化养老服务改革发展的意见》明确提出,要通过地方政府专项债券等资金渠道,支持符合条件的养老服务基础设施建设,积极满足养老服务机构信贷融资需求。该政策出台后,各地积极响应,采取了多项具体措施。例如,民政部门与金融机构紧密合作,共同梳理并形成了养老机构的"白名单"。金融机构随后逐一走访这些机构,为它们提供量身定制的金融服务,从而有效缓解了养老机构的融资难题。

在实际操作中,银行贷款是养老机构较为常见的融资方式。养老机构申请银行贷款时,通常需满足一系列条件。养老机构必须具备合法合规的运营资质,涵盖相关的许可证、执照或注册证明,并严格遵守国家规定的养老服务行业准入标准和相关法律法规。银行方面,会严格审查养老机构是否具备稳定的经营状况和良好的盈利能力。为此,养老机构需要提供包括经营报表、财务报表、纳税证明等一系列相关资料,以充分证明自身的经济实力和还款能力,从而增强银行放贷的信心。银行通常会要求养老机构提供有效的抵押物或担保措施,如房产、土地使用权、保证金等,以降低贷款风险。银行会根据养老机构的实际需求,充分考虑其规模、财务状况和还款能力来确定贷款金额,贷款期限也会依据养老机构的投资项目和经营计划来确定,一般与养老机构的投资周期相匹配。

以某中型养老机构为例,该机构计划扩大规模,新建一栋养老服务楼,需要大量资金。该机构向当地银行提出贷款申请,银行随即审核其运营资质,包括合法有效的养老机构设立许可证及营业执照。接着,银行深入分析其近三年的经营与财务报表,确认入住率持续高于80%,盈利能力稳健,财务状况健康。此外,该机构以自有房产抵押,并附上专业资产评估报告。综合考量上述条件,银行为该机构提供了为期10年、金额适宜的贷款,有效满足其建设资金需求,助力其顺利实现规模扩张。

2. 债券融资支持

为拓宽养老机构的融资渠道,国家积极支持符合条件的养老企业发行公司信用类债券。国家发展改革委等13部门联合印发的《养老托育服务业纾困扶持若干政策措施》提出,支持符合条件的养老企业发行公司信用类债券,以拓宽养老企业多元化融资渠道。这一政策为养老机构通过债券市场融资提供了有力支持,使养老机构能够吸引更多社会资金,满足其发展需求。

对于养老机构发行债券,相关部门在政策上给予了诸多支持。在审批流程方面,相关部门开辟绿色通道,简化审批程序,提高审批效率,缩短债券发行周期,让养老机构能够更快地获得融资资金。在信用评级方面,鼓励信用评级机构对养老机构进行客观、公正的评级,并给予适当的政策引导,以提升养老机构债券的信用等级,降低融资成本。在信息披露方面,规范养老机构债券发行的信息披露要求,确保投资者能够及时、准确地获取养老机构的财务状况、经营成果等信息,增强投资者信心。

近年来,部分地区积极探索将养老机构纳入不动产投资信托基金(REITs)范围。REITs是一种通过发行收益凭证汇集投资者资金,由专门投资机构进行房地产投资经营管理,并将投资综合收益按比例分配给投资者的信托基金。将养老机构纳入REITs范围,有助于盘活养老机构的存量资产,为养老机构提供新的融资渠道。例如,某大型养老集团旗下拥有多家运营良好的养老机构,通过将这些养老机构的不动产打包,设立REITs产品,向公众投资者发售。投资者购买该REITs产品后,可获得养老机构运营产生的收益分红。该模式不仅助力养老集团筹集巨额资金,以扩大服务规模并提升服务质量,同时也为投资者开辟了参与养老产业的新渠道,实现了养老机构与投资者的互利共赢。

3. 其他创新融资模式

"以房养老"作为一种创新的融资模式,近年来逐渐受到关注。其主要运作方式为,拥有房屋产权的老年人将房屋抵押给金融机构,金融机构在综合评估房屋价值、老年人预期寿命等因素后,定期向老年人发放一定金额的养老金。在老年人去世后,金融机构有权处置抵押房屋,用于偿还已发放的养老金及相关费用。这种模式将老年人的房产转化为稳定的现金流,既保障了老年人的居住权益,又为其提供了经济支持。例如,70岁的张大爷拥有一套市值200万元的房产,他选择与某银行开展"以房养老"业务。银行经过专业评估,综合考虑了房屋价值、张大爷的预期寿命以及市场利率等因素,按照一定的计算方式,每月向张大爷发放5 000元的养老金。张大爷在获得这笔资金后,可用于提高生活质量,如购买更好的生活用品、参加一些老年活动等。在张大爷去世后,银行将按照约定处置该房产。若房产处置所得在偿还相关费用后仍有剩余,剩余部分将归张大爷的继承人所有;若房产处置所得不足以偿还相关费用,银行通常不会向张大爷的继承人追偿。

养老产业投资基金也是一种重要的创新融资模式。此类基金汇聚社会资本,采取股权投资等手段,为养老机构提供持续稳定的资金支持,助力其发展。养老产业投资基金的资金来源广泛,包括政府引导资金、企业资金、个人资金、金融机构资金等。基金管理人深入调研并评估养老机构,精选具有潜力的项目进行投资。获得资金后,养老机构可用于设施建设、设备升级、人才培养及服务拓展,从而推动自身发展壮大。比如,某养老产业投资基金关注到一家专注于失能失智老年人照护服务的养老机构,该机构在服务模式和专业护理团队建设方面具有独特优势,但因资金有限,无法扩大规模。经过详尽的尽职调查,投资基金对该养老机构进行了股权投资。获得资金后,该养老机构顺利新建了一栋专门用于失能失智老年人照护的大楼,购置了先进的康复护理设备,并聘请了更多专业护理人员,服务质量和服务规模都得到了显著提升,为更多有需求的老年人提供了优质的照护服务。

二、融资政策对养老机构的作用

1. 缓解资金压力

信贷融资政策为养老机构提供了重要的资金支持。在养老机构的建设初期,往往需要投入巨额资金用于场地购置、基础设施建设、设备采购等。举例来说,若要建设一家设有200张床位的中高端养老机构,预计场地建设及装修费用将达到2 000万元,而医疗设备、生活设施等采购则需约500万元,因此,前期总资金投入高达2 500万元。对于多数养老机构而言,仅凭内部资金积累,往往难以覆盖如此巨额的初期投入。通过银行贷款等信贷融资方式,养老机构能够获得所需的建设资金,顺利启动项目。

在运营阶段,养老机构同样面临着持续的资金压力。人力成本方面,随着社会对养老服务质量要求的提高,养老机构需要聘请更多专业的护理人员、康复师、营养师等,人力成本不断攀升。据相关统计显示,一家中等规模的养老机构,其年度人力成本支出约占总体运营成本的50%。此外,食材采购、水电费、设备维护等费用也不容忽视。信贷融资政策使得养老机构能够在运营过程中获得稳定的资金流,按时支付员工工资、采购食材和维护设备,确保机构的正常运转。

债券融资支持也为养老机构缓解资金压力发挥了重要作用。通过发行公司信用类债券,养老机构能够一次性筹集大量资金。例如,某大型养老集团为扩大市场份额,计划在多个城市新建养老机构,需要大量资金用于项目前期的土地购置、规划设计以及建设施工等环节。发行债券后,该集团迅速筹集5亿元资金,确保了项目资金需求,加速了养老机构的扩张步伐。不动产投资信托基金(REITs)模式则为养老机构盘活存量资产提供了有效途径。部分运营多年的养老机构,虽拥有优质不动产,但因流动性不足,其价值未能得到充分利用。通过REITs,将这些不动产转化为可交易的证券产品,养老机构能够提前获得资金,用于偿还债务、改善运营条件或进行新的投资,有效缓解了资金压力。

2. 助力机构发展

融资政策为养老机构的规模扩张提供了有力支持。有了充足的资金,养老机构可以购置更多的土地或房产,扩大建筑面积,增加床位数量。以某养老机构为例,在获得银行贷款和引入社会资本后,成功购置了相邻的地块,新建了一栋养老服务楼,新增床位150张,使机构的总床位数达到400张,服务容量大幅提升,能够满足更多老年人的入住需求。

在服务质量提升方面,融资资金也发挥了关键作用。融资资金助力养老机构引进智能化健康监测、康复训练等先进设施,提升服务质量。某高端养老机构通过发行债券筹集资金,引进了一套先进的智能化健康监测系统,该系统实时监测心率、血压、血糖等生理指标,数据即时传输至医护人员终端,异常时迅速预警,有力保障老年人健康。融资资金亦用于人才培养与引进,高薪聘请专业医疗护理人才,并增加员工培训,提升专业素质和服务水平。例如,某养老机构股权融资后,聘请多名经验丰富的康复师、营养师,提供专业康复护理和营养膳食,显著提升服务质量。

从可持续发展的角度来看,融资政策有助于养老机构实现多元化发展战略。养老机构可以利用资金拓展服务领域,如开展居家养老服务、社区日间照料服务等,形成机构养老与居家社区养老相结合的服务模式,增强市场竞争力。某养老机构在获得融资后,推出了居家养老服务项目,为周边社区的老年人提供上门护理、助餐助浴等服务,不仅扩大了服务范围,还提高了品牌知名度,吸引了更多老年人选择该机构的服务,实现了可持续发展。

任务实施与评价

任务一:分析该养老机构运用了哪些养老机构的税收政策

1. 任务实施

(1) 养老服务免征增值税。

根据《财政部 国家税务总局关于全面推开营业税改征增值税试点的通知》(财税〔2016〕36号)规定,养老机构所提供的养老服务可享受免征增值税的优惠政策。

(2) 免征企业所得税。

符合非营利性组织条件且取得免税资格认定的养老机构,其取得的属于免税范围的收入,免征企业所得税。这些免税收入包含接受其他单位或者个人捐赠的收入、除财政拨款以外的其他政府补助收入(不包括因政府购买服务取得的收入)、按规定收取的会费、不征税收入和免税收入滋生的银行存款利息收入等。

(3) 房产税、城镇土地使用税及契税优惠。

根据《财政部 国家税务总局关于对老年服务机构有关税收政策问题的通知》,政府部门、企事业单位、社会团体及个人等社会力量兴办的福利性、非营利性老年服务机构,可享受暂免征收企业所得税的优惠,同时,其自用房产、土地及车船也免征房产税、城镇土地使用税及车船使用税。

根据财政部、税务总局、发展改革委、民政部、商务部、卫生健康委印发的《公告》,承受房屋、土地用于提供社区养老、托育、家政服务的,免征契税。

2. 任务评价

(1) 资料收集完整性:通过查阅资料,国家及地区政策法规收集较为完整。

(2) 分析解释能力:学生能以通俗易懂的方式指出该养老机构税收政策的相关内容,并分析对养老机构运营管理的影响,沟通解释能力较强。

任务二:分析该养老机构运用了哪些养老机构的融资策略

1. 任务实施

(1) 银行贷款。

《中共中央 国务院关于深化养老服务改革发展的意见》提出,要通过地方政府专项债券等资金渠道,支持符合条件的养老服务基础设施建设,积极满足养老服务机构信贷融资需求。银行贷款作为养老机构常用的融资手段之一,具有广泛的应用。

(2) 股权合作。

通过汇聚社会资本,以股权投资等方式对养老企业进行投资,为养老机构的发展提供长期稳定的资金支持。管理人将深入调研并评估养老机构,精选具有显著发展潜力的项目进行投资。被投资的养老机构在获得资金后,可以用于设施建设、设备更新、人才培养、服务拓展等方面,推动自身的发展壮大。

(3) 公司信用类债券。

国家发展改革委等13部门联合印发的《养老托育服务业纾困扶持若干政策措施》提出,支持符合条件的养老企业发行公司信用类债券,以拓宽养老企业多元化融资渠道。

2. 任务评价

(1) 资料收集完整性:通过查阅资料,国家及地区政策法规收集较为完整。

(2) 分析解释能力:学生能以通俗易懂的方式指出该养老机构融资策略的相关内容,并分析其对养老机构运营管理的影响,沟通解释能力较强。

课后练习与拓展

一、课后练习

(一)选择题

1. 以下哪项税收政策是养老机构可能享受到的增值税优惠?( )

  A. 全额征收增值税　　　　　　　　B. 免征增值税

  C. 按照13%征收增值税　　　　　　D. 先征后退增值税

2. 养老机构在所得税方面,以下哪种情况符合优惠政策?( )

  A. 按25%正常税率征收

  B. 减半征收企业所得税

  C. 符合条件的非营利性养老机构免征企业所得税

  D. 征收30%所得税

3. 养老机构的房产用于养老服务,其房产税政策通常是( )。

  A. 正常征收房产税　　　　　　　　B. 减征50%房产税

  C. 免征房产税　　　　　　　　　　D. 按房产评估价值加倍征收

6-2

4. 关于养老机构融资政策,以下哪种贷款渠道是专门针对养老服务的特色融资?(　　)

　　A. 普通商业住房贷款　　　　　　B. 养老服务专项信贷

　　C. 消费贷款　　　　　　　　　　D. 信用卡透支

5. 在政府补贴方面,养老机构收到的建设补贴在财务处理上通常应计入(　　)。

　　A. 营业外收入　　　　　　　　　B. 主营业务收入

　　C. 其他业务收入　　　　　　　　D. 资本公积

6. 养老机构享受税收优惠政策时,以下哪项条件是必要的?(　　)

　　A. 机构面积达到一定规模

　　B. 服务人员数量达到规定标准

　　C. 依法办理登记并向民政部门备案

　　D. 入住率达到较高水平

7. 对于养老机构融资中的债券融资,以下哪项表述正确?(　　)

　　A. 养老机构不能通过发行债券融资

　　B. 只能发行长期债券融资

　　C. 可以通过发行专项债券等方式融资,债券期限灵活

　　D. 债券融资成本比银行贷款高很多

8. 养老机构的土地使用税政策通常是(　　)。

　　A. 正常征收土地使用税　　　　　B. 按土地等级加倍征收

　　C. 暂免征收土地使用税　　　　　D. 减半征收土地使用税

9. 从融资政策角度看,政府引导基金对养老机构的主要作用是(　　)。

　　A. 完全替代其他融资方式

　　B. 作为唯一的资金来源

　　C. 引导社会资本参与养老机构投资

　　D. 只用于购买养老机构的设备

10. 养老机构的财务报表中,以下哪项费用可能在享受政策优惠后有较大幅度减少?(　　)

　　A. 人员工资　　　　　　　　　　B. 水电费

　　C. 税收费用　　　　　　　　　　D. 设备采购费用

(二)简答题

1. 养老机构在增值税方面能享受哪些优惠政策?这些政策对养老机构运营成本有何影响?

2. 养老机构通过银行贷款融资和股权融资各有什么优缺点?在选择融资方式时,养老机构需要考虑哪些自身因素?

3. 土地使用税和房产税对养老机构有哪些优惠?这些政策对养老机构的发展和资源配置产生了怎样的影响?

(三)论述题

论述养老机构税收优惠政策的具体内容、实施意义及在实际执行过程中可能面临的问题与改进措施。

二、课后拓展

随着人口老龄化加剧,预测养老机构未来发展趋势。结合所学知识,小组讨论财税与融资政策应如何创新和调整,以更好地支持养老机构满足日益增长的养老服务需求。

项目三 养老机构服务规范与标准

学习目标

1. 知识目标
(1) 掌握生活照料、医疗护理、心理精神支持等核心服务环节的具体标准。
(2) 能够全面把握养老机构服务的基本规范和标准框架。
(3) 熟悉养老机构的管理与运营流程及规范。
(4) 了解国家及地方关于养老机构服务标准的法律法规、政策文件。

2. 能力目标
(1) 能够依据服务规范对养老机构的服务质量进行评估。
(2) 能够在实际工作场景中运用服务标准解决问题。

3. 素养目标
(1) 增强对养老服务行业的责任感和使命感。
(2) 树立以老年人需求为中心的服务意识。

情景任务

赵宏,今年28岁,是一位在养老机构工作的护理员。多年的工作经历,使他爱上了养老专业。逐渐地,创立一家属于自己的养老机构成为赵宏的梦想。目前,他开始着手准备夕阳红养老机构成立的各项条件。为了向老年人提供标准化服务,赵宏需深入了解养老机构服务与管理的标准。

任务一:了解养老机构管理与运营规范

要求:收集国家、地区有关养老机构运营管理的政策法规、服务标准。如《养老机构管理办法》《养老机构管理规范》《养老机构服务质量基本规范》等。

目的:帮助赵宏了解养老机构运营管理的政策法规、服务标准,以更好地促进养老机构内部管理工作。

任务二:熟悉生活照料、医疗护理、心理精神支持等核心服务环节的具体标准

要求:掌握养老机构核心服务环节的具体标准,并制定相应问题处理预案,以确保为老年人提供高标准、满意的服务。

目的:通过明确养老机构服务的具体标准,协助赵宏对服务环节的操作细则进行细化和完善,同时培养学生运用理论知识解决实际问题的能力。

知识链接

知识点一 养老机构生活照料服务规范

一、生活照料服务

生活照料服务是养老机构的基础与核心,涵盖饮食、起居、卫生等日常方面,服务质量直接影响老年人的生活质量和健康状况。

根据《养老机构服务质量基本规范》(GB/T 35796-2017),生活照料服务是指协助或照顾老年人在饮食、起居、清洁、卫生等日常生活方面的活动。生活照料服务内容包括但不限于：协助老年人个人饮食、起居、清洁卫生、排泄、体位转移。服务要求提供24h服务,记录交接班情况。养老护理员需掌握老年人基本信息,如姓名、照料重点、爱好及精神心理状态。养老护理员需定时巡查居室,观察老年人身心状况,遇特殊情况应立即报告并协助解决。生活照料服务的要求包括但不限于：防止跌倒、烫伤；保持皮肤、口腔、头发、手足指(趾)甲、会阴部清洁,外表整洁,无长指(趾)甲；保持老年人床铺整洁。

二、规范与标准

1. 饮食服务

膳食服务内容包括但不限于为老年人提供集体用餐和个人用餐服务。

(1) 需尊重老年人的宗教信仰和民族习惯,结合其生理特点、身体状况及生活习惯,精心制定食谱,确保营养均衡。

(2) 食品加工与制作应符合食品监督管理要求,符合食品安全相关规定。

(3) 加工后的储存应做到成品与半成品分开、生熟分开。

(4) 根据老年人的营养需求和膳食指南,每周应调整食谱内容,并向老年人公布及存档。临时调整时,应提前告知。

(5) 建立食品留样备查制度,确保每日留样品种齐全,每种样品不少于100克,专用盒上需清晰标注品名、时间、餐别及采样人,留样盒置于0℃至4℃冰箱内保存,储存期不少于48小时,并做好留样记录。

(6) 每餐应对餐(饮)具、送餐工具清洗消毒,每日处理餐厨垃圾。

(7) 膳食服务人员应身着洁净的工作服,佩戴口罩和工作帽,保持个人清洁。

(8) 老年人集体用餐时,应配备相应服务人员予以协助。

2. 起居服务

(1) 起居照料方面,养老机构需遵循严格标准,依据老年人身体状况及个性化需求,精心规划床位布局,并提供质地优良、舒适宜人的床上用品及生活用品。

(2) 护理人员需准时协助老年人完成起床、穿衣、洗漱、就寝等日常活动,同时密切关注其身体状况及情绪波动,确保在第一时间给予必要的帮助与心理支持。

3. 清洁卫生服务

服务内容包括但不限于公共区域及老年人居室内的清洁。

(1) 公共区域和老年人居室应整洁,地面干燥,物品摆放安全合理,空气无异味。

(2) 每日对老年人居室进行细致清扫,精心整理其个人物品及生活用品；床上用品及窗帘等定期更换,一旦发现污染立即处理；居室内电器、家具、玻璃等亦需定期清洁保养；卫浴设备则实施定期清洗消毒,确保居住环境的卫生与安全。

(3) 应定期对公共区域及设施设备进行清洁和消毒。

(4) 被污染的物品,应单独清洁、消毒。

(5) 卫生间、厨房、居室及其他区域的清洁设备、用具应区别使用及消毒。

(6) 提供清洁服务前及清洁过程中,应在显著位置设置安全提示标识。

知识点二　养老机构医疗护理服务标准

一、医疗护理服务

医疗护理服务是养老机构保障老年人健康的关键环节。根据民政部制定的《养老机构服务质量基本规范》(GB/T 35796-2017),医疗护理服务是指为老年人提供的包括疾病预防、健康保健、康复治疗和日常照护在内的综合性服务。医疗护理服务内容包括但不限于常见病多发病诊疗、健康指导、预防保健、康复护理、院内感染控制。

二、规范与标准

其一，对有需要的老年人提供护理服务，包括但不限于：翻身、叩背、尿管理。

其二，应指导老年人正确使用机构提供的各类康复辅助器具，如轮椅、助行器等。

其三，在遵医嘱的情况下，应合理使用约束用具，并确保与相关第三方签署了知情同意书，严格按照操作规范执行。

其四，老年人突发疾病时，应及时与相关第三方联系，不能处置的，应立即联系医疗救护机构，并协助做好老年人转诊转院工作。

其五，根据老年人的评估结果，应签订相应的服药管理协议，并在提供服药管理服务时，工作人员需仔细核对处方和药品，严格按照医疗卫生相关部门的规定进行发放。

其六，应组织老年人开展健康体检，每年不少于1次。

其七，老年人Ⅱ度及以上压疮在院新发生率应低于5%。

其八，养老机构内设医疗机构，应做到：

① 按照内设医疗机构核准登记的诊疗科目开展诊疗活动；
② 密切监测老年人的生命体征、病情变化及体重波动；
③ 定期进行医疗巡视，一旦发现老年人病情变化，立即采取相应措施进行处理；
④ 对老年人常见慢性病进行监测及健康指导；
⑤ 进行老年人保健和传染病的预防，定期开展卫生知识宣教工作。

知识点三　养老机构心理精神支持服务标准

一、心理精神支持

心理精神支持服务对于满足老年人的心理健康需求、提升其生活幸福感具有重要意义。依据《养老机构服务质量基本规范》（GB/T 35796-2017），养老机构提供的心理精神支持服务内容应涵盖环境适应、情绪疏导、心理支持、危机干预等方面。根据《养老机构基本规范》（GB/T 29353-2012），应由心理咨询师、社会工作者、医护人员或经过心理学相关培训的养老护理员承担。心理咨询、危机干预宜由心理咨询师、社会工作者承担。

二、规范与标准

其一，应配备心理或精神支持服务必要的环境、设施与设备。

其二，应保护老年人的隐私。

其三，应帮助入住养老机构的老年人熟悉机构环境，融入集体生活。

其四，应了解掌握老年人心理和精神状况，发现异常及时与老年人沟通了解，并告知相关第三方。必要时请医护人员、社会工作者等专业人员协助处理或转至医疗机构。

其五，应定期协调并组织志愿者为老年人提供服务，以增进老年人与外界社会的互动与交流；同时，鼓励老年人根据自身能力积极参与志愿活动。

其六，应督促相关第三方定期探访老年人，与老年人保持联系。

知识点四　养老机构管理与运营规范

一、管理要求

为了规范对养老机构的管理，促进养老服务事业健康发展，民政部根据《中华人民共和国老年人权益保障法》和有关法律、行政法规，制定了《养老机构服务质量基本规范》（GB/T 35796-2017），全面规范了养老机构的内部管理行为。

二、规范与标准

1. 服务管理要求

(1) 应建立健全基本管理制度,涵盖行政办公、人力资源、服务管理、财务管理、安全管理、后勤管理以及评价与改进等多个方面。

(2) 应在机构内醒目位置公布服务管理信息,包括但不限于:服务资质、服务管理部门设置、服务管理专业技术人员资质、主要服务项目、收费标准。

(3) 应定期评估老年人身体状况和精神状态;老年人身体状况和精神状态发生变化时,应及时评估;应根据评估结果提供相应服务。

(4) 应建立老年人入住档案和健康档案,包括但不限于:服务合同、老年人身份证及户口本复印件、病史记录、体检报告及评估报告。老年人健康档案的保管期限应不少于老年人出院后5年,以符合居民健康档案的保存要求。

(5) 财务、人事、医疗和其他档案的保管期限,应按照国家有关规定执行。

(6) 服务过程需及时、准确且完整地记录,并由记录人员签字确认。此类工作记录的保管期限不得少于三年。

(7) 应保护老年人及相关第三方信息,未经老年人或相关第三方同意,不应泄露老年人及相关第三方信息。

(8) 应设立投诉受理部门,公开投诉电话和负责人电话。

2. 人力资源管理要求

(1) 应明确养老机构工作人员岗位职责。

(2) 养老护理员配置应满足服务需求。

(3) 应配备专职或兼职安全管理人员,包括但不限于消防安全管理人员、食品安全管理人员。

(4) 养老机构工作人员需掌握必要的知识和技能,具体包括:养老机构负责人须具备养老服务专业知识,并定期参与相关培训;养老护理员需经过职业技能培训合格后方可上岗;护士需持有护士执业资格证;医生需持有相应的执业资格证书;餐饮人员需持有健康合格证;特种设备管理人员须具备相应的上岗资质;其他专业技术技能人员则需持有与岗位相匹配的专业资格证书、执业证书,或经过相应的技能培训后上岗。

(5) 应定期举办或参与培训活动,培训内容涵盖以人为本的理念、爱老尊老孝老的服务宗旨、相关政策法规以及管理服务技能。

(6) 应每年组织工作人员进行一次健康体检,对于患有传染性疾病的工作人员,应暂停其为老年人提供服务。

3. 环境及设施设备管理要求

(1) 根据养老机构达标建设具体标准,老年人居室内床位平均可使用面积不应低于6平方米,而单人居室使用面积则不低于10平方米。

(2) 老年人居室配置的各种设施设备应安全、稳固,若有突出尖锐的阳角应做软包处理,床头、浴室、卫生间应设呼叫装置。

(3) 应设置无障碍设施,包括但不限于无障碍出入口、安全扶手、无障碍卫生间、防滑地面。无障碍设施的设计需严格遵循相关规定。

(4) 应设置垃圾专门存放区域,并分类存放、分类管理。

(5) 老年人居室内及其他非吸烟区域应禁止吸烟,若有需要,可设立吸烟区域。

(6) 应符合公安消防部门相关要求,配备消防设施设备。消防灭火器的配备应符合规定。

(7) 应设置醒目、易懂的标志。

4. 安全管理要求

(1) 应建立安全管理体系,建立健全各项安全管理制度。安全管理制度应包括但不限于:安全责任制度；安全教育制度；安全操作规范或规程；安全检查制度；事故处理与报告制度；突发事件应急预案；考核与奖惩制度。

（2）突发事件应急管理应符合要求，明确应急管理部门及其责任，制定应急预案，应急预案内容包括但不限于：突发事件类型；组织机构；职责分工；处置原则；处理流程；工作要求。

（3）突发事件类型包括但不限于：火灾；食物中毒；公共卫生事件；自然灾害；老年人自伤、跌倒、噎食、窒息、误吸、走失、烫伤。

（4）养老机构发生意外或可能引发意外的过失行为后，应按要求逐级上报。发生重大疫情，应及时向机构属地疾病预防控制机构报告。

（5）特种设备安全管理须严格遵守规定，确保设施设备的定期维护保养，并指定专人负责，实施定期检查，且须经有资质的检验机构检验合格后方可投入使用。

（6）消防安全设施、器材，每年至少进行1次全面检测，确保完好有效。

（7）应确保每半年至少举行一次消防演练和应急预案演练，每季度至少开展一次安全教育培训活动，每月至少组织一次防火检查，同时，白天和夜间的防火巡查应每日各不少于两次。

5．服务评价与改进

(1) 评价方式。

① 应定期收集老年人及相关第三方的意见和建议，通过设置意见箱、网上平台等途径进行。

② 应定期实施机构内部的服务质量检查与考核。

③ 宜采用日常检查、定期检查、不定期抽查及专项检查等方式，进行内部评价。确保每年至少开展一次自我检查，并编制检查报告。

④ 应每年开展不少于1次的服务满意度测评，向住院老年人或相关第三方发放满意度调查问卷，并形成分析报告。

⑤ 宜邀请相关专家或第三方专业机构，对服务质量进行评价。

(2) 评价内容。

服务评价的内容包括但不限于：

① 服务项目；

② 服务质量；

③ 服务人员；

④ 服务满意度；

⑤ 工作记录和归档情况等。

(3) 持续改进。

① 通过召开工作例会、座谈会等相关会议，进行沟通交流，查找问题，分析原因，及时制定整改措施。

② 工作人员日常工作中发现问题应及时上报相关部门，及时制定整改措施。

任务实施与评价

任务一：了解养老机构管理与运营规范

1．任务实施

查阅国家、地区有关养老机构运营管理的政策法规、服务标准。如《养老机构管理办法》《养老机构管理规范》《养老机构服务质量基本规范》等。

2．任务评价

（1）资料收集完整性：通过查阅资料，国家及地区政策法规收集较为完整。

(2) 分析解释能力：学生能通过列举实例的方式指出养老机构运营与管理的规范标准，并分析对养老机构运营管理的影响，沟通解释能力较强。

任务二：熟悉生活照料、医疗护理、心理精神支持等核心服务环节的具体标准

1. 任务实施

根据《养老机构服务质量基本规范》中明确的服务环节规范标准，结合机构运营的实际情况，进一步细化和完善了各项操作细则及具体方法，旨在提出更为精确且量化的标准要求。

(1) 生活照料方面。

在饮食照料上严格遵循标准，设有专业的营养餐厅，配备了专业的营养师和厨师团队。营养师会定期为老年人进行全面的身体检查和营养评估，并依据每位老年人的个体差异，特别是针对患有糖尿病、高血压、高血脂等慢性疾病的老年人，量身定制个性化的饮食方案。厨师团队则根据营养师制定的食谱，精心烹制各类菜肴，注重食物的色、香、味、形，以提高老年人的食欲。同时，该机构还注重食材的采购和储存环节，建立了严格的食材采购渠道审核制度，确保采购的食材新鲜、安全、无污染。食材储存仓库严格按照食品储存的相关要求，对食材进行分类存放，同时确保仓库通风良好、环境干燥且卫生，从而有效防止食材变质。

在起居照料方面，养老机构需依据老年人身体状况及需求，科学安排床位，并提供高品质的床上用品及生活用品。护理人员需按时协助老年人完成起床、穿衣、洗漱、就寝等日常活动，并密切关注其身体状况及情绪波动，及时提供必要的帮助与心理支持。

在卫生照料方面，养老机构应保持居住环境的清洁卫生，定期对房间、卫生间、公共区域等进行清洁和消毒。护理人员需协助老年人维持个人卫生，涵盖洗澡、洗头、理发及修剪指甲等项目，确保老年人身体洁净，有效预防疾病。

(2) 医疗护理方面。

养老机构的护理服务等级通常依据老年人的生活自理能力、身体状况等因素进行划分，不同等级对应着不同的服务内容。一般来说，护理服务等级可分为自理、半自理、失能三个主要级别，每个级别又可进一步细分。

针对自理老年人，护理人员每日定时巡查房间，掌握其身体状况及生活需求，并提醒其按时就餐及服药。每周协助老年人进行一次房间清洁整理，包括打扫地面、擦拭家具、更换床单被罩等。每月安排一次健康检查，包括测量血压、血糖、体温等基本指标，并建立健康档案，记录老年人的健康状况变化。同时，为自理老年人精心策划丰富多彩的文化娱乐活动，涵盖书法、绘画、歌唱、舞蹈等兴趣小组，并定期组织户外活动，丰富他们的精神生活。

半自理老年人在生活上需要一定程度的协助。养老机构对半自理老年人提供的服务更为细致。日常照料中，护理人员细心协助老年人完成穿衣、洗漱、梳头、沐浴等日常事务，依据每位老人的具体需求和身体状况，灵活提供多次贴心服务。遵医嘱按时为老年人服药，并观察药物的疗效和不良反应。每周，安排专业的康复训练项目，包括关节活动度提升训练、平衡能力强化训练等，旨在帮助老年人有效维持身体机能，逐步提升生活自理能力。

对于失能老年人，养老机构则需提供全方位、24小时不间断的护理服务。护理人员需要为完全不能自理的老年人制定详细的护理计划，包括定时翻身、拍背、按摩，防止压疮的发生。严格按照操作规范进行鼻饲护理，确保老年人摄入足够的营养。每天为老年人进行口腔护理、会阴护理、擦身等，保持老年人身体清洁，预防感染。同时，密切观察老年人的病情变化，一旦发现异常，立即通知医生进行处理。

(3) 心理精神支持方面。

在心理关怀方面，养老机构应定期开展心理健康评估，依据《养老机构老年人心理状态评估规范》，专业的心理咨询师或医护人员会运用包括迷你心理状态检查(MMSE)、老年抑郁量表(GDS)等在内的专业

评估工具和方法,对老年人的心理状态进行全面评估,涵盖情绪、认知、压力应对等多个维度。根据评估结果,为老年人提供个性化的心理辅导和干预。

2. 任务评价

实践操作能力:学生能结合养老机构服务内容的规范标准,制定和完善操作细则和具体方法,并分析其对养老机构运营管理的影响,沟通解释能力较强。

课后练习与拓展

一、课后练习

(一) 选择题

1. 按照养老机构服务标准,护理人员对失能老年人翻身间隔时间一般不应超过(　　)。
   A. 1小时　　　　B. 2小时　　　　C. 3小时　　　　D. 4小时
2. 养老机构服务规范规定,老年人室内活动空间人均使用面积不应低于(　　)平方米。
   A. 2　　　　　　B. 3　　　　　　C. 4　　　　　　D. 5
3. 在养老机构餐饮服务中,食品留样时间应不少于(　　)小时。
   A. 24　　　　　B. 36　　　　　C. 48　　　　　D. 72
4. 养老机构服务标准要求,老年人使用的沐浴设施旁应安装(　　)。
   A. 扶手　　　　B. 防滑垫　　　　C. 紧急呼叫装置　　　D. 以上都是
5. 对于养老机构的服务人员,(　　)应进行一次健康检查。
   A. 半年　　　　B. 一年　　　　C. 两年　　　　D. 三年
6. 养老机构服务规范中,老年人房间内相对湿度宜保持在(　　)。
   A. 40%—60%　　　　　　　　　B. 50%—70%
   C. 60%—80%　　　　　　　　　D. 70%—90%
7. 养老机构服务规范中,对于半失能老年人进食协助服务,喂食速度应(　　)。
   A. 快速　　　　B. 适中　　　　C. 缓慢　　　　D. 根据老年人要求
8. 养老机构服务标准要求,老年人使用的轮椅应(　　)检查一次。
   A. 每日　　　　B. 每周　　　　C. 每两周　　　　D. 每月
9. 养老机构服务规范规定,工作人员在为老年人进行护理操作前,应(　　)。
   A. 直接操作　　　B. 洗手　　　　C. 戴手套　　　　D. 穿防护服
10. 在养老机构的康复服务中,康复训练记录应至少(　　)更新一次。
    A. 每日　　　　B. 每周　　　　C. 每两周　　　　D. 每月

(二) 简答题

1. 养老机构护理服务中,针对失能老年人的生活照料包含哪些主要内容?
2. 列举养老机构为老年人提供心理关怀服务的常见方式。
3. 简述养老机构进行清洁卫生服务的具体流程及需注意的关键事项。

(三) 论述题

探讨养老机构在服务规范与标准指引下,如何加强心理关怀服务,帮助老年人缓解孤独感,提升心理健康水平。

二、课后拓展

从养老机构服务规范与标准出发,结合所学知识,小组探讨如何建立有效的服务质量监督与评估机制,以持续改进服务质量。

项目四 医养结合相关政策法规

学习目标

1. 知识目标
（1）掌握医养结合的内涵及主要形式。
（2）理解医养结合的服务模式。
（3）熟悉医养结合相关政策法规。
（4）了解我国医养结合的制度发展历程。

2. 能力目标
（1）能够通过学习，领会医养结合的相关政策。
（2）能够在养老服务的实践中探索医养结合服务模式。

3. 素养目标
（1）认识正确运用政策的重要性，严格遵守法律法规。
（2）具有医养结合的服务意识。

情景任务

随着人口老龄化的加剧，高龄、失能、空巢等问题的涌现，老年人面临的健康挑战和照护需求日益增多。为解决老年人养老难题，A市在传统机构养老和居家养老模式的基础上，积极整合医疗资源，创新性地构建了"家门口"的医养结合养老服务体系，不断探索一体化服务的新路径。

医养结合，服务是基础，医疗是保障，康复是支撑。通过强化整合，A市老年病专科医院推动医疗资源深入养老服务中心，专业团队常驻坐诊、查房并提供技术指导。同时，中心与医院形成双向转诊机制，开放绿色救治通道，满足老年人就医需求。养老服务中心大楼设全科诊室、中医理疗室、药房、康复治疗室、多功能活动室等，共有医养床位800张，配有供氧设备，床头呼叫铃、冷暖空调、衣柜、床头柜、洗手间紧急呼叫铃及防滑装置等，户外配套花园式休闲区、运动场，配备常驻医生、护士、护理员等，护理人员为入住老人提供全天候"医＋养＋护"服务，确保就医无忧，养老安心。

任务一：了解国家及地方关于促进医养结合的法律法规、政策文件

要求：收集国家、地区有关促进医养结合的政策法规、管理规范及服务标准。如党的二十届三中全会通过的《中共中央关于进一步全面深化改革、推进中国式现代化的决定》《关于进一步推进医养结合发展的指导意见》《国家卫生健康委 民政部 国家医保局 国家中医药局 国家疾控局关于促进医养结合服务高质量发展的指导意见》《医养结合机构管理指南(试行)》等。

目的：了解有关医养结合的政策法规，提升学生自主学习和研究能力。

任务二：分析医养结合案例中政策法规的应用情况

要求：分析案例中所涉及的政策法规，探究医养结合模式对当地养老产业的影响，并以学术语言进行描述。

目的：运用所学政策法规知识，分析医养结合案例中政策法规的应用情况，准确评估其实际效果。

知识点一　医养结合政策背景与意义

一、医养结合的产生背景

1. 人口老龄化的加剧

我国作为世界上老年人口最多的国家，正面临着前所未有的人口老龄化挑战。根据民政部、全国老龄办发布的《2024年度国家老龄事业发展公报》显示，截至2024年末，全国60周岁及以上老年人口31031万人，占总人口的22.0%；全国65周岁及以上老年人口22023万人，占总人口的15.6%，人口抚养比22.5%。如此庞大的老年人口规模以及快速的增长速度，给社会养老负担带来了沉重压力。

随着年龄的增长，老年人的身体机能逐渐衰退，健康问题日益凸显。根据国家卫生健康委的最新统计数据，我国约有1.9亿老年人患有慢性病，其中75%的60岁及以上老年人至少患有1种慢性病。这些慢性病不仅需要长期的医疗治疗和药物维持，还严重影响老年人的生活质量。许多老年人因慢性病导致行动不便，生活自理能力下降，需要专业的护理人员提供日常生活照料、康复护理等服务。然而，目前我国的照护服务体系还远不完善。根据最新数据，我国每千名老年人拥有的养老护理员数量不足3人，与国际标准相比存在较大差距。截至2024年，我国60岁及以上老年人口达到3.1亿，其中失能、半失能老人大约4400万，而目前养老护理员存在数量不足、素质不高、结构层次不合理等问题，且大多数人缺乏专业的护理知识和必要的技能培训，因此难以满足失能或半失能老年人的照护需求。

2. 传统养老模式的局限性

随着社会经济的快速发展，家庭结构发生了显著变化，这对传统家庭养老模式产生了巨大冲击。家庭规模逐渐小型化的趋势愈发显著。据相关调查，2020年我国空巢老年人占比已超过半数，部分地区甚至超过70%。这些空巢老年人在日常生活照料、生病就医、情感陪伴等方面都面临诸多困难，居家养老的功能难以有效发挥。

在我国，许多养老机构在医疗设施和专业医护人员配备方面存在不足。根据相关统计，我国现有养老机构约4万多家，然而，真正具备完善医疗服务能力的机构却不多。此外，专业医护人员的短缺也是制约机构养老医疗服务质量的关键因素。众多养老机构在吸引并维持专业医生和护士方面面临困境，因此，其护理人员大多未接受过系统的专业知识和技能培训。在护理人员数量不足且专业水平有限的情况下，很难满足老年人多样化的医疗需求，尤其是对于患有慢性病、需要长期康复护理的老年人来说，现有的医疗服务远远无法满足他们的需求。

3. 医疗与养老资源分离

目前，医疗机构和养老机构仍处于分离状态，这种分离体现在多个层面。

在服务内容上，医疗机构主要聚焦于疾病的诊断、治疗和急救，其服务具有短期性和针对性。医院的日常工作围绕着门诊患者的诊疗、住院患者的手术与药物治疗等展开，以治愈疾病为主要目标。而养老机构则侧重于老年人的日常生活照料，如饮食、住宿、娱乐等方面，对医疗服务的提供相对有限。多数养老机构仅能开展基础健康监测工作，例如测量血压、体温等，而在专业的医疗诊断和治疗方面则显得力不从心，给老年人的生活带来了诸多不便。许多患有慢性病的老年人需要定期前往医院进行检查、复诊和取药。由于养老机构与医院之间缺乏有效的衔接机制，老年人往往需要在养老机构和医院之间频繁奔波。

在服务对象和服务定位上两者也存在明显差异。医疗机构服务于广泛的患病群体，涵盖各年龄段，其核心在于疾病的治愈。而养老机构主要服务于老年人，尤其是生活自理能力下降的老年人，以提供生活照料和精神慰藉为主。当老年人在养老机构突发疾病时，由于养老机构医疗能力有限，需要紧急转诊至医院,转诊过程中常遇信息沟通障碍和转运延迟,这些问题直接影响老年人的救治成效。而且,老年人在医院接受治疗后,一旦病情稳定出院,常陷入无处安放的困境。医院无法提供长期的康复护理服务,而养老院又可能因缺乏专业的康复设施和护理人员,无法满足老年人出院后的康复需求。这使得老年人在医疗与养老之间频繁切换时,面临着诸多困难和不确定性,严重影响了老年人的身心健康和生活质量。

二、医养结合的意义与价值

1. 对老年人的积极影响

有效提高老年人的生活质量与健康水平。医养结合政策能够为老年人提供全面且专业的医疗护理和生活照料,对改善他们的生活质量有着显著成效。养老机构的护理人员负责老年人的日常生活照料,如协助洗漱、穿衣、用餐等,确保她的生活舒适、便利;而涵盖医生、护士、康复治疗师等专业的医护团队,可以为入住的老年人提供全方位的医疗服务。同时,医养结合机构还通过定期组织健康讲座、健康体检等活动,增强老年人的健康意识,提高他们的自我保健能力。

减轻老年人的家庭经济与照护负担。医养结合政策的实施,为缓解老年人家庭的经济与照护负担提供有力支持。在经济负担方面,长期护理保险等政策的推行,为失能老年人家庭带来了实质性的帮助。例如自2017年起开展的长期护理保险制度,能够为失能参保人提供基本生活照料及与基本生活密切相关的医疗护理服务。长护险基金大大减轻了老年人家庭的经济负担,使他们能够在经济上更从容地应对老年人的照护需求。照护层面,专业医养结合服务减轻了子女照护压力,确保老年人获得优质专业照料,实现家庭与老年人的双赢。

2. 助推社会发展

医养结合政策的实施对促进社会和谐稳定有着重要意义。随着老龄化社会的加剧,老年人的养老问题逐渐成为社会关注的焦点。而医养结合政策的实施则有助于缓解社会养老压力,减少因老年人养老问题引发的社会不稳定因素。老年人能够在医养结合机构或通过相关服务得到妥善照顾,他们的生活满意度和幸福感会提高,对社会的认同感也会增强,这有利于增强社会凝聚力,促进社会和谐发展。

3. 完善养老服务体系

随着健康中国战略的实施,医养结合政策有效整合了医疗与养老资源,促进了资源的共享与高效利用,显著提升了老年人的生活质量。在传统模式下,医疗资源高度集中于医院,而养老机构则主要侧重于生活照料,两者之间缺乏有效的沟通与协作。随着医养结合政策的实施,有效推动了医疗与养老资源的深度融合。

医疗机构与养老机构携手合作,实现了资源的深度整合与优势互补。一些大型医院与周边的养老机构签订合作协议,医院为养老机构提供专业的医疗技术支持、定期的医护人员培训以及紧急医疗救援服务;养老机构则为医院提供康复护理场所,接收病情稳定但仍需康复护理的患者。通过这种合作模式,医疗资源得以延伸到养老机构,提高了资源的利用效率。有些养老机构还设置了医务室或护理站,配备了基本的医疗设备和专业的医护人员,能够为老年人提供日常的健康检查、疾病诊治等服务。这不仅方便老年人就医,减少了转诊的麻烦,还使医疗资源得到更充分的利用,避免资源的闲置与浪费。

知识点二　医养结合服务模式与实践

一、医养结合的概念界定

1. 医疗与养老服务的融合

医养结合旨在将医疗服务与养老服务进行深度融合,以满足老年人全方位的健康与生活需求。医疗服务涵盖诊断、治疗、康复护理及预防保健,养老服务则包含生活照料、饮食管理、精神关怀及文化娱乐活动,在医养结合模式下,这两种服务通过多种方式实现有机结合。

养老机构与医疗机构建立合作关系,医疗机构定期派医护人员至养老机构,为老年人提供健康检查及疾病诊治服务。养老机构可以与附近的社区医院达成合作协议,社区医院每周安排医生坐诊养老机构,提供基本医疗诊断与治疗,并为慢性病老年人定制个性化治疗及康复方案。此外,在一些大型医养结合机构中,医疗与养老服务在同一空间内实现一体化运作。这些机构内部设有医院或医务室,配备专业的医疗设备和医护人员,老年人在机构内可享受养老服务,同时确保及时医疗救治。当老年人身体出现不适时,可直接在机构内的医院进行检查和治疗,无须转诊至外部医院,大大提高了就医效率。

2. 医养结合模式的特点

医养结合模式具有显著的整合性特点。它打破了传统医疗与养老服务之间的界限,将原本分散的医疗资源和养老资源进行整合。通过整合医疗设备、医护人员、养老设施等资源,实现了医疗与养老服务的协同发展。医养结合机构整合医疗资源,配备心电图机、B超机等专业设备,以及康复训练器材,全面满足老年人医疗需求。整合养老资源,提供舒适居住环境、营养均衡膳食及多样娱乐活动,满足老年人生活需求。

医养结合模式还具备连续性特点。它为老年人提供了从疾病预防、诊断、治疗到康复护理以及长期照护的连续性服务。在疾病预防阶段,医养结合机构会通过健康讲座、定期体检等方式,帮助老年人预防疾病的发生。当老年人患病时,能够及时得到准确的诊断和有效的治疗。在治疗后,会为老年人制定个性化的康复护理计划,帮助老年人尽快恢复身体功能。对于失能半失能老年人,还会提供长期的照护服务,保障老年人的生活质量。

医养结合模式充分考虑到老年人的个体差异,为每位老年人制定个性化的服务方案。根据老年人的健康状况、生活习惯、兴趣爱好等因素,提供定制化的医疗和养老服务。糖尿病老年人将获专属饮食计划,控制糖分,定期监测血糖。书法爱好者老年人可参与书法活动,丰富精神文化生活。这种个性化服务能够更好地满足老年人的特殊需求,提高他们的满意度和幸福感。

医养结合模式对老年人全生命周期的健康管理具有重要作用。老年人的身体健康、心理健康、疾病治疗、康复护理、生活照料及精神慰藉均得到了全面关注与管理。建立老年人健康档案,实时追踪健康状况,灵活调整服务方案,确保老年人健康无忧。全生命周期的健康管理模式,旨在提升老年人生活质量,延长健康寿命,确保其安享幸福晚年。

二、医养结合服务模式

1. 机构医养结合模式

(1) 大型医养结合机构。

通常由实力较强的医疗机构或养老企业投资建设,集医疗、康复、护理、养老等多种功能于一体。例如一些大型的三甲医院附属的医养结合中心,依托医院强大的医疗资源,配备先进的医疗设备和专业的医护团队,能够为老年人提供从疾病诊断、治疗到康复护理以及长期生活照料的全方位服务。在硬件设施上,设有专门的病房、康复训练室、老年活动中心等;软件方面,医护人员具备丰富的临床经验和专业的护理技能,可根据老年人的身体状况制定个性化的医养方案。

(2) 小型医养结合机构。

多为社区嵌入式或民营中小型养老机构(床位数50张以下),以"小而精"为特色,通过与周边社区卫生服务站、诊所等签订合作协议,引入基础医疗服务。例如,由合作医疗机构每周派驻全科医生坐诊,提供慢性病随访、用药指导等服务,同时建立"一键转诊"通道。机构内配备简易医疗设备,由持证护士提供基础护理(如血糖监测、伤口护理),并融合助餐、助洁等生活照料服务。其优势在于贴近社区、成本可控,能灵活响应老人日常健康与照护需求,适合服务轻度失能及慢性病老人。

(3) 社区或民营资本运营的小型养老机构,通过与周边医疗机构建立合作关系,引入基础医疗服务。虽规模较小,但灵活性强,能有效满足周边社区老年人日常照护及基本医疗需求。例如,一些社区卫生服务站积极与邻近的小型养老院携手合作,不仅定期为老年人提供全面的健康体检和疾病诊疗服务,而且养老院也全面承担起老人的生活照料、餐饮及住宿等日常需求,两者共同构建了一个高效便捷的基层医养结合服务体系。

2. 社区医养结合模式

(1) 社区日间照料中心+医疗机构合作。

社区日间照料中心致力于为老年人提供包括日间生活照料、专业的康复护理以及丰富的文化娱乐在内的多元化服务。此外,还与周边的医院及社区卫生服务中心紧密合作,签订合作协议,确保医疗机构能够定期为老年人提供包括健康检查、疾病诊治及康复指导在内的全方位医疗服务。例如,某社区日间照料中心与社区卫生服务中心联合,每周安排医生到照料中心为老人坐诊,提供常见疾病的诊断和治疗建议;每月组织一次健康讲座,普及老年健康知识。对于需要进一步治疗的老人,及时转诊至合作医院,形成了"小病在社区,大病进医院,康复回社区"的服务模式。

(2) 居家养老+社区医疗服务上门。

以家庭为基础,社区为依托,医疗机构为支撑。社区卫生服务人员定期上门为居家老人提供医疗服务,包括测量血压、血糖、更换导尿管等护理操作,以及慢性病管理、康复指导等。同时,社区还提供诸如助餐、助浴、助洁等生活照料服务。一些地方采用政府购买服务的形式,组建由专业医护人员和养老服务人员构成的服务团队,依据老人需求及预约时间,上门提供全面的医养服务,让老人在家中即可享受高质量的医养结合服务。

3. 居家医养结合模式

(1) 家庭医生签约服务。

家庭医生团队与居家老人签订服务协议,为老人提供个性化的医疗服务。包括建立健康档案、定期健康随访、疾病诊治、康复指导等。家庭医生不仅关注老人的疾病治疗,还注重健康管理和预防保健。例如,家庭医生根据老人的健康状况制定饮食、运动计划,指导老人合理用药,并及时发现和处理潜在的健康问题。遇到疑难病症时,家庭医生还可通过绿色通道为老人转诊至上级医院。

(2) 智能居家养老设备辅助。

借助智能穿戴设备、远程医疗监测设备等,实现对居家老人健康状况的实时监测。老人佩戴的智能手环可以实时监测心率、血压、睡眠等数据,并将数据传输到家庭医生或子女的手机终端。一旦数据出现异常,系统会自动发出预警,家庭医生或子女可及时采取措施。同时,一些智能摄像头还可以对老人的居家活动进行监测,确保老人的安全。如老人在家中摔倒,摄像头可及时捕捉到这一情况,并通知相关人员进行救助。

知识点三 医养结合相关政策法规解读

一、国家层面政策梳理

1. 重要政策文件解析

近年来,国家密集发布医养结合政策,旨在深度整合医疗与养老服务。2019年,国家卫生健康委等部门印发的《关于深入推进医养结合发展的若干意见》,从医疗卫生与养老服务衔接、推进"放管服"改革、政府支持力度加大、优化保障政策、加强队伍建设五大方面,推进医疗与养老服务行业的协同发展。该政策明确提出要推动医疗卫生服务延伸至家庭,鼓励医护人员为居家老人提供上门医疗服务,如定期体检、康复指导等。在推进"放管服"改革方面,简化医养结合机构设立审批流程,减少烦琐的手续,提高办事效率,为社会力量参与医养结合服务创造了更加宽松的政策环境。

2023年发布的《关于进一步推进医养结合发展的指导意见》,强调了保障重点,突出了创新点和亮点。在保障重点方面,一方面增加医养结合服务供给,促进多元服务主体的深度融合。坚持以居家为基础、社区为依托、机构为补充的基本形式,推动机构和社会力量向居家、社区延伸,积极提供居家医疗服务、增强社区医养结合服务能力,推动医疗卫生机构提供居家医疗等相关服务。另一方面,重点关注失能(失智)、慢性病、高龄、残疾等困难老年人的医养结合服务基本保障,支持有条件的医疗卫生机构为居家失能、慢性病、高龄、残疾等行动不便或确有困难的老年人提供家庭病床等居家医疗服务。在创新点方面,提升智能化、信息化水平，利用"互联网+"创新医养结合服务模式，如"互联网+医疗健康"和"互联网+护理服务"，为老年人提供更加便捷的居家医疗服务。以老年人实际需求为导向，推动医养结合服务精准供给，支持为有需求的老年人提供家庭病床、上门巡诊等服务。

2. 政策的发展脉络与演进

我国医养结合政策经历了从初步探索到逐步完善的发展历程。在早期，政策主要侧重于鼓励养老机构与医疗机构建立合作关系，实现资源共享。2013年，国务院印发的《关于加快发展养老服务业的若干意见》中，明确提出了将"积极推进医疗卫生与养老服务相结合"作为养老服务业发展的主要任务之一，这一政策的出台为医养结合的深入实施奠定了坚实的基础。随后，国家卫生健康委鼓励将符合条件的医养结合机构纳入紧密型医联体统一管理，以提升老年人的健康养老体验。医养结合政策的实施，不仅在提高服务质量上发力，还在推动养老机构技术水平与服务能力方面发出新动能，尤其是在面对疫情时，医疗与养老服务的有效整合，使得老年人群体的生命安全与健康得到更好的保障。此时，政策的重点在于引导医疗机构和养老机构开展合作，如医疗机构为养老机构提供医疗技术支持，养老机构为医疗机构提供康复护理场所等。

随着老龄化程度的加深和对医养结合需求的不断增长，政策逐渐向细化和深化方向发展。2015年，国家九部委发布的《关于推进医疗卫生与养老服务相结合的指导意见》，明确了医养结合的目标、任务和保障措施，标志着医养结合政策进入全面推进阶段。此阶段，政策既重视机构间合作，也关注社区与居家医养结合服务的发展，鼓励社区卫生服务中心与居家养老服务机构携手，为老年人提供便捷的上门医疗与护理服务。

近年来，政策更加注重医养结合服务的质量和可持续性。2019年以来的相关政策，在优化服务供给、加强人才培养、完善保障机制等方面提出了具体要求。优化服务供给方面，推动医疗卫生机构与养老机构深度融合，创新服务模式，诸如家庭病床服务、医养结合联合体建设等举措应运而生。在加强人才培养方面，加大对医养结合专业人才的培养力度，提高服务人员的专业素质和服务水平；在完善保障机制方面，完善医保政策，将符合条件的医养结合服务项目纳入医保报销范围，提高老年人的支付能力。

二、地方政府的落实举措

1. 各地政策的特色与差异

不同地区在落实医养结合政策时，展现出了鲜明的特色与差异。经济发达地区，如上海、北京等地，凭借雄厚的经济实力和丰富的资源，在医养结合服务的多元化和高端化方面表现突出。上海积极探索"嵌入式"医养结合模式，在社区内嵌入小型医疗机构和养老服务设施，让老年人在自己熟悉的社区环境中，轻松享受到医疗与养老的双重服务。静安区彭浦新村街道的"彭浦新村街道社区综合为老服务中心"，将社区卫生服务站、养老院、日间照料中心等功能整合在一起，为老年人提供一站式的医养结合服务。中心不仅提供日常的医疗护理、康复训练服务，还开设了文化娱乐、心理咨询等多元化服务项目，满足了老年人不同层次的需求。

北京则注重利用科技手段提升医养结合服务的质量和效率。通过打造智慧医养平台，实现了医疗信息与养老服务信息的互联互通。老年人足不出户，即可利用智能设备监测健康状况，数据实时上传至平台，医护人员据此迅速为老人提供健康指导和必要的干预措施。在海淀区的一些社区，老年人使用智能手环，手环可实时监测老人的心率、血压等健康指标。一旦指标出现异常，平台会立即通知社区医护人员，及时为老人提供医疗服务。

相比之下，经济欠发达地区，如贵州、甘肃等地，结合自身实际情况，在医养结合政策的侧重点上有所不同。贵州积极推动医养结合与生态旅游资源的融合，打造具有特色的康养旅游模式。凭借当地丰富的自然生态资源，诸如宜人气候与绝美自然风光，吸引老年人前来疗养度假。遵义市赤水市更是凭借竹海、丹霞地貌等独特资源，打造了一批康养旅游基地。这些基地将医疗护理、康复保健与旅游休闲相结合，为老年人提供了集养生、休闲、娱乐为一体的综合性服务。

甘肃则将重点放在了基层医养结合服务网络的建设上。通过加强乡镇卫生院和农村养老机构的合作，提升农村地区的医养结合服务水平。许多乡镇卫生院与周边的养老院建立了合作关系，定期派遣医护人员到养老院为老人进行健康检查、疾病诊治等服务。同时，为养老院的护理人员提供专业培训，提高其护理水平，以满足农村老年人的医养结合需求。

2. 实施过程中的挑战与应对

在医养结合政策的实施过程中，地方政府面临着诸多挑战。资金短缺是普遍难题。医养结合项目的建设与运营，从医疗设备购置、养老设施建设到专业人员培训，均需大量资金投入。然而，许多地方政府的财政资金有限，难以满足医养结合项目的资金需求。部门协调不畅也给政策实施带来了困难。医养结合涉及卫生健康、民政、医保等多个部门，各部门间职责界限模糊，致使工作中沟通协调受阻、政策执行不力等问题频发。

针对这些挑战，地方政府采取了一系列应对措施。在解决资金短缺问题上，不少地方政府积极拓宽融资渠道，吸引社会资本参与医养结合项目。政府推出税收减免、土地优惠等激励措施，旨在吸引企业投资兴建医养结合机构。青岛市采用政府和社会资本合作（PPP）模式，吸引了多家企业参与医养结合项目的投资与运营。此模式下，政企签订合作协议，界定双方权责，共担建设与运营成本，共享项目红利。这不仅减轻了政府的财政压力，还充分发挥了社会资本的优势，提高了项目的运营效率和服务质量。

为解决部门协调不畅的问题，地方政府加强了部门之间的沟通与协作机制建设。建立了多部门联席会议制度，定期召开会议，共同商讨医养结合工作中的重大问题和难点问题。同时，明确各部门的职责分工，制定详细的工作流程和考核标准，确保各项政策措施能够得到有效落实。成都市武侯区建立了医养结合工作协调小组，由区政府分管领导担任组长，卫生健康、民政、医保等部门为成员单位。协调小组定期集会，深入探讨并解决医养结合工作中的核心难题与挑战。明确职责分工，强化信息共享与协同合作，各部门携手共进，形成强大合力，有力促进了医养结合政策的落地实施。

延伸阅读

1.《医养结合机构管理指南（试行）》

制定部门：国家卫生健康委、民政部、国家中医药管理局

实施时间：2020年9月27日发布即实施

主要内容：适用于兼具医疗与养老资质的机构，要求依法完成医疗、养老许可备案，食品服务需取得经营许可。服务管理覆盖养老、医疗、护理等领域，明确各环节规范。医养服务衔接方面，建立多人员联动与日常巡查机制，明确出入院标准，开通转诊绿色通道，部分医疗费用纳入医保。运营管理涵盖人力、财务、行政、后勤及档案管理，全方位保障机构规范有序运行。

2.《关于进一步推进医养结合发展的指导意见》

制定部门：中华人民共和国国家卫生健康委员会等十一部门

实施时间：2022年7月印发实施

主要内容：该意见聚焦破解医养结合发展难题。在服务模式上，发展居家社区医养结合服务，支持医疗机构开展居家医疗，强化社区医养结合能力；在机构协作方面，推动医疗与养老机构深化合作。同时，优化医养服务衔接流程，促进资源共享，发挥信息化技术赋能作用。政策保障上，完善价格、保险、土地、财税等支持体系；人才建设方面，多渠道引育专业人才，加强培养与引导，并强化服务全流程监管，推动医养结合高质量发展。

3.《关于促进医养结合服务高质量发展的指导意见》

制定部门：国家卫生健康委、民政部、国家医保局、国家中医药局、国家疾控局

实施时间：2024年12月12日发布并实施

主要内容：意见以推动医养结合服务高质量发展为核心，多维度发力。政策体系上，优化医保支付政策，积极推动医养结合机构纳入医保定点范围；服务体系建设方面，鼓励医疗与养老机构深度融合，创新多样化服务模式，满足多元需求。人才队伍建设聚焦专业人才培养，强化引育机制。同时，通过建立健全质量监管长效机制，全面提升服务质量与安全，保障医养结合服务规范、高效、可持续发展。

任务实施与评价

任务一：了解国家及地方关于促进医养结合的法律法规、政策文件

1. 任务实施

查阅国家、地区有关医养结合的政策法规、政策文件。如《关于进一步推进医养结合发展的指导意见》《国家卫生健康委 民政部 国家医保局 国家中医药局 国家疾控局关于促进医养结合服务高质量发展的指导意见》《医养结合机构管理指南（试行）》等。

2. 任务评价

（1）资料收集完整性：通过查阅资料，国家及地区政策法规收集较为完整。

（2）分析解释能力：学生能剖析政策法规对医养结合服务模式、服务内容的规范与引导作用，分析解释能力较强。

任务二：分析医养结合案例中政策法规的应用情况

一、任务实施

运用所学政策法规知识，分析不同医养结合案例中政策法规的应用情况，结合生活中的案例评估其实际效果。

二、任务评价

实践操作能力：学生能够熟练运用医养结合相关的法律法规、政策文件，深刻剖析其对本地养老产业的实际影响，并以严谨规范的学术语言阐述分析；沟通解释能力较强。

课后练习与拓展

一、课后练习

（一）选择题

1. 我国首次提出推进医疗卫生与养老服务相结合的重要政策文件是（　　）。
A.《关于促进健康服务业发展的若干意见》
B.《关于推进医疗卫生与养老服务相结合的指导意见》
C.《"健康中国2030"规划纲要》
D.《国务院关于印发"十三五"国家老龄事业发展和养老体系建设规划的通知》

2. 医养结合政策法规中，鼓励养老机构内设医疗机构，其性质一般为（　　）。
A. 营利性医疗机构　　　　　　　　　　　　B. 非营利性医疗机构

C. 视情况而定,两者均可   D. 以上都不对

3. 社区医养结合服务模式中,社区卫生服务中心与社区养老机构合作的主要目的是( )。
   A. 增加社区卫生服务中心收入   B. 扩大社区养老机构规模
   C. 为社区老年人提供便捷的医养服务   D. 提升双方知名度

4. 医养结合政策法规推动建立的协作机制,主要是为了加强( )之间的合作。
   A. 医疗机构与养老机构   B. 养老机构与社区
   C. 医疗机构与政府部门   D. 以上所有

5. 为解决医养结合专业人才短缺问题,政策法规鼓励( )。
   A. 减少对专业人才的需求   B. 从其他行业随意引进人才
   C. 加强相关专业教育和培训   D. 降低专业人才的薪资待遇

6. 以下哪项不属于医养结合政策法规中对医疗机构开展养老服务的支持措施?( )
   A. 给予财政补贴   B. 简化审批流程
   C. 限制其服务范围   D. 提供政策优惠

7. 医养结合政策法规强调要建立长期照护服务体系,主要针对( )。
   A. 健康老年人   B. 失能、半失能老年人
   C. 儿童   D. 中年人

8. 为推动医养结合发展,政策鼓励社会力量参与,以下哪种方式不属于社会力量参与医养结合的途径( )。
   A. 投资建设医养结合机构   B. 捐赠物资设备
   C. 政府直接运营医养结合机构   D. 提供志愿服务

9. 政策法规中对医养结合机构的医疗服务质量监管主要由( )负责。
   A. 民政部门   B. 卫生健康部门
   C. 市场监管部门   D. 以上都是

10. 医养结合政策法规中,关于医保政策对医养结合的支持,主要体现在( )。
    A. 扩大医保报销范围至所有养老服务
    B. 将符合条件的医养结合机构纳入医保定点
    C. 提高医保报销比例但缩小范围
    D. 减少医保对医养结合的投入

(二)简答题

1. 列举三个我国医养结合的主要政策文件,并简要说明其核心要点。
2. 简述医养结合政策法规出台的主要背景。
3. 从政策法规角度,说明如何促进医疗机构与养老机构的合作?

(三)论述题

医养结合政策法规中,针对社区医养服务,有哪些支持措施?

二、课后拓展

结合所学知识,小组探讨医养结合政策法规如何保障老年人在医养结合机构中的合法权益?

模块七

银发经济与智慧养老政策法规

模块导读

在人口老龄化程度持续加深的当下,"银发经济"与"智慧养老"已成为破解养老困局、推动经济高质量发展的关键路径。本模块聚焦于银发经济与智慧养老的政策体系,通过解析政策内涵、梳理"银发经济"与"智慧养老"发展脉络、核心概念、具体特征等相关内容,从理论层面培养学生对于老龄产业经济及数智赋能康养领域认知,从实践层面提升学生运用"银发经济"与"智慧养老"开展为老服务的职业素养与专业能力。

思维导图

- 项目一 银发经济的概念、发展背景及相关政策
  - 银发经济概念内涵
    - 定义:向老年人提供产品或服务及为老龄阶段做准备的经济活动总和
    - 核心特征:消费群体庞大、需求多样化、高品质需求增长、技术驱动创新、产业链长、社会参与广泛
  - 发展背景与现状
    - 驱动因素:人口老龄化、消费能力提升、政策支持、科技发展、社会环境变化
    - 现存问题:产业定位模糊、供需不匹配、消费顾虑、人才资金短缺、技术创新不足
  - 核心政策解读
    - 政策框架:国务院《关于发展银发经济增进老年人福祉的意见》等
    - 重点方向:民生事业、产品供给、潜力产业培育、要素保障

- 项目二 智慧养老相关政策法规
  - 智慧养老内涵与技术基础
    - 概念演进:从智能养老到智慧养老的发展历程
    - 技术支撑:物联网、大数据、人工智能等信息技术集成
  - 政策法规体系
    - 政策脉络:从"互联网+养老"到智慧健康养老产业规划
    - 核心文件:《智慧健康养老产业发展行动计划(2021—2025年)》解析
  - 发展路径与挑战
    - 实践场景:居家、社区、机构养老智能化解决方案
    - 现存问题:制度碎片化、技术适配性不足、市场供需矛盾

项目一 银发经济的概念、发展背景及相关政策

学习目标

1. 知识目标

(1) 了解并掌握银发经济的概念。
(2) 了解银发经济的发展背景与趋势。
(3) 掌握银发经济的相关政策与制度。

2. 能力目标

(1) 具备分析银发经济市场需求的能力。
(2) 具备运用银发经济的概念看待并分析养老现象的能力。
(3) 具备参与银发经济创新发展的能力。

3. 素养目标

(1) 培养对银发经济、对个人发展尤其是老年人生存影响的认识,增强社会责任感。
(2) 积极参与银发经济发展。
(3) 倡导积极老龄观和健康老龄化理念。

情景任务

多年前,王友广,一位资深银行高管,毅然放弃了百万年薪,响应国家政策和市场需求,投身于潜力巨大的银发产业,创办了甲子养老公司。王友广深知,要发展银发产业,必须深入了解老年人的真实需求。他带领团队深入社区、养老院,与老年人面对面交流,倾听他们的心声。他发现,很多老年人面临着独居、生活不便、精神孤独等问题。于是,甲子养老以"尊老、敬老、专注于老年人服务"为宗旨,从养老实际问题出发,聚焦居家养老场景,打造四位一体的银发产业生态体系。在王友广的带领下,甲子养老逐渐成为银发产业中的佼佼者。他们不仅为老年人提供了优质的服务和产品,还通过联合研究、出版蓝皮书、合作发行联名卡等方式,推动了银发产业的标准化、专业化发展。

任务一:分析甲子养老公司是一家什么样的公司

要求:借助网络搜索王友广及其所经营的甲子养老公司的相关业务内容,进而分析王友广创办甲子养老公司的社会背景,以及甲子养老公司成功的启示。

目的:旨在通过王友广的个案分析,让学生深刻认识到当前银发经济的巨大发展潜力与广阔前景。

任务二:讨论甲子养老公司与银发经济的关联

要求:结合王友广创办甲子公司的成功经验,深入探讨银发经济背景下老龄产业的多种类型及其特点。

目的:通过学生自我学习,让学生了解并掌握银发经济与老龄产业之间的关系,以及银发经济背景下老龄产业当下有哪些类型,未来会催生哪些产业。

 知识链接

知识点一 银发经济的内涵

一、银发经济的概念

银发经济,是一个随着社会老龄化现象日益显著而逐渐进入公众视野的经济概念。

2024年1月国务院办公厅印发的《关于发展银发经济增进老年人福祉的意见》(国办发〔2024〕1号),明确指出,"银发经济是指向老年人提供产品或服务以及为老龄阶段做准备等一系列经济活动的总和"。值得注意的是,银发经济虽以"老年人"群体为核心,但从供给层面分析,它实际涵盖了"老年阶段的老龄经济"与"预备老年阶段的备老经济"两大范畴。[①]

作为一种经济业态,不同领域有着不同的关注点。

从产业的视角来看,银发经济是市场在需求催生下自主产生的新兴产业集群。由于老年人口的消费需求及结构的多样化,再加上老年群体的城乡、阶层的差异,银发经济的细分市场涵盖面很广。国家统计局发布的《养老产业统计分类(2020)》将养老产业细分为老年医疗卫生服务、老年社会保障、养老照护服务、养老金融服务、养老教育培训与人力资源服务、老年保健促进与社会参与、养老科技和智慧养老服务、老年用品及相关产品制造、养老公共管理、养老设施建设、老年用品及相关产品销售和租赁、其他养老服务等12个大类,涵盖银发人群的养老生活、身心健康以及参与社会发展等多个维度。

从市场的角度来看,银发经济的出现是人口发展趋势的必然结果,也是国家科学应对社会老龄化发展、推动国民经济高质量发展的重要举措。老年人口独特的生活方式和消费偏好,推动了医疗保健、养老服务、文化娱乐等针对老年人的市场持续扩张,进而催生了银发经济。因此,银发经济是应人口老龄化发展和满足老年人口需求,涉及日常生活、医疗健康、休闲娱乐、服务体系等多方面内容的新经济形态。

从政策的角度来看,银发经济反映了世界各国和地区在积极应对人口老龄化和少子化所带来的经济社会变化时,所采取的政策干预和应对措施。如日本于1986年制定了《长寿社会对策大纲》,英国于2017年颁布《产业战略白皮书》,我国则于2024年颁布了《关于发展银发经济增进老年人福祉的意见》。

综上所述,银发经济是指专门向老年群体提供产品或服务,以及为老龄阶段做准备等一系列经济活动的总和。这些经济活动涵盖了老年人的衣、食、住、行、医、娱等多个方面,形成了包括老年用品制造业、养老服务产业、老年健康产业等在内的综合性经济活动体系。

二、银发经济的特点

作为一种经济现象,与其他经济形态相比,银发经济具有如下特点。

(一) 消费群体庞大且增长迅速

人口老龄化是当前很多国家面临的共同问题。以中国为例,相关数据显示,截至2024年年底,60岁及以上老年人口已超3.1亿,占比达22%,预计2035年将突破4亿,2050年或达5亿。庞大的老年人口群体为银发经济的蓬勃发展奠定了坚实基础。

(二) 消费需求多样化和个性化

随着社会的发展,老年群体的消费需求已超越基本生存与医疗保障,他们追求多样化的体验,涵盖文化娱乐、心理健康、社交活动等多方面。同时,老年人因身体状况、兴趣爱好、经济能力各异,消费需求呈现个性化趋势。

[①] 陈向阳,关伶钰.银发经济的概念内涵、运行机制和发展展望[J].新经济,2024(11):43.

(三）高品质和高价值的产品与服务需求增长

随着物质水平的提升和健康意识的增强，老年人对高品质的医疗保健、健身休闲和个性化服务的需求日益增长。老年人更倾向于选择高品质产品和服务，以提升生活质量和幸福感。

(四）技术进步带动创新服务

智能科技场景的应用、远程医疗服务的发展、大数据和人工智能技术的利用等，极大地提高了养老服务的质量和效率。智能家居、健康监测、远程医疗等新兴服务正在崛起，满足老年人的特殊需求。技术创新不仅改善了老年人的生活质量，更为银发经济增添了新的增长动力。

(五）产业链长且多元

银发经济行业产业链包括老年用品的原材料供应、养老服务以及健康管理等服务提供等。随着健康管理、休闲旅游、智能家居等新兴领域与传统养老服务产业的融合，产业链不断延伸与创新。这使得银发经济成为一个涉及面广、产业链长、业态多元的经济领域。

(六）社会参与广泛

银发产业是一个跨行业、跨部门、多主体相融的产业形态，其健康发展需要政府、企业、社会组织和广大公众的共同努力。政府在政策制定、资金支持、基础设施建设等方面发挥着重要作用；企业则通过提供多样化的产品和服务满足老年人的需求；社会组织在志愿服务、社区关怀等方面发挥着积极作用；公众积极参与银发经济，共同促进了老年人生活质量的提升和社会福祉的增进。

总体而言，银发经济具有消费群体庞大、消费需求多样化和个性化、对高品质和高价值产品与服务需求增长、技术进步带动创新服务、产业链广泛多元以及社会参与广泛等特点。例如，据专家预测，到2035年，银发经济规模将达到19.1万亿元，占总消费比重为27.8%。此外，随着科技的进步，如智能化、互联网＋等技术的应用，银发经济正在迎来新的发展机遇，同时也面临着宏观经济波动、地缘政治风险等挑战。这些特点使得银发经济成为一个充满机遇和挑战的领域，未来有望迎来更加广阔的发展前景。

三、银发经济的意义

银发经济的提出，对于我国积极应对人口老龄化以及推动经济社会的发展具有重要的意义，具体体现如下。

(一）积极应对人口老龄化，促进社会和谐

1. 提升老年人生活质量

银发经济凭借多样化的产品和服务，满足老年人对美好生活的追求，显著提升了他们的生活质量，涵盖健康养老、旅游休闲、老年教育及金融服务等领域，丰富了老年人的晚年生活。

2. 缓解养老压力

银发经济的发展有效缓解了老龄化社会带来的养老压力，通过市场化机制，提供了更多养老服务和产品，减轻了政府和家庭的养老负担。同时可以通过构建老年友好型社会，使老年人能够更好地融入社会，享受社会发展的成果。

(二）推动经济高质量发展，形成新动能

1. 开拓新的消费市场

随着老年人消费观念的升级和购买力的提高，银发经济将成为推动经济增长的重要力量。

2. 促进产业结构优化和产业链升级

银发经济横跨养老服务、医疗保健、文化旅游、教育金融等多个领域和产业，有力推动了相关产业的协同发展。通过各产业之间的深度融合，为银发经济提供广阔的发展空间，创造新的经济增长点。

3. 推动科技创新

银发经济的蓬勃发展，对科技创新提出了更为严格的要求和更为广泛的需求，进而促进了大数据、物联网、人工智能等前沿技术在养老领域的深入应用。智能养老设备的不断研发、大数据技术在养老服务中的广泛应用以及远程医疗技术的积极推广，共同为老年人群体带来了更加多样化、高品质的产品与服务。

(三)传承优秀传统文化,提升国家软实力

1. 弘扬传统美德

银发经济的发展有助于推动社会更加关注老年人,形成尊老、敬老、爱老的良好氛围,传承中华孝亲敬老的传统美德。

2. 提升国家形象

银发经济的发展可以提升国家养老服务的整体水平,树立国际品牌,提高国家软实力。

> **延伸阅读**
>
> 《2024年中国银发经济发展报告》
>
> 发布单位:由复旦大学老龄研究院、中国人民大学人口与健康学院与华龄出版社共同启动的"老龄中国"出版工程发布
>
> 发布时间:2024年12月在上海举办的第四届老龄中国发展大会期间发布
>
> 主要内容:我国老龄化程度处于全球中上水平,少子化与长寿趋势加剧这一进程。当前,我国银发经济规模约7万亿元,占GDP的6%,预计2035年有望达30万亿元,占比升至10%。报告从多方面深入剖析银发经济,明确其定义、特征,梳理政策演变历程,挖掘居民消费、政府消费与投资规模等驱动因素,预测未来规模,并分析老年群体消费特征与趋势。养老服务业、老年用品消费、老年金融、健康、文旅等相关产业发展迅猛。2024年初国务院办公厅发布专门文件,为银发经济发展提供有力政策支撑,各地也积极探索智慧化、社区化与医养结合等创新模式,如上海、杭州的社区嵌入式养老服务,北京的智慧养老平台建设等。该报告为政府、企业、学界提供决策、发展与研究参考,助力把握银发经济机遇。

7-1-1

知识点二 银发经济产生的背景及发展现状

一、银发经济产生的背景

银发经济的出现,有着深刻的历史背景与现实基础,主要与人口结构变化、消费能力的提升、政策的推动、技术的发展息息相关,具体体现在如下几个方面。

(一)人口老龄化加剧

根据联合国《2024年世界人口展望》报告,全球人口老龄化现象正在加速蔓延,预计到本世纪70年代末,65岁及以上老年人口数量将超过18岁以下人口数量。全球65岁以上老年人口占比预计将在2040年达到14.3%,并在2050年上升至16.3%,预示着全球将步入中度老龄化阶段。亚洲将成为老年人口最多的区域之一。随着医疗水平的提升和生活条件的改善,人类的平均寿命显著延长,老年人拥有了更多的闲暇时光与充沛精力,因而对各类高品质的产品与服务展现出了日益增长的需求。

(二)消费观念变化

随着经济的发展和社会福利的提升,老年人的收入水平普遍提高。这为他们提供了更强的经济支撑,使他们能够选购更加贴合自身需求的产品与服务。同时,现代老年人受教育程度相对较高,消费观念也从基本生活需求向品质化、多元化转变。他们已不再局限于基本的生活照料与医疗保健,转而更加青睐于文化娱乐、旅游观光等更高层次的精神享受与生活体验。这种消费观念的转变,推动了银发经济向更加多元化、个性化的方向发展。

(三)政策支持引导

为了应对人口老龄化的挑战并激发经济发展新活力,世界各国及地区政府高度重视银发经济的发

展,出台了大量政策与意见,并将发展银发经济写入了政府工作报告,制定了具体的实施方案和配套政策,这些政策与建议推动了银发经济的发展。

(四) 科技发展赋能

科学技术的日新月异为适老化产品的创新与服务质量的飞跃提供了强大动力,有力推动了银发经济在高新技术领域的蓬勃发展。这些产品除了生命体征类的监测设备,如智能手表、智能床垫、智能机器人等单一产品外,还借助大数据、物联网、互联网从顶层整合,既可以从整体上为老年人构建智慧化服务网络,同时也可以精准对接老年人需求,提供个性化的服务。

(五) 社会环境变化

社会环境变化体现在两方面:一是家庭结构小型化,"4-2-1"模式成主流,子女养老压力大,社会化养老服务需求激增;二是社会对老年群体认知转变,重视其生活质量和价值,为银发经济发展创造了有利氛围。

二、银发经济发展现状及存在的问题

当前,我国银发经济发展尚处于起步阶段,尽管市场潜力巨大,需求旺盛,政策支持力度也很大,但在发展的过程中还存在如下一些问题。

(一) 产业定位模糊,认识不足

学者研究多集中于银发经济的必要性和趋势,却鲜少深入探讨其核心内涵、行业分类及统计标准。银发经济与老龄事业、养老服务等概念混淆,致使政策力度分散,合力不足。企业亦因对老年市场认知不足,难以满足其消费升级需求。

(二) 产业结构与供需问题不匹配

银发经济作为新兴产业,主要集中于食品、服装及医疗保健品领域,产业结构较为单一。市场上现有产品技术性能欠佳,且部分企业对老年人文化娱乐、社交等需求关注不够。银发经济产业链尚不完整,缺乏多元化产品和服务。优质养老资源稀缺,服务质量需提升,特别是养老服务领域。

(三) 产业安全与消费顾虑

老年人经济状况相对较差,认知水平不高,且缺乏金融理财常识,因此易受不法分子欺骗与诱导。老年人对市场上老年产品的信任度不高,消费信心不足。此外,缺乏有效的消费者保护机制,导致老年人对银发经济的参与度不高。

(四) 专业人才与资金支持不足

银发经济从服务内容上涵盖医、康、养、护、管、教等,从产业上交叉第一、第二、第三产业,从场域上融合了家庭、社区与机构(养老机构与教育机构),是典型的复合型产业。复合型产业亟需复合型人才,而我国在这方面的人才培养起步较晚,导致复合型人才严重不足。

银发经济的发展需要政府的政策支持和引导,以及资本市场的资金支持。但目前相关政策尚不完善,缺乏系统性的产业发展规划和明确的政策指导。资本市场对养老产业的投资兴趣冷淡,资金扶持力度明显不足。

(五) 技术创新不足,应用场景单一

银发经济领域的技术创新相对滞后,无法满足老年人多样化、个性化的需求。部分企业轻视新技术的研发与应用,致使其产品和服务在市场中缺乏足够的竞争力。智慧养老、远程医疗等新兴技术在银发经济领域的应用范围尚显狭窄。部分老年人对新技术的接受程度不高,限制了新技术的推广和应用。

知识点三 银发经济核心政策解读

"银发经济"概念的引入有助于促进人口老龄化背景下经济社会的高质量发展。作为一种新的经济形态和新质生产力,我国"银发经济"起步较晚,为推动"银发经济"在我国健康有序发展,充分释放"银发经济"的动能,我国出台了大量的政策文件。

一、关于"银发经济"的国家出台的政策文件

时间	发布单位	文件名称	核心内容
2024.01	国务院	《关于发展银发经济增进老年人福祉的意见》	银发经济
2024.05	人力资源社会保障部	《关于强化支持举措助力银发经济发展壮大的通知》	银发经济 具体举措
2024.08	国务院	《国务院关于促进服务消费高质量发展的意见》	促进消费
2024.10	民政部等	《关于进一步促进养老服务消费 提升老年人生活品质的若干措施》	养老消费
2024.11	金融监管总局	《关于进一步提升金融服务适老化水平的指导意见》	金融服务支持
2024.12	中国人民银行等	《关于金融支持中国式养老事业 服务银发经济高质量发展的指导意见》	金融服务支持
2025.01	中共中央、国务院	《关于深化养老服务改革发展的意见》	银发经济

二、对"银发经济"核心政策解读

2024年1月,国务院办公厅发布的《关于发展银发经济增进老年人福祉的意见》(国办发〔2024〕1号,以下简称《意见》),是我国首个支持"银发经济"发展的专门性文件和纲领性指导文件,具有系统性、全局性、战略性特点。《意见》的发布引发了社会的广泛关注,各部委如民政部、人力资源和社会保障部、金融监管局等从自身的职能出发制定了落实《意见》的具体举措,各级地方政府也积极响应,出台了相应的地方性实施方案。

(一)《意见》的主要内容

作为我国首个支持"银发经济"发展的专门性文件,《意见》开篇即阐明政策意义,并界定"银发经济"概念,提出涵盖老年人衣食住行、养老照护、健康管理等领域的4个方面26项举措,既注重宏观战略布局,又兼顾微观具体落实。这4个方面26项举措包括如下内容。

1. 聚焦民生事业,着力解决老年人急难愁盼问题

具体措施包括引导餐饮企业、养老机构等提供老年助餐服务,拓展居家助老服务范围,发展社区便民服务,并合理规划老年日用产品实体店布局,推动社区嵌入式服务设施建设。优化老年健康服务,加强综合医院、中医医院老年医学科室建设,推进医养结合。加大养老机构建设和改造力度,提升失能老年人照护服务能力。丰富老年文体服务内容,精心组织适合老年人的体育赛事及文化活动。同时,着力提升农村地区的养老服务品质。

2. 扩大产品供给,提升质量水平

发挥国有企业引领示范作用和民营经济生力军作用。积极推动银发经济产业集群发展,科学规划并布局约10个高水平银发经济产业园区。提升行业组织效能,支持组建产业合作平台或联合体。推动品牌化发展,培育银发经济领域龙头企业。开展高标准领航行动,在养老服务、适老化改造等领域开展标准化试点。拓宽消费供给渠道,引导电商平台、大型商超举办主题购物节,支持设立银发消费专区。

3. 聚焦多样化需求,培育潜力产业

加强老年用品的创新研发,致力于打造智慧健康养老的新业态,推广智能护理机器人、家庭服务机器人等应用,并全力推动康复辅助器具产业的蓬勃发展。发展抗衰老产业,推动生物技术与延缓老年病深

度融合,开发老年病早期筛查产品和服务。丰富发展养老金融产品,加强养老金融产品研发与健康、养老照护等服务衔接。组建覆盖全国的旅居养老产业合作平台,培育旅居养老目的地。大力推进无障碍环境建设,深入实施居家适老化改造项目,并同步开展数字适老化能力的提升工程。

4. 强化要素保障,优化发展环境

围绕康复辅助器具、智慧健康养老等重点领域,谋划一批前瞻性、战略性科技攻关项目。确保养老服务设施和银发经济产业用地需求,鼓励利用现有场所改造升级为养老服务设施。倡导金融机构加大对养老服务设施和银发经济产业项目的资金扶持力度。加强人才队伍建设,完善数据支持体系,并严格依法惩处涉老诈骗行为。

(二)《意见》的亮点解读

1. 民生保障是"银发经济"发展的重中之重

《意见》强调了"银发经济"的发展首先要夯实民生需求,围绕百姓急难愁盼的"衣食住行"问题,完善居家社区养老保障体系,合理布局老年用品实体店,推动社区一刻钟便民服务圈,构建老龄友好型社会。

2. 创新康养产品,打造智慧康养新业态

《意见》不仅提到要打造智慧健康养老新业态,推动新一代信息技术以及移动终端、可穿戴设备、服务机器人等智能设备在居家、社区、机构等养老场景集成应用。同时还指出未来康养在康复辅具、抗衰老产业、养老金融及文旅等方面积极探索新业态、新模式。

3. 产业集群发展,优化区域布局

《意见》强化国有企业的示范引领作用,在标准引领、品牌建设方面要体现国企的担当。同时,规划在京津冀、长三角、粤港澳大湾区、成渝等区域布局约10个高水平银发经济产业园区,旨在形成产业集聚效应,推动银发经济向规模化、标准化、集群化发展,并加强跨区域和国际性合作。

4. 强化人才支撑,推进专业建设

"银发经济"健康有序发展,人才是关键。《意见》指出,支持和引导普通高校、职业院校结合自身优势和社会需求增设银发经济相关专业,合理确定老年学、药学、养老服务、健康服务、护理等专业规模。支持校企合作,共建产教融合实训基地,以涵养和开发老年人力资源。

此外,《意见》提出了一系列政策扶持和资金支持措施,如允许有条件的地方给予老年助餐服务机构一定的运营补助或综合性奖励补助,鼓励金融机构加大对养老服务设施、银发经济产业项目的支持力度等。

总体而言,《意见》的出台,对于推动我国银发经济的发展、提升老年人福祉以及促进经济高质量发展具有重要意义。随着政策的深入实施和市场的不断发展,银发经济有望成为新的经济增长点,为老年人提供更加丰富和便利的生活选择。

7-1-2

> **延伸阅读**
>
> **1.《关于发展银发经济增进老年人福祉的意见》(国办发〔2024〕1号)**
>
> 制定部门:国务院办公厅
>
> 发布时间:2024年发布
>
> 主要内容:银发经济涵盖向老年人提供产品、服务及为老龄阶段做准备的系列经济活动,潜力巨大。《意见》从多方面推动其发展,在民生事业上,扩大老年助餐,拓展居家助老,发展社区便民服务,优化老年健康、养老照护服务,丰富文体服务,提升农村养老服务水平。产品供给层面,培育经营主体,推进产业集群、品牌化发展,提升行业组织效能,开展高标准领航行动,拓宽消费渠道。针对多样化需求,强化老年用品创新,打造智慧健康养老新业态,发展康复辅助器具、抗衰老产业,丰富养老金融产品,组建旅居养老平台,推进适老化改造。还强化要素保障,从科技、用地、金融、人才、

数据等方面优化发展环境,促进事业产业协同,让老年人共享发展成果。

2.《关于强化支持举措助力银发经济发展壮大的通知》

制定部门:人力资源社会保障部

发布时间:2024年发布(推测,以实际印发时间为准)

主要内容:该通知旨在统筹人社政策助力银发经济。在人才培养上,引导技工院校优化涉老专业设置,加强产教融合,将紧缺职业纳入培训目录开展特色培训。畅通人才发展空间,支持相关人员参与评价、考试或评审,在职业技能大赛设专门赛项。保障企业用工服务,将重点企业纳入用工保障范围,线上设招聘专区、线下办专场,落实企业吸纳就业政策,设见习基地,支持自主创业,强化岗位认同。此外,拓展银发群体增收渠道,开发"适老化"岗位,推广"以老助老"模式,维护大龄劳动者权益。

7-1-3

任务实施与评价

任务一:分析甲子养老公司是一家什么样的公司

1. 任务实施

通过网络搜索可知,甲子养老公司是2014年在北京成立的一家致力于开展为老服务的公司,公司以"尊老敬老 专注于老年人服务"为宗旨,从养老实际问题出发,聚焦居家养老场景,从标准、系统、产品、服务四个维度,打造四位一体的银发产业生态体系,铸就中国特色的养老品质。

2. 任务评价

本任务以甲子养老公司为例,旨在让学生自主通过搜索引擎,了解甲子养老公司的基本信息、经营范围、业界的影响力等内容,获得准确、全面的信息。

任务二:讨论甲子养老公司与银发经济的关联

1. 任务实施

银发经济是指向老年人提供产品或服务以及为老龄阶段做准备等一系列经济活动的总和。甲子养老公司秉承服务老年人宗旨,依托甲子征信系统,全力打造专业老年数据库,构建标准体系,引领养老行业发展潮流。利用智慧养老24H守护平台(J-Link),专注于居家养老场景,提供一站式居家养老解决方案。通过甲子商城(www.china60.com),打造中国养老用品O2O平台。甲子服务专注于居家养老服务,是集线上线下于一体的养老服务公司,以居家养老为核心,既提供产品又提供服务,不断拓展"养老+"模式,紧跟银发经济大趋势,经营内容与银发经济理念高度契合。

2. 任务评价

(1)能够较为准确地把握"银发经济"的概念与内涵。

(2)并能围绕甲子养老公司的具体内容运用"银发经济"的分析框架进行分析。

课后练习与拓展

一、课后练习

(一)单项选择题

1. 银发经济主要指的是与哪个群体相关的经济活动?(   )

A. 儿童   B. 青少年   C. 成年人   D. 老年人

7-1

2. 以下哪项不属于银发经济的主要消费领域？（   ）

　　A. 健康养生　　　　　B. 旅游娱乐　　　　C. 教育培训　　　　D. 时尚潮流

3. 银发经济的发展与哪个社会现象密切相关？（   ）

　　A. 年轻劳动力过剩　　　　　　　　　B. 人口老龄化

　　C. 出生率下降　　　　　　　　　　　D. 城市化进程加速

4. 下列哪项措施有助于解决银发经济发展中可能遇到的数字鸿沟问题？（   ）

　　A. 提高退休年龄　　　　　　　　　　B. 加强老年人数字技能培训

　　C. 增加老年人社会福利　　　　　　　D. 限制老年人使用智能设备

5. 为老年人提供上门服务属于银发经济中的（   ）。

　　A. 养老服务业　　　　　　　　　　　B. 老年用品业

　　C. 老年金融业　　　　　　　　　　　D. 老年文化产业

（二）判断题

1. 银发经济指的是专注于满足老年人消费需求和服务需求的相关经济活动。（   ）

2. 银发经济中，老年人的消费需求主要集中在基本生活需求上，如食品、服装等，对高端服务和产品的需求较少。（   ）

3. 银发经济的发展受到人口老龄化的推动，老年人口数量的增加为银发经济提供了广阔的市场空间。（   ）

4. 在银发经济的发展过程中，企业不需要特别关注老年人的特殊需求，因为他们的消费习惯与年轻人相似。（   ）

5. 作为一种经济形态，银发经济的发展应该是市场的事，政府不应该干预。（   ）

（三）简答题

1. 银发经济的产生，与哪些因素相关？

2. 银发经济对于社会经济的发展有哪些意义？

（四）分析题

1. 请分析当前银发经济面临的挑战。

2. 认真阅读《关于发展银发经济增进老年人福祉的意见》，谈谈你怎么看待康养人才与"银发经济"发展之间的关系，你认为当前康养人才培养方面存在哪些问题。

二、课后拓展

1. 选择本地一家康养企业，对其创业背景、经营范围、人员结构、人才需求、服务的目标群体、经营状况、优势及存在的问题等内容进行全面调研，完成一份调研报告。

2. 策划一次面向社区老年群体防金融诈骗的政策宣讲活动。

项目二　智慧养老相关政策法规

学习目标

1. 知识目标

（1）了解并掌握智慧养老的概念。

（2）了解智慧养老的发展背景与趋势。

(3) 掌握智慧养老的相关政策与制度。

2. 能力目标
(1) 具备分析智慧养老市场需求的能力。
(2) 具备运用智慧养老的思维分析当前康养领域智能化产业现状的能力。
(3) 具备积极参与智慧养老领域创新发展与项目实践的能力。

3. 素养目标
(1) 培养智慧养老构建老年友好社会的价值观。
(2) 培养参与运用智慧技术开展为老服务的兴趣与积极性。
(3) 倡导积极老龄观和健康老龄化理念。

情景任务

王大爷,68岁,丧偶,独居。1儿1女,均已成家。王大爷国企退休,退休金8500元/月,经济条件尚可。王大爷身体硬朗,除了有5年的高血压史外,没有其他老年性慢性病。老伴去世后,王大爷有了饮酒的习惯。

近来,王大爷遇到了两件糟心的事。一是,女儿在家里安装了智能监测设备,一方面随时了解王大爷的居家生活,另一方面监督王大爷喝酒。王大爷感觉居家总有一双眼睛盯着自己,很不得劲。二是儿子为了调节他独居生活,给他买了一台智能机器人,可以听音乐、听评书,还可以对话。刚开始老爷子还觉得挺好玩,没几天,发现机器人翻来覆去就是那么几句话,都听腻了,不仅不智能,还有点"智障",抱怨孩子们乱花钱,一点不会过日子。

任务一:分析本案例中,王大爷家都有哪些智能设备,你怎么评价智能设备给王大爷生活带来的影响?

要求:学生发挥以人为本的理念,客观评价当前王大爷的需求和面临的困惑。

目的:让学生通过王大爷的个案了解当前智慧养老面临的问题,并思考如何改进。

任务二:对于王大爷一家而言,在居家智能化设备使用方面,提供相应的建议

要求:综合王大爷及其家属的需求,运用智慧养老的思维提供整体解决方案。

目的:运用系统化的思维,了解最新的智慧养老设施设备,结合王大爷的实际需求,提供创新性的解决方案。

知识链接

知识点一 智慧养老概述

一、智慧养老的概念

智慧养老源自智能养老,依托互联网、物联网,融合现代通信、信息技术、计算机网络技术、老年服务技术及智能控制技术,旨在为老年人打造安全、便捷、健康、舒适的现代养老服务模式。[①] "智能养老"概念源自"适宜环境下养老"理念,由英国生命信托基金最早提出,称为"全智能化养老系统",指使老人不受时空限制,在家中享受高品质生活,亦称"智能居家养老"。随着人口老龄化加速,这一理念得到广泛推广和应用。

2008年11月,IBM在纽约召开的外国关系理事会上提出了建设"智慧地球"这一理念。2010年IBM正式提出了"智慧城市"愿景,希望为世界城市发展贡献自己的力量。在此背景下,进一步提出了"智慧养

---
① 朱勇.智能养老[M].北京:社会科学文献出版社,2014.

老"的概念。

所谓"智慧养老"(Smart care for the aged),即运用信息技术等现代科技(涵盖互联网、社交网、物联网、移动计算等),全面覆盖老年人的生活起居、安全保障、医疗卫生、康复保健、娱乐休闲及学习分享等领域,为老年人提供全方位的生活服务与管理支持,能够自动监测、预警并主动处理涉老信息,实现技术与老年人的友好互动、自主操作及个性化智能服务,一方面提升老年人的生活质量,另一方面利用好老年人的经验智慧,使智慧科技和智慧老人相得益彰,目的是使老年人过得更幸福,过得更有尊严,过得更有价值。[1]

智慧养老体现了信息科技的集成。智慧养老融合了老年服务技术、医疗保健技术、智能控制技术、计算机网络技术、移动互联技术以及物联网技术等,使这些现代技术集成起来支持老年人的服务与管理需求。

智慧养老体现了"以人为本"的理念,以老年人的需求为核心,借助高科技技术、设备、设施及科学人性化的管理手段,让老年人随时随地都能享受到高品质的服务。

智慧养老体现了"优质高效"。智慧养老运用现代科技与智能化设备,提升服务质量与效率,同时削减人力与时间成本,以有限资源最大化满足老年人养老需求。

二、智慧养老的发展历程及现状[2]

(一)发展历程

1. 起步阶段:基于语音呼叫的服务体系

这一服务体系基于应对老年人的突发情况。我国于20世纪80年代末开始推行基于电话呼叫的"一键通"紧急救助服务,这一服务依托社区服务中心,为老年人的居家安全提供了保障。

2. 探索阶段:基于互联网的服务体系

随着互联网的广泛应用,各地开始探索基于互联网的社区养老服务体系建设,俗称"虚拟养老院",进一步拓展了智能养老产业发展空间。这一服务体系,通过组建综合信息服务平台和分类子平台,收集老年人需求信息,开展精准服务,是依靠大数据、互联网等技术而形成的新型养老模式。

3. 发展阶段:基于物联网的服务体系

随着国家智慧城市试点工作的推进,各地积极探索新型城镇化与信息化的融合发展,通过智慧社区和智慧养老服务等具体应用,提高基于物联网系统的整体运作模式的创新水平,进而带动产业升级。例如,智慧城市服务在养老领域的应用,通过信息技术和城市服务的结合,有效解决了老年人赡养问题,提高了老年人的生活质量和幸福指数。同时,智慧城市建设在交通领域的应用,如车路城融合试点,也取得了明显成效,提升了城市交通出行效率。此阶段,政府依托智慧城市运营系统,以机构为核心,构建起养老机构的智能养老物联网感知体系,部署涵盖环境监测、健康护理、日常服务等多元化设施设备,全面整合各类资源,旨在提升智能养老物联网的实际应用能力。

此后,智慧技术应用于养老的各个场景,呈现出多样化的发展态势,这些场景包括智能养老社区、智能养老服务、智能健康服务、智能家居设备、老年数字文化、老年智能用品制造、老年智能教育等,呈现出由技术革新转变向发展方式变革、企业自主转变到政府倡导、产品导向转变为服务导向、产业竞争向产业融合转变的特点。

(二)智慧养老发展存在的问题

我国智慧养老起步较晚,在发展的过程中还存在如下问题。

1. 制度层面

当前我国智能养老产业发展的困境很大的原因在于制度碎片化,没有形成统一、衔接良好的制度体

---

[1] 左美云.智慧养老:内涵与模式[M].北京:清华大学出版社,2018.
[2] 这一部分参见朱勇:《中国智能养老产业发展报告(2015)》,社会科学文献出版社,2015年。

系,缺乏顶层设计,政出多门,标准不一,制度创新乏力,激励措施落实不到位等,严重束缚了行业市场的拓展以及企业间技术协作、产业的协同推进。

2. 政府层面

由于缺乏统一规划、有效监管及信息共享机制,导致形成了众多孤立的"信息孤岛"。政府层面未能实现信息数据的真正互联互通,这不仅造成了信息资源的重复投入与浪费,还未能充分发挥数据资源的应有价值。

3. 市场层面

供需矛盾突出,一方面是市场有效供给不足,同时存在有效供给脱离实际需求的现象;另一方面有效需求不足,或者未能充分激发老年人的实际需求,影响了智能养老产品市场的健康有序发展。

4. 技术层面

我国智能养老产品多源自国外,经简单二次开发后投放市场,这不仅导致"水土不服"的应用难题,更凸显出核心科技掌握不足的问题,技术研发自主创新能力亟待加强。

5. 行业层面

智能养老产业领域的行业组织发展滞后,全国性及地方性权威社会组织均显匮乏;同时,智能养老产业领域的标准体系尚未健全。行业标准缺乏,行业内部企业间的技术合作以及市场扩张缺乏必要手段,难以在一定范围内获得良好的市场秩序,行业发展受限。

延伸阅读

1.《上海市推进智慧养老院建设三年行动方案(2023—2025)》

制定部门:上海市民政局等相关部门联合推出

发布时间:2022年12月14日发布

主要内容:为深入践行积极应对人口老龄化国家战略,打造智慧养老新模式,方案提出到2025年底,全市至少完成100家智慧养老院建设任务,其中2023年、2024年各完成30家,2025年完成40家。坚持以人为本,在满足老年人需求基础上,融入智能创新服务;实现场景综合应用,覆盖入住、餐饮、健康、生活照护等多领域;保障网络全面覆盖,鼓励配备5G网络;强调资源开放共享,规范数据标准并打通数据接口;强化安全保障,保护老年人隐私。建设内容涵盖智慧入住管理,实现身份验证、入院评估建档、费用结算等功能;智慧餐饮管理,提供智能化订餐、营养管理服务;智慧健康管理,包含互联网医院、慢性病管理等;智慧生活照护,借助设备提供起居、安全监测等服务;智慧安全防护,安装监控及预警设备;智慧管理运营,依托平台提升机构管理效率。

7-2-1

2.《关于资助扶持本市智慧养老院建设的通知》

制定部门:上海市民政局、上海市财政局

发布时间:2024年3月30日起实施

主要内容:为积极推进智慧养老院建设,"十四五"期间,资助扶持不少于100家养老院。补贴对象为在本市登记成立并备案,按相关要求建设且经市民政局验收通过的养老机构(市财政全额拨款的除外)。补贴额度不超过项目总投资额50%,市级财政最高给予一次性补贴50万元,其中用于硬件设施设备金额不低于总补贴金额60%,享受过其他相关项目补贴的需扣除已补金额。补贴资金专款专用,可用于方案设计、项目建设、设备采购及运维等费用。同时,要求各区积极引导养老机构建设,落实养老机构主体责任,严格项目监管,确保智能软硬件高效使用。

7-2-2

知识点二　智慧养老的政策法规体系

一、智慧养老政策法规演进与体系构建

如前所述，在智慧养老方面，国家及各部委出台了大量的政策，据不完全统计，自2013年《国务院关于加快发展养老服务业的若干意见》发布以来，中国智慧养老政策经历了快速发展。该意见首次提出利用互联网、物联网等技术手段创新居家养老服务模式。随后，政策性文件持续涌现，如《"十四五"国家老龄事业发展和养老服务体系规划》和《智慧健康养老产业发展行动计划（2021—2025年）》等，均强调了智慧养老的重要性。到2024年，国务院进一步明确要求大力发展银发经济，促进智慧健康养老产业的发展。在过去的10余年中，中国共颁布了40余部政策性文件，这些文件不仅提到了"智慧养老"，还为实现这一目标提供了具体的政策支持和行动指南。其中2021年由工信部、民政部、国家卫健委三部委联合印发的《智慧健康养老产业发展行动计划（2021—2025年）》明确了"智慧养老"五年行动计划。

时间	发布单位	文件名称	核心内容
2013.09	国务院	《国务院关于加快发展养老服务业的若干意见》	支持企业和机构运用互联网、物联网等技术手段创新居家养老服务模式
2015.02	民政部、发展改革委等10部门	《关于鼓励民间资本参与养老服务业发展的实施意见》	远程医疗服务，发展老年电子商务
2015.07	国务院	《国务院关于积极推进"互联网＋"行动的指导意见》	明确提出要"促进智慧健康养老产业发展"
2016.06	国务院	《关于促进和规范健康医疗大数据应用发展的指导意见》	培育健康医疗大数据应用新业态
2016.10	中共中央、国务院	《"健康中国2030"规划纲要》	鼓励与支持社会力量发展智慧养老服务，促进医养结合
2017.02	国务院	《"十三五"国家老龄事业发展和养老体系建设规划》	实施"互联网＋"养老工程
2017.02	工业和信息化部、民政部和卫生计生委	《智慧健康养老产业发展行动计划（2017—2020年）》	第一次发布智慧康养产业的国家级产业规划，提出加快智慧健康养老产业发展，充分发挥信息技术对智慧健康养老产业的提质增效支撑作用
2017.06	国家发展改革委	《〈服务业创新发展大纲〉（2017—2025年）》	全面放开养老服务市场，加快发展居家和社区养老服务
2017.07	国务院	《新一代人工智能发展规划》	提出发展智能医疗，推广应用人工智能治疗的新模式、新手段，建立快速精准的智能医疗体系
2018.04	国务院	《关于促进"互联网＋医疗健康"发展的意见》	推动居民电子健康档案在线查询和规范使用
2018.05	国家卫健委、工信部、民政部、中国老龄协会	《智慧养老产业发展行动计划（2018—2022年）》	重点发展智慧养老服务、智慧养老平台、智慧养老产品和智慧养老标准等方面

(续表)

时间	发布单位	文件名称	核心内容
2019.04	国务院办公厅	《国务院办公厅关于推进养老服务发展的意见》	实施"互联网+养老"行动,持续推动智慧健康养老产业发展
2020.05	中共中央、国务院	《中共中央 国务院关于新时代推进西部大开发形成新格局的指导意见》	全面放开市场,积极引导社会资本进入养老服务业
2020.12	国务院办公厅	《国务院办公厅关于建立健全养老服务综合监管制度促进养老服务高质量发展的意见》	建立健全养老服务标准和评价体系,实施养老机构服务质量、安全基本规范等标准
2020.12	国务院	《"十四五"规划——实施积极应对人口老龄化国家战略》	发展银发经济,开发适老化技术和产品,培育智慧养老等新业态
2021.03	国务院	《中华人民共和国国民经济和社会发展第十四个五年规划和2035年远景目标纲要》	着重发展普惠型养老服务、社区嵌入式养老、互助式养老、医养康养、银发经济和智慧养老等领域
2021.06	国家发展改革委、民政部、国家卫生健康委	《"十四五"积极应对人口老龄化工程和托育建设实施方案》	支持社会力量建设专业化、规模化、医养结合能力突出的养老服务机构,完善长期照护服务的标准规范
2021.10	工信部、民政部、国家卫健委	《智慧健康养老产业发展行动计划(2021—2025年)》	要求加快智慧健康养老产业发展
2021.11	民政部、国家开发银行	《关于"十四五"期间利用开发性金融支持养老服务体系建设的通知》	社区居家养老服务信息平台,"互联网+政务服务",重点发展适老康复辅助器具、智能穿戴设备、服务型机器人与无障碍科技产品
2021.12	国务院	《"十四五"国家老龄事业发展和养老服务体系规划》	"互联网+医疗健康""互联网+护理服务""互联网+政务服务",发展面向居家、社区和机构的智慧医养结合服务
2021.12	工信部、国家卫生健康委员会、国家发展改革委等10部门	《"十四五"医疗装备产业发展规划》	明确提出加快智能医疗装备的发展,推进居家社区、医养康养一体化发展
2021.12	国家发展改革委等21部门	《"十四五"公共服务规划》	鼓励支持智慧医疗、智慧养老等新业态新模式发展
2022.02	国务院	《"十四五"国家老龄事业发展和养老服务体系规划》	提升医养结合服务质量,推动医疗卫生、养老服务数据共享,完善医养结合信息管理系统
2022.04	国务院办公厅	《国务院办公厅关于进一步释放消费潜力促进消费持续恢复的意见》	智慧产品和智慧零售、智慧养老、数字文化智能体育、"互联网+医疗健康"
2022.07	工信部等5部门	《数字化助力消费品工业"三品"行动方案(2022—2025年)》	明确围绕健康、医疗、养老等大力发展"互联网+消费品"

(续表)

时间	发布单位	文件名称	核心内容
2022.09	民政部	《民政部贯彻落实〈国务院关于加强数字政府建设的指导意见〉的实施方案》	加快汇聚形成全口径、全数量的老年人和养老服务机构信息资源
2023.03	中共中央办公厅、国务院办公厅	《关于进一步完善医疗卫生服务体系的意见》	提出促进医养结合,推进形成资源共享、机制衔接、功能优化的老年人健康服务网络
2024.01	国务院办公厅	《国务院办公厅关于发展银发经济增进老年人福祉的意见》	明确打造智慧康养新业态,要推进新一代信息技术以及移动终端、可穿戴设备、服务机器人等智能设备在居家、社区、机构等养老场景集成应用
2024.05	国家金融监督管理总局	《国家金融监督管理总局关于银行业保险业做好金融"五篇大文章"的指导意见》	强调发展养老金融,探索包含长期护理服务、健康管理服务的商业健康保险产品,加大对健康产业、养老产业、银发经济的金融支持
2024.08	国务院	《国务院关于促进服务消费高质量发展的意见》	明确要求大力发展银发经济,促进智慧健康养老产业发展

二、"智慧养老"核心政策解读

《智慧健康养老产业发展行动计划(2021—2025年)》(工信部联电子函〔2021〕154号,以下简称《计划》)是2021年10月由工业和信息化部、民政部、国家卫生健康委三部委联合印发的旨在推动智慧健康养老产业的发展,积极应对人口老龄化,打造信息技术产业发展新动能,并满足人民群众日益迫切的健康及养老需求的纲领性文件。

(一)《计划》的主要内容

《计划》从6个方面提出了发展"智慧健康养老产业"的13项举措,具体如下。

1. 强化信息技术支撑,提升产品供给能力

实施智慧健康养老产品供给工程,通过重点发展健康管理类、养老监护类、康复辅助器具类、中医数字化智能产品及家庭服务机器人五大类产品推动智慧健康养老新技术研发,拓展智慧健康养老产品的供给。

2. 推进平台提质升级,提升数据应用能力

通过加强智慧健康养老软件系统平台的建设和数据要素的整合,实现数据的有效归集与管理,从而解决数据壁垒问题,并保障数据信息的安全。

3. 丰富智慧健康服务,提升健康管理能力

重点发展远程医疗、个性化健康管理、互联网+护理服务、互联网+健康咨询及科普等服务,推动信息技术产品在预防、医疗、康复、护理及安宁疗护等全生命周期中的广泛应用。

4. 拓展智慧养老场景,提升养老服务能力

实施智慧养老服务推广工程,推进新一代信息技术及智能设备在居家、社区、机构等养老场景的集成应用。重点打造家庭养老床位、社区助老餐厅、养老院等智慧化解决方案,创新互联网+养老、"时间银行"互助养老、老年人能力评估等智慧养老服务。

5. 推动智能产品适老化设计,提升老年人智能技术运用能力

鼓励企业开发具有适老化特征的智能产品,开展与老年人日常生活密切相关的互联网网站、移动互联网应用的适老化改造,同时对老年用户开展智能技术运用培训,提升老年人对信息技术产品的接受度。

6. 优化产业发展环境,提升公共服务能力

从科技创新、标准制定、检测认证、推广应用、创业孵化等五个方面入手,优化智慧健康养老产业的发展环境,鼓励政府、高校、企业、社区及行业协会等多方主体共同搭建协同创新平台,构建完善的标准及检测体系,发挥国有资本的引领作用,吸引社会资本积极参与,共同推动智慧养老产业的升级。

(二)《计划》的亮点解读

1. 总体目标明确,聚焦智慧健康养老产业发展

《计划》以推动智慧健康养老产业发展为核心,旨在满足人民群众日益增长的健康及养老需求,增进人民福祉,促进经济社会可持续发展,通过明确的发展愿景,如提升产品及服务供给能力、试点示范建设成效凸显、产业生态优化完善等,为智慧健康养老产业的未来发展设定了清晰的目标。

2. 立足技术创新,聚焦数字资源互通互融

《计划》支持高新技术、生物技术、信息技术的研发与创新,并将之应用于生命科学,以科技赋能智慧健康养老产业。同时通过完善数字资源平台建设,实现资源的互通共享。

3. 聚焦重点领域,打造智慧一体化应用场景

《计划》不仅聚焦前沿技术的创新,同时也充分发掘中华传统中医文化的价值,并服务民生领域,通过打造居家、社区与机构智慧一体化应用场景,高质量提升老年人的安全感及幸福感。

延伸阅读

《智慧健康养老产业发展行动计划(2021—2025年)》

制定部门:工业和信息化部、民政部、国家卫生健康委

发布时间:2021年10月以工信部联电子函〔2021〕154号印发

主要内容:为落实健康中国与应对人口老龄化战略,推动以智能产品和信息平台为载体的智慧健康养老产业发展。计划明确到2025年提升产业科技支撑、产品供给等能力,缩小老年"数字鸿沟"。重点任务包括强化技术支撑(发展健康管理等五类产品)、推进平台提质、丰富智慧健康服务、拓展智慧养老场景(如家庭养老床位)、推动产品适老化设计、优化产业环境。同时实施三大专项工程,并从组织保障、产融结合等四方面提供支撑。

7-2-3

任务实施与评价

任务一:分析本案例中,王大爷家都有哪些智能设备,你怎么评价智能设备给王大爷生活带来的影响?

1. 任务实施

本案例中子女为王大爷购置了智能机器人及智能监控设备。这些智能设备给王大爷的正常生活带来了一定困扰,反映出我国智能设施设备在技术开发上尚需提升,以满足老年人高质量生活的需求。同时,使用智能设施设备需考虑伦理问题,特别是保护老年人隐私,确保以人为本的理念得以落实。

2. 任务评价

(1)能够辨识出智能设施设备;

(2) 结合实际案例，能指出问题，并提供相应的完善意见。

任务二：对于王大爷一家而言，在居家智能化设备使用方面，提供相应的建议

1. 任务实施

首先，购买设施前需与老年人深入交流，精准把握其实际需求。

其次，应详细指导老年人智能设备的使用方法及注意事项，并强调隐私保护的重要性。

最后，介绍一些更加前沿、先进的适老化设施设备，供王大爷一家选择。

2. 任务评价

(1) 能提出至少2条建议与意见；

(2) 从实际出发，提供资源，进行培训，并能尊重老年人自决权。

课后练习与拓展

7-2

一、课后练习

（一）单项选择题

1. 智慧养老主要依托哪种技术来提供养老服务？（　　）
   A. 物联网　　　　　　　　　　　B. 传统护理
   C. 手工操作　　　　　　　　　　D. 纸质记录

2. 智慧养老平台通过哪种方式提高老年人的生活质量？（　　）
   A. 减少与家人的交流　　　　　　B. 提供便捷的生活服务
   C. 限制老年人的活动范围　　　　D. 增加老年人的工作负担

3. 智慧养老社区通常配备哪种设施来提高老年人的生活质量？（　　）
   A. 高端健身房　　　　　　　　　B. 智能化家居系统
   C. 传统娱乐设施　　　　　　　　D. 大型购物中心

4. 以下哪项不是智慧养老相比传统养老模式的优势？（　　）
   A. 提高服务效率　　　　　　　　B. 降低运营成本
   C. 增加老年人孤独感　　　　　　D. 提供个性化服务

5. 智能养老的概念最早由哪国提出？（　　）
   A. 美国　　　　　　　　　　　　B. 日本
   C. 德国　　　　　　　　　　　　D. 英国

（二）多选题

1. 关于"智慧养老"的特点，下列说法正确的是（　　）。
   A. 智慧养老体现了信息科技的集成
   B. 智慧养老体现了"以科技为本"的思想
   C. 智慧养老体现了优质高效
   D. 智慧养老有助于减少老年人的无效社交

2. 智慧养老系统的实施需要哪些方面的支持？（　　）
   A. 政府政策与资金支持　　　　　B. 先进的信息技术与设备
   C. 专业人才的培养与引进　　　　D. 老年人的积极参与与反馈

3. 智慧养老社区通常具备哪些智能化设施？（　　）
   A. 智能化家居系统　　　　　　　B. 安全监控系统
   C. 健康管理中心　　　　　　　　D. 智能化健身设施

4. 智慧养老平台如何帮助提高老年人的生活质量？（　　）

  A. 提供便捷的医疗服务   B. 定制个性化健康管理方案

  C. 搭建老年人社交互动平台   D. 监控老年人的日常活动

（三）判断题

1. 智慧养老是指利用现代信息技术，如物联网、大数据、云计算等，为老年人提供更加智能化、便捷化的养老服务。（　　）

2. 智慧养老只能提供远程健康监测服务，无法提供紧急救援和社交娱乐等其他服务。（　　）

3. 智慧养老系统的实施需要老年人的高度配合和主动参与。（　　）

4. 智慧养老可以完全替代传统的养老服务方式，成为未来养老的主流模式。（　　）

5. 智慧养老平台可以通过语音助手等交互方式，为老年人提供更加便捷的操作体验。（　　）

（四）简答题

"智慧养老"的特点有哪些？

（五）论述题

简述当前我国在智慧养老发展方面都存在哪些问题。

二、课后拓展

1. 请以自己所在的社区为调查点，完成一份关于社区"智慧养老"现状及需求的调研报告。

2. 请选择一款老年人常用的智能设备，分析其存在的问题，并提出相应的解决方案。

模块八

康养服务人才队伍建设政策

 模块导读

本模块聚焦康养服务人才队伍建设的核心议题，通过四大项目系统解析人才培养、培训、发展及法律风险防范的全流程。项目一构建"学历教育+职业培训"双轨制培养体系，项目二设计分层分类培训方案，项目三完善职业发展与激励机制。通过理论讲解、案例分析与实践操作，培养学生掌握康养服务人才规划、培训实施及风险管控能力，为应对人口老龄化背景下的康养服务需求提供人才支撑。

 思维导图

- 项目一：康养服务相关专业人才培养政策
  - 培养现状与政策支持
    - 行业现状：人才缺口大、结构矛盾突出、培养体系待完善
    - 政策支持：国家战略部署、地方创新实践、质量提升机制
    - 发展趋势：供给侧改革、职业价值重构、技术赋能培养
  - 培养体系构建
    - 三位一体培养模式：学历教育、职业培训、继续教育
    - 双证书制度实施：职业资格证书、专项能力证书、学历证书衔接
  - 校企合作与实训基地建设
    - 合作模式创新：订单式培养、工学交替、双师流动机制
    - 实训基地建设：校内实训中心、校外实训基地、数字化实训平台
  - 激励机制
    - 薪酬与福利：岗位分级制、绩效奖励、福利保障
    - 职业发展通道：纵向晋升、横向拓展、学历提升支持
    - 荣誉激励：荣誉评选、技能大赛推荐
  - 法律风险防范
    - 常见法律问题：服务合同纠纷、人身伤害责任、隐私泄露
    - 防范措施：完善合同条款、强化安全管理、规范操作流程、购买责任保险

- 项目二：康养服务专业人才培训政策
  - 行业现状（三高三低一缺）
    - 三高：从业年龄高、劳动强度高、流动性高
    - 三低：文化程度低、待遇水平低、社会地位低
    - 一缺：专业培训缺
  - 国家及地方政策
    - 国家层面政策：目标、措施（专业建设、培养模式、师资教材、激励保障）
    - 地方创新实践：北京补贴政策、江苏职称评审试点
  - 职业标准与技能要求
    - 职业标准：初级至技师各等级培训学时、理论与技能要求
    - 技能提升方向：智能设备操作、适老化改造、心理护理技能
  - 国际经验借鉴
    - 德国双元制职业教育
    - 加拿大个人支持工作者培训

- 项目三：康养服务人才发展体系构建政策
  - 培养体系（双轨制与产教融合）
    - 学历教育体系：高职、本科、研究生培养目标与课程
    - 职业培训体系：岗前培训、技能提升培训、管理培训
    - 政策支持：学费减免、培训补贴、校企合作
  - 岗位设置与人员配备
    - 岗位分类：核心岗位（护理员、康复师等）、支持岗位（营养师等）
    - 人员配备标准：养老机构、社区居家机构配备比例
  - 评价与激励机制
    - 评价体系：绩效考核指标、评价方法（360度反馈等）
    - 激励机制：薪酬激励（岗位工资等）、非物质激励（荣誉体系等）
  - 国内外经验借鉴
    - 国际经验：德国双元制、日本介护保险制度
    - 国内创新实践：时间银行、互联网养老人才培养

项目一　康养服务相关专业人才培养政策

学习目标

1. 知识目标

(1) 掌握康养服务人才培养培训体系的内涵与构成要素。
(2) 理解康养服务相关专业教育教学质量提升的具体措施。
(3) 熟悉"双证书"制度的实施流程及职业标准的具体要求。
(4) 了解康养服务人才激励机制的政策框架与实践模式。

2. 能力目标

(1) 能够根据养老机构需求制定个性化人才培养方案。
(2) 熟练运用职业标准评估康养服务人员专业能力。
(3) 能够构建高效的校企合作平台,有效促进产教深度融合。

3. 素养目标

(1) 树立"尊老、敬老、爱老"的职业价值观。
(2) 培养严格遵守法律法规、规范操作流程的职业素养。
(3) 增强团队协作与创新服务意识。
(4) 提升应对老龄化社会挑战的使命感与责任感。

情景任务

某省会城市的"桑榆晴养老公寓"是一家中高端养老机构,入住率长期保持在90%以上。近年来,随着失能、半失能老人比例增加,公寓面临两大难题:一是护理员流失率高达35%,现有人员持有职业资格证书比例不高;二是康复治疗师、心理咨询师等专业技术人才严重短缺,导致部分康复项目无法开展。公寓管理层计划通过"内部培养+外部引进"双轨制解决人才问题,但缺乏系统的实施方案。

1. 任务要求

以康养服务相关专业实习生的身份,完成以下任务。
(1) 分析公寓人才现状,撰写《桑榆晴养老公寓人才需求调研报告》。
(2) 设计一套"学历教育+职业培训"相结合的人才培养方案。
(3) 制定《康养服务人员职业发展通道规划》,明确晋升标准与激励措施。
(4) 模拟与某职业院校洽谈校企合作事宜,拟定合作备忘录。

2. 任务实施步骤建议

(1) 分组调研:每组5人,分别负责数据收集(员工访谈、问卷调查)、政策研究(国家及地方人才培养政策)、案例分析(同类机构成功经验)。
(2) 方案设计:依据调研所得,结合专业知识,精心策划人才培养方案及激励机制。
(3) 模拟洽谈:根据拟定的合作备忘录,进行角色扮演,重点讨论实训基地建设、师资共享等问题。
(4) 成果展示:各组提交报告与方案,进行PPT汇报并接受答辩。

知识链接

知识点一　康养服务人才培养现状与政策支持

一、行业现状

1. 人才缺口持续扩大

截至 2024 年底,我国 60 岁以上人口达 3.1 亿(占比 22%),失能、半失能及失智老人超 4 500 万人。根据养老护理员与失能老人 1∶4 的配置标准,全国需要超过 1 000 万名专业护理员,但目前持证的养老护理员仅有 50 余万人,存在巨大的人才缺口,从业人员中初中及以下学历占比高,职业技能等级持证率低,远远不能满足我国养老服务事业快速发展的需求。

2. 结构矛盾突出

从业人员以 45—60 岁女性为主,本科及以上学历不足 1%,康复治疗师、营养师等专业技术人才占比低于 10%。上海、北京等地的数据显示,50 岁以上护理员占比超 75%,年轻化、专业化人才严重短缺。职业发展通道狭窄,仅有不足 5% 的护理员可晋升至高级工及以上等级,与新八级工职业技能等级制度(学徒工至首席技师)的衔接尚未普及。

3. 培养体系待完善

我国开设康养服务相关专业的院校大幅增加、每年毕业生人数显著提升,但与行业需求仍相差较大。课程设置偏重理论而忽视实践,校企合作实训基地覆盖率低,且在失能失智照护、老年康复等关键领域,专业师资匮乏。部分院校毕业生转行比例高,凸显了职业吸引力不足与行业迫切需求之间的深刻矛盾。

二、政策支持

1. 国家战略部署

民政部等 12 部门《关于加强养老服务人才队伍建设的意见》明确提出,到 2025 年实现:养老护理员持证上岗率≥90%,中职/高职养老专业招生规模扩大 30%,本科及以上层次人才培养比例提高至 5%;建立"学历教育+职业培训+技能认证"三位一体培养体系,支持职业院校开设失能失智照护、老年营养等紧缺专业,推进"新八级工"职业技能等级制度试点。

2. 地方创新实践

江苏、山东等地出台专项政策,对入职养老机构的本科毕业生给予 2 万—6 万元入职补贴,对高级工、技师分别发放每月 100—200 元岗位津贴。上海推行"重点人才落户"机制,2024 年已有护理员通过技能人才引进落户;河南建立 41 个省级康养服务人才基地,累计培养毕业生 16.3 万人。多地将养老护理员培训纳入政府补贴目录,补贴标准上浮 20%,并开发"养老护理云课堂"等线上实训平台。

3. 质量提升机制

国家卫健委《失能失智预防干预试点方案》要求,2025 年前实现养老机构护理员岗前培训全覆盖,开展"认知症照护""安宁疗护"等专项技能认证。江苏省率先建立了养老护理专业技术职称体系,涵盖初级、中级至副高级别,使得护理员有机会参评"养老护理师"职称,从而有效拓宽了他们的职业发展路径。北京、上海等地建立"学历证书+职业技能等级证书+专项能力证书"多证融合制度,推动人才向"复合型"转型。

三、发展趋势

1. 供给侧改革加速

全国康养服务人才培养实训基地增至 500 个,"订单班""现代学徒制"培养模式占比大幅提升。部分院校养老专业毕业生就业率连续 3 年超 95%,学生"抢手"源于产教融合机制(年均 1—2 个月分段实习)。

2. 职业价值重构

岗位津贴、职称评聘、表彰激励(如全国"最美养老护理员"评选),提升职业吸引力。上海、青岛等地的护理员平均薪酬相较于 2020 年实现了较快的增长,部分高端养老机构的月薪更是成功突破了 8 000 元大关。江苏试点"学历+职称"双向认定,本科毕业生最快 10 年可评副高职称。

3. 技术赋能培养

VR 仿真实训、AI 智能评估等技术融入教学,北京、成都试点"数字孪生养老院"实训平台,实践教学时长占比提升至 60%。根据教育部公示的《2024 年度普通高等学校本科专业申报材料》,2024 年拟新增的专业中,老年医学与健康、健康与医疗保障等专业申报量居全国前五,显示出青年学生对这些领域的职业认同感逐步提升。

知识点二　康养服务人才培养体系构建

一、"三位一体"培养模式

1. 学历教育

(1) 中职/高职教育:重点培养养老护理员、养老基层管理员、老年辅具配置员等技能型人才,课程设置包括"老年护理学""康复训练技术""养老机构管理实务"等。

(2) 本科教育:培养养老机构管理、老年社会工作等复合型人才,开设"老年心理学""养老产业经济学""养老政策法规"等课程。

(3) 研究生教育:培养科研与教学骨干,聚焦老年学、老年医学等领域。

2. 职业培训

(1) 岗前培训:针对新入职人员,内容涵盖职业道德、基础护理技能、应急处理等。

(2) 在岗培训:定期开展新技术、新设备操作培训,如智能养老设备使用、认知症照护技巧。

(3) 转岗培训:面向其他行业有意进入养老领域的人员,提供专业基础知识培训。

3. 继续教育

(1) 依托开放大学、社区学院等平台,开展"学历提升+技能认证"项目。

(2) 推行"学分银行"制度,实现学习成果互认。

二、"双证书"制度实施

1. 职业资格证书

养老护理员、康复治疗师、心理咨询师等需通过国家统一考试取得相应证书。

2. 专项能力证书

如"老年认知症照护""老年营养配餐"等,由行业协会或培训机构颁发。

3. 学历证书

与职业资格证书衔接,例如取得养老护理员高级证书可折算相应学分。

知识点三　校企合作与实训基地建设

一、养老人才校企合作模式创新

1. 订单式培养:精准对接康养服务需求

院校与养老机构签署定向培养协议,共同设计课程体系。如长沙民政职业技术学院与上海市杨浦区社会福利院共建现代学徒制订单班,企业承担学费并定向录用,实现"入学即入职",企业参与制定课程标准,根据相关数据,高职毕业生的就业率和晋升率表现突出。全国已有 100 余所院校开设养老订单班,如部分院校与泰康之家合作,培养"养老社区运营管理"定向人才,企业提供奖学金支持,毕业生职业匹配度高。

2. 工学交替:"教学-实训-就业"三段进阶培养

实施"理论+实践"循环模式,如江苏卫生健康职业学院"1+1+1"养老护理培养:第 1 年校内学习

(含 VR 失能照护模拟),第 2 年养老院轮岗实训(每月 1 周企业实践),第 3 年顶岗实习(对接养老机构岗位)。山东药品食品职业学院"康养服务专班"采用"3+1"模式:3 学期校内学习(含老年康复、营养配餐等模块),1 学期在红日养老集团实训,学生的职业技能考证通过率高达 90% 以上,同时,企业对学生的满意度也达到了 95% 的高水平。

3. 双师流动机制:养老领域"双师型"队伍共建

推行"教师进机构、专家进课堂"制度:院校教师会定期前往养老机构进行实践锻炼(例如,天津职业大学的教师每年需完成 200 小时的一线照护工作),同时,养老机构的技术骨干(包括高级护理师、康复师等)也会参与到专业课的教学中,承担约 30% 的教学任务。南京中医药大学翰林学院建立"康养服务导师库",吸纳 20 名行业专家(含 2 名省级技能大师),共同开发了包括"认知症老人照护技术"在内的 8 门校企合作课程。目前,全国养老专业"双师型"教师占比达 58%。

二、养老实训基地建设标准化体系

1. 校内实训中心:全场景康养服务模拟

参照康养服务类专业实训教学条件相关建设标准,建设"三室一中心"。

(1) 模拟养老病房:配备智能监护系统(心率/血压实时监测)、无障碍卫浴(防滑地面+紧急呼叫装置)。

(2) 老年康复训练室:VR 平衡训练设备、智能辅具适配区(助行器/轮椅调试)。

(3) 智慧养老体验中心:物联网健康管理平台(对接社区养老数据)、老年数字技术培训区(手机适老化改造教学)。某职业学院实训中心配置了 1∶1 比例的模拟养老院,内含 20 间智能化病房及 5 个专业的康复训练区域,设备总值超过 800 万元,足以容纳 200 名学生同时进行实训操作。

2. 校外实训基地实现了"医养康护"的深度融合

与养老机构、社区日间照料中心共建实践基地,实行"双导师制"。例如:北京老年医院-北京劳动保障职业学院实训基地,学生参与失能老人照护、安宁疗护等实战项目,由主任医师与院校教师共同指导;上海亲和源老年公寓-上海杉达学院基地,学生参与"时间银行"互助养老项目,完成老年人能力评估、个性化照护方案设计。全国养老类校外实训基地达 623 个(2024 年民政部统计),实习周期≥6 个月,覆盖居家(如上海"喘息服务")、社区(如北京"15 分钟养老圈"等)、机构(如泰康养老社区)全场景。

3. 数字化实训平台:智慧养老虚拟仿真

开发"VR+AI"实训系统,模拟复杂养老场景。

(1) 应急处置模块:跌倒预警响应(含心肺复苏 VR 训练)、突发疾病处理(模拟心肌梗死急救流程)。

(2) 心理照护模块:认知症老人沟通训练(AI 虚拟老人情绪识别)、临终关怀心理干预。

(3) 管理决策模块:养老机构运营沙盘(床位分配、成本核算智能分析)。案例:某职业学院"智慧养老虚拟仿真实训平台",利用数字孪生技术,该平台精准还原了一个 3000 平方米的养老社区,使学生能够身临其境地模拟处理 12 种紧急场景,因此荣获国家职业教育示范性虚拟仿真实训基地的称号。

知识点四 康养服务人才激励机制

一、薪酬与福利

1. 岗位分级制

根据技能等级、工作年限设置不同薪酬档位,如初级护理员月薪 3 000—4 000 元,高级护理员可达 5 000—7 000 元。

2. 绩效奖励

对服务质量高、客户满意度高的员工给予额外奖金。

3. 福利保障

购买五险一金,提供免费住宿、定期体检、带薪年假等。

二、职业发展通道

1. 纵向晋升

护理员→组长→护士长→院长助理→院长。

2. 横向拓展

护理岗位可转向培训、管理、评估等岗位。

3. 学历提升支持

企业为员工提供学费补贴,鼓励参加学历教育。

三、荣誉激励

其一,通过设立如"星级护理员"和"服务之星"等荣誉评选活动,激励员工不断提升服务水平。

其二,推荐优秀员工参加省级、国家级康养服务技能大赛。

知识点五　康养服务从业人员的法律风险防范

一、常见法律问题

1. 服务合同纠纷

如收费争议、服务内容不明确。

2. 人身伤害责任

老人在机构内摔伤、走失等。

3. 隐私泄露

未妥善保管老人个人信息。

二、防范措施

其一,完善合同条款,清晰界定服务范围、费用标准、双方权责及免责情形。

其二,强化安全管理,定期检查设施,为失能老人装备定位手环,并制定详尽应急预案。

其三,规范操作流程,护理操作需严格遵循《养老护理员国家职业标准》,做好记录与交接。

其四,购买责任保险,转移因意外事故导致的经济赔偿风险。

任务实施与评价

任务一:分析公寓人才现状

1. 任务实施

(1) 数据收集。

① 发放问卷:设计《员工满意度调查表》《老人需求调查表》,分别面向公寓员工和入住老人。

② 深度访谈:与管理层、护理员、康复治疗师代表进行一对一访谈。

(2) 数据分析。

① 采用 SPSS 软件分析问卷数据,重点聚焦离职缘由及技能短板。

② 整理访谈记录,提炼关键问题。

(3) 报告撰写。

① 结构包括:引言、现状分析、问题诊断、建议措施。

② 引用政策文件与行业数据作为支撑。

2. 任务评价

评价维度	具体要求	分值
数据收集	覆盖员工、老人、管理层，样本量充足	15
分析深度	能准确识别人才短缺类型与根本原因	20
报告质量	结构清晰，数据翔实，建议可行	15

任务二：设计人才培养方案

1. 任务实施

（1）需求对接：与公寓管理层深入交流，明确培训目标及岗位实际需求。
（2）课程开发：依据职业标准精心构建课程模块，涵盖基础素养模块（如职业道德、法律法规）、专业技能模块（如生活照护、康复训练）以及管理能力模块（如团队协作、危机应对）。
（3）校企合作洽谈：与本地某职业院校联系，协商共建实训基地、互派师资等事宜。

2. 任务评价

评价维度	具体要求	分值
方案合理性	符合公寓实际需求，涵盖理论与实践	20
创新性	有特色培养模式（如"1＋X"证书融合）	15
可行性	资源保障（师资、设备、资金）明确	15

任务三：制定职业发展通道规划

1. 任务实施

（1）岗位分析：系统梳理公寓现有岗位层级结构，并清晰界定各岗位的任职资格条件。
（2）晋升标准：制定涵盖技能考核、工作业绩、学历要求等多维度的量化晋升标准。
（3）激励措施：设计薪酬与晋升紧密挂钩的激励机制，并提供相应的配套培训支持。

2. 任务评价

评价维度	具体要求	分值
体系完整性	涵盖晋升路径、标准、激励措施	15
公平性	标准透明，可量化考核	15
激励效果	能有效提升员工积极性与留存率	10

任务四：模拟校企合作洽谈

1. 任务实施

（1）前期准备：研究院校专业设置、师资力量，确定合作需求。
（2）模拟洽谈：分组扮演公寓代表与院校代表，重点讨论合作模式、资源投入、成果共享等。
（3）备忘录拟定：明确合作目标、内容、双方权责及合作期限。

2. 任务评价

评价维度	具体要求	分值
谈判策略	能有效争取己方利益,达成共识	15
备忘录规范性	条款清晰,具有可操作性	15
团队协作	分工明确,沟通高效	10

课后练习与拓展

一、课后练习

（一）选择题

1. 我国康养服务人才培养的核心政策文件是（   ）。

A. 《关于加快推进康养服务业人才培养的意见》

B. 《养老机构管理办法》

C. 《中华人民共和国老年人权益保障法》

D. 《中华人民共和国社会保险法》

2. 康养服务"双证书"制度指的是（   ）。

A. 学历证书与职业资格证书

B. 毕业证与上岗证

C. 健康证与技能等级证

D. 驾驶证与营养师证

8-1

（二）填空题

1. 康养服务人才培养体系包括＿＿＿＿、＿＿＿＿、＿＿＿＿三个层次。

2. 校企合作的主要模式有＿＿＿＿、＿＿＿＿、＿＿＿＿。

（三）简答题

1. 简述康养服务相关专业人才的三类需求及其特点。

2. 如何通过"双证书"制度提升康养服务人员的专业素质？

（四）讨论题

1. 结合老龄化趋势,探讨如何吸引更多年轻人加入康养服务行业。

2. 分析"互联网＋养老"对人才培养提出的新要求,设计相应课程模块。

二、课后拓展

1. 调研实践:选择本地一家养老机构,调研其人才结构与培养现状,撰写《××养老机构人才发展报告》。

2. 政策宣讲:组织面向社区老年人的康养服务政策解读活动,重点介绍养老护理员职业发展前景。

3. 案例分析:收集国内外康养服务人才培养典型案例,制作PPT进行课堂分享。

项目二 康养服务专业人才培训政策

学习目标

1. 知识目标

(1) 掌握康养服务行业人才现状的主要特点、核心优势及未来发展趋势。

(2) 深入理解康养服务相关专业人才培训的政策导向、框架体系及具体实施路径。

(3) 熟悉养老护理员职业标准及技能要求。

(4) 了解国内外康养服务人才培养的先进经验。

2. 能力目标

(1) 能够深入分析康养服务机构的人才结构现状,精准识别问题,并提出科学合理的优化方案。

(2) 能够根据实际需求设计全面、系统的养老护理员培训计划,并高效组织实施,确保培训效果。

(3) 能够运用职业标准评估康养服务人员技能水平。

(4) 具备开展康养服务政策宣讲与培训需求调研的能力。

3. 素养目标

(1) 培养尊重康养服务职业的专业态度。

(2) 增强对康养服务行业发展的责任感与使命感。

(3) 树立终身学习理念,适应康养服务技术更新需求。

情景任务

智慧养老社区的人才困境

2023年,某市新建的"乐龄智慧养老社区"正式运营,该社区融合智能家居、远程医疗、健康监测等技术,旨在为老年人提供"科技+人文"的高品质康养服务。然而,运营半年后,社区出现以下问题:

1. 护理员团队老龄化严重,平均年龄48岁,对智能设备操作不熟悉,导致健康监测数据误报率高达30%;

2. 护理员流失率逐月上升,近三个月离职率达45%,主要原因包括工作压力大、薪资待遇低、职业发展不清晰;

3. 社区引入的康复机器人、智能药箱等先进设备闲置率较高,主要因为老年人对这些设备的操作感到复杂,缺乏使用意愿;

4. 家属投诉集中在服务不专业、沟通效率低、紧急情况响应慢等方面。

任务要求

作为某高校康养服务相关专业的学生,需要与团队合作完成以下任务。

1. 现状分析:通过调研,分析该社区人才结构与服务能力的短板。

2. 培训方案设计:针对护理员、管理人员、技术支持人员三类岗位,设计分层分类的培训计划。

知识链接

知识点一 康养服务行业人才现状

一、核心特征："三高三低一缺"

1. 从业年龄偏高

全国养老机构护理员的平均年龄已达到45.6岁，其中40岁以上人员占比超过80%（根据2022年民政部最新统计年报）。以东部某省为例，该省养老机构护理员中，45岁以上人员占比高达86%，50岁以上占比更是达到了52%，显示出护理员队伍的年龄结构存在明显的老龄化趋势。

2. 文化程度低

我国养老护理人员初中及以下学历占比78%，大专及以上仅12%，专业背景多为非护理相关，中西部地区部分养老机构的护理员队伍中，专业背景为医学或护理的人员占比不足5%，其余多为从农村转移来的劳动力或城市下岗人员。

3. 劳动强度高

日均工作时长10.2小时，人均照护老人6—8名，失能老人护理员日均搬运量达500公斤。在某一养老机构中，护理员每天需为每位失能老人进行4—6次翻身、清洁等操作，劳动强度极大。

4. 待遇水平偏低

护理员的月均工资整体较社会平均工资水平偏低，且社保覆盖率不足六成。根据2023年薪酬调查数据，养老护理员的平均薪资仅为当地城镇职工平均工资的60%左右，且多数机构未为护理员缴纳完整的社会保险。

5. 流动性高

年均离职率较大，部分机构年内换岗率较高。某连锁养老机构的统计显示，其护理员年流失率高达42%，导致机构长期处于缺员状态，影响服务质量。

6. 社会地位有待提升

部分护理员表示职业认同感不强，另有不少家庭反对子女投身康养服务行业。在一项社会调查中，仅有12%的受访者表示愿意让子女从事养老护理工作，反映出社会对该职业的认可度较低。

7. 专业培训缺

持证上岗率不足，系统接受过康复护理、心理疏导等专业培训率不高。例如，西南地区部分养老机构护理员持证上岗率偏低，不足一成，且培训重点集中在基础生活照料上，专业技能培训明显不足。

二、典型案例分析

案例1：上海某医养结合机构

护理员团队中50岁以上占65%，初中文化占70%，导致智能监测设备操作失误率高。

通过实施"老带新"师徒制度，年轻护理员专攻技术操作，年长护理员则专注于生活照料，此举使得服务效率提高了20%。通过这种方式，该机构不仅提高了服务效率，还降低了设备操作失误率，同时为年轻护理员提供了实践机会，增强了团队的稳定性。

案例2：日本介护保险制度

通过立法保障护理员薪酬与职业地位，全国统一资格认证体系，持证者享有政府补贴。

推行"介护福祉士"分级制度，最高级别护理员月薪可高达4万元人民币，职业发展路径明确且前景广阔。日本的介护保险制度为护理员提供了稳定的收入和良好的职业发展前景，吸引了更多年轻人加入康养服务行业，有效缓解了人才短缺问题。

知识点二　康养服务相关专业人才培训政策框架

一、国家层面政策

1.《关于加快推进养老服务业人才培养的意见》(教育部等九部门,2021)

目标:实现养老护理员上岗前培训全覆盖,构建以职业教育为主体、应用型本科和研究生教育衔接的养老服务人才培养体系。强化实践教学与职业技能融合,推动康养服务人才专业素质与岗位需求精准匹配,重点提升失能失智照护、康复护理、心理慰藉等紧缺领域技能水平。完善"学历教育+职业培训"双轨制,建立养老服务人才职业发展通道,探索职称评定、岗位津贴与技能等级挂钩机制,增强职业吸引力。

措施如下。

(1) 专业建设与招生改革。

将养老服务相关专业纳入《普通高等学校本科专业目录》,鼓励高校增设老年医学、康复治疗学等专业,支持职业院校扩大招生规模。例如,2021年《职业教育专业目录》明确支持护理学、康复治疗学等养老相关专业建设,推动中高职贯通培养模式。

实施"双高计划",建设10个养老服务高水平专业群,强化院校与行业协同育人。

(2) 培养模式创新。

推行"学历教育+职业培训"模式,允许在职人员通过夜校、网络课程等弹性学制学习,同步参与职业培训。例如,教育部推动"1+X证书"制度试点,将老年照护、失智老年人照护等纳入职业技能等级认证体系。

建设国家级康养服务实训基地,开发"互联网+养老"在线课程,强化数字化技能培训。

(3) 师资与教材建设。

打造"双师型"教师队伍,支持院校与养老机构人员双向交流,鼓励行业专家参与教学。

校企合作编写优质教材,融入数智化资源,开发核心课程标准,推进课程思政与健康中国理念融入教学。

(4) 激励与保障机制。

推动医疗、护理、康复等专业技术人员向养老领域流动,允许其在养老机构执业并按规定晋升职称。

探索建立养老护理员入职补贴、岗位津贴制度,试点将康养服务纳入积分落户政策。

2.《"十四五"国家老龄事业发展和养老服务体系规划》(2021)

重点任务如下。

(1) 大规模人才培训工程。

实施"养老服务人才素质提升工程","十四五"期间培训200万人次,覆盖健康管理、康复护理、心理慰藉等领域,采用线上线下结合方式提升专业能力。

(2) 职业标准与评价体系。

完善养老护理员职业技能标准,推进"双证书"制度(学历证书+职业资格证书),强化实践能力考核。

以养老护理员为试点,健全职业技能等级社会化认定机制,探索特级技师、首席技师等高级别职业技能等级设置。

(3) 激励与流动机制。

推动医疗资源与康养服务融合,鼓励医疗机构医护人员到养老机构兼职或全职服务,在职称评定、职业发展等方面给予支持。

建立养老护理员薪酬与技能等级挂钩机制,提高从业人员经济待遇和社会地位。

(4) 农村与基层人才支持。

加强农村养老服务人才队伍建设,引导职业院校毕业生到农村就业,支持农村养老机构开展委托培养、联合培养等产教融合项目。

(5) 产教融合与创新试点。

支持院校与养老机构共建实训基地,推广"订单式"培养模式,鼓励企业参与职业教育办学。

开展养老服务人才改革创新综合试点,探索跨行业人才流动、职称评定等政策突破。

二、地方创新实践

1. 北京市"养老服务人才培养培训行动计划"

(1) 对取得养老护理员职业资格证书的人员给予最高 5 000 元补贴。补贴标准根据职业资格等级不同而有所差异,初级补贴 2 000 元,中级补贴 3 000 元,高级补贴 5 000 元。

(2) 建立康养服务专家库,组织高校教授、行业专家定期开展巡回培训。专家库成员涵盖康养服务领域的知名学者、行业领军人物等,定期到基层养老机构开展培训,提升从业人员的专业水平。

2. 江苏省"银发护理师"职称评审试点

(1) 设立初级、中级、高级"银发护理师"职称,与事业单位专业技术岗位待遇挂钩。评审标准侧重实践能力,弱化论文要求,突出解决实际问题的能力。例如,初级"银发护理师"须具备基础护理技能和一定的工作经验,高级则须具备护理管理、技术创新等能力。

(2) 评审标准侧重实践能力,弱化论文要求,突出解决实际问题的能力。评审时,重点考核护理员实操技能、案例分析能力及应急处理水平,而非单纯学术论文。

知识点三　养老护理员职业标准与技能要求

一、职业标准(依据《养老护理员国家职业技能标准(2019 年版)》)

职业等级	培训学时	理论知识要求	技能操作要求
初级(五级)	180 学时	老年人生活照料基础知识、安全防护知识	协助进食、清洁、排泄等基础护理操作
中级(四级)	150 学时	老年常见病护理、康复训练知识	生命体征监测、康复训练指导、心理疏导
高级(三级)	120 学时	老年人健康评估、护理计划制定	复杂慢性病护理、急救处理、护理质量管理
技师(二级)	120 学时	养老机构管理、培训体系设计	护理团队管理、应急预案制定、技术创新应用

二、技能提升方向

1. 智能设备操作

(1) 掌握智能血压计、血糖仪、远程监护设备的使用方法。例如,护理员需要学会正确操作智能血压计,准确测量老年人的血压值,并能通过远程监护设备实时监测老年人的健康数据。

(2) 学习健康数据采集与分析,识别异常指标并及时预警。护理员需初步分析健康数据,发现血压异常、心率过快等即通知医生或家属。

2. 适老化改造能力

(1) 评估老年人居住环境安全性,提出无障碍改造建议。护理员需评估老年人居住环境,检查地面平整性、扶手设置等,提出防滑地板安装、增设扶手等改造建议。

(2) 指导老年人使用辅助器具(如智能助行器、防跌倒报警器)。护理员需细致地向老年人讲解辅助器具的使用方法,并强调注意事项,以确保老年人能够正确操作,从而提升其生活的便捷性和安全性。

3. 心理护理技能

(1) 运用沟通技巧缓解老年人孤独感,识别抑郁、焦虑等心理问题。护理员应掌握与老年人高效沟通的技巧,耐心倾听他们的需求与情感倾诉,敏锐察觉并有效缓解他们可能存在的孤独感、抑郁及焦虑等心理困扰。

（2）开展认知症老人非药物干预活动（如怀旧疗法、音乐疗法）。针对认知症老人，护理员可以通过怀旧疗法，引导他们回忆过去的美好时光，增强他们的认知和情感联系；也可以通过音乐疗法，缓解他们的焦虑和不安情绪。

知识点四　国际经验借鉴

一、德国"双元制"职业教育

1. 模式特点

企业实训与职业学校学习相结合，学生同时是企业学徒和学校学生。

2. 养老领域应用

（1）实训内容涵盖生活照料、医疗护理、康复训练等模块。例如，在企业实训阶段，学生将在经验丰富的护理员指导下，学习为老年人提供全面的生活照料、基础医疗护理服务以及专业的康复训练等。

（2）考试通过后可获得国家认证的"老年护理员"资格，就业竞争力强。德国的"双元制"教育模式培养出的老年护理员具备扎实的理论知识和丰富的实践经验，深受用人单位欢迎，就业前景广阔。

二、加拿大"个人支持工作者（PSW）"培训

加拿大"个人支持工作者（PSW）"培训的课程设置如下。

1. 基础护理技能（如移动患者、伤口护理）

课程深入讲解安全移动患者技巧，以防伤害，并教授伤口护理的基本流程及关键注意事项。

2. 法律与伦理（如隐私保护、临终关怀）

学生需掌握相关法律法规，确保老年人隐私与权益不受侵犯，并学习临终关怀中的专业护理与支持技巧。

3. 文化敏感性培训（适应多元文化养老需求）

鉴于加拿大多元文化特性，课程涵盖不同文化背景下的养老需求及护理策略，旨在增强学生的文化敏感度和适应能力。

4. 就业保障

PSW持证者可在医院、养老院、社区等多领域就业，薪资与护士助理相当，广泛的就业范围和较高的薪资水平吸引了众多人才投身康养服务业。

任务实施与评价

任务一：分析智慧养老社区人才困境

1. 任务实施

（1）数据收集。

查阅社区人事档案，统计护理员年龄、学历、持证情况。例如，在"乐龄智慧养老社区"中：护理员平均年龄48岁，其中40岁以上占85%；学历方面，初中及以下占70%，高中及中专占25%，大专及以上仅5%；而根据行业标准，养老护理员持证上岗率应达到95%以上，但该社区的持证上岗率仅为30%，远低于行业要求。

发放问卷并访谈护理员，了解工作压力源、薪资满意度、培训需求。问卷调查结果显示，护理员的工作压力主要源于高强度工作（60%）、低薪资待遇（30%）及职业路径不明朗（10%）。薪资满意度上，仅三成护理员表示满意。培训需求则聚焦于智能设备操作（50%）、心理护理（30%）及康复护理技能（20%）。

分析家属投诉记录后，归纳出服务质量的主要问题类型：服务专业性不足（40%）、沟通效率低下

(30%)及紧急情况响应迟缓(30%)。

(2)问题诊断。

绘制人才结构雷达图,对比行业标准与社区现状。雷达图直观显示,该社区护理员在年龄结构、学历及持证率上均低于行业均值。

运用SWOT分析法,识别优势(如硬件设施先进)、劣势(人才断层)、机会(政策支持)、威胁(竞争加剧)。该社区的优势在于拥有先进的智能设备和良好的硬件设施;劣势是人才结构不合理,护理员老龄化严重、学历低、持证率低;机会是国家和地方对康养服务人才培养的政策支持;威胁是同行业竞争加剧,可能导致更多的人才流失。

2. 任务评价

指标	评分要点	分值
数据完整性	包含年龄、学历、持证率、离职率等核心数据	15分
问题诊断深度	准确关联人才结构与服务质量问题	20分
分析工具运用	合理使用SWOT、雷达图等方法	15分

任务二:设计分层分类培训计划

1. 任务实施

(1)岗位需求分析。

① 护理员:智能设备操作、适老化服务、心理护理。护理员需精通智能设备操作,提供适老化服务,包括居住环境评估、辅助器具指导,并具备心理护理能力,有效缓解老年人心理问题。

② 管理人员:团队建设、政策解读、智慧养老项目管理。管理人员须具备出色的团队建设与管理能力,熟悉国家和地方康养政策,负责智慧养老项目的规划及实施。

③ 技术支持人员:设备维护、数据安全、系统升级。技术支持人员负责智能设备日常维护、故障排除,确保数据安全,进行系统升级与优化。

(2)课程设计。

① 基础层(护理员):智能设备操作实训(40学时)、老年人沟通技巧(20学时)。智能设备操作实训涵盖智能血压计、血糖仪、远程监护设备等使用方法及注意事项;老年人沟通技巧课程教授倾听、表达及非语言沟通等有效沟通技巧。

② 提升层(管理人员):养老机构数字化运营(30学时)、政策与法规(20学时)。养老机构数字化运营课程将介绍如何利用数字化手段提升养老机构的管理效率和服务质量;政策与法规课程将详细讲解国家和地方的康养服务政策,确保养老机构能够遵循最新的法规要求。

③ 专家层(技术支持):大数据分析在养老中的应用(30学时)、智能设备故障应急处理(20学时)。大数据分析在养老中的应用课程将探讨如何利用大数据技术分析老年人的健康数据,提供个性化的康养服务;智能设备故障应急处理课程将教授技术支持人员如何快速诊断和处理智能设备的常见故障。

(3)培训方式。

① 线上:利用"全国民政人才远程教育系统"学习理论课程。护理员、管理人员和技术支持人员可以通过该系统深入学习老年人的生理和心理特点。

② 线下:在实训基地开展设备操作演练、情景模拟。例如,护理员可以在实训基地进行智能设备操作演练,管理人员可以通过情景模拟学习如何处理养老机构中的突发情况,技术支持人员可以进行智能设备维护的实际操作。

2. 任务评价

指标	评分要点	分值
方案针对性	课程内容与岗位需求匹配度	20分
培训方式创新	结合线上线下混合模式	15分
可操作性	明确培训时间、师资、考核方式	15分

课后练习与拓展

8-2

一、课后练习

（一）选择题

1. 我国康养服务人才培养体系的核心是构建(　　)。
   A. 学历教育与职业培训双轨制　　　　B. 理论学习与实践操作分离制
   C. 政府主导与企业自主培养制　　　　D. 国内培养与国际引进结合制

2. 根据2023年《关于加强养老服务人才队伍建设的意见》，我国计划到2025年培养养老护理员的目标数量是(　　)。
   A. 50万名　　　B. 100万名　　　C. 150万名　　　D. 200万名

3. 下列哪项属于我国康养服务人才培训的创新政策？(　　)
   A. 推行"1+X"证书制度，将老年照护纳入职业技能等级认证
   B. 建立海外研修机制，强制要求护理员出国学习
   C. 实施"银龄订单班"，企业与院校共建定向培养模式
   D. A和C均正确

4. 我国养老服务人才职业发展通道中，"初级护理员→中级护理员→高级护理员→护理主管"的晋升条件通常包括(　　)。
   A. 工作年限、技能考核、客户满意度等量化指标
   B. 学历水平、论文发表数量、外语能力
   C. 家庭背景、社会关系、兴趣特长
   D. 以上均正确

5. 下列哪项政策明确提出"建立康养服务人才'学历教育+职业培训+继续教育'终身学习体系"？(　　)
   A.《养老机构管理办法》(2020年修订)
   B.《关于推进养老服务人才队伍建设的意见》(2023年)
   C.《"十四五"国家老龄事业发展和养老服务体系规划》(2021年)
   D.《关于进一步做好养老服务领域就业工作的通知》(2022年)

（二）简答题

1. 简述我国康养服务人才培训政策中"学历教育+职业培训"双轨制的具体内涵。
2. 结合《养老机构管理办法》，说明养老机构护理员岗位的任职资格与人员配备标准。

（三）论述题

结合2023年《关于加强养老服务人才队伍建设的意见》，论述企业在康养服务人才激励机制设计中应如何结合政策要求提升职业吸引力。

二、课后拓展

1. 政策调研：调研本地政府发布的康养服务人才培训补贴政策（如学费减免、岗位津贴等），分析其对人才培养的实际效果，撰写500字调研报告。

2. 方案设计：针对某养老机构"人才流失率高"问题，结合"基础工资＋技能津贴＋职业发展基金"薪酬结构，设计一套具体的激励方案，明确各模块实施细则。

3. 模拟实践：以小组为单位，模拟一场康养服务人才校企合作洽谈会，分别扮演院校代表、企业HR和政府监管部门，设计合作框架与培养计划。

项目三　康养服务人才发展体系构建政策

学习目标

1. 知识目标

（1）掌握康养服务人才培养的多层次体系及政策支持。

（2）理解康养服务岗位设置标准与人员配备要求。

（3）熟练掌握康养服务人才评价的核心指标，并了解激励机制的设计原则。

（4）了解国内外康养服务人才发展的前沿趋势。

2. 能力目标

（1）能够依据养老机构的实际需求，科学制定人才培养计划。

（2）熟练运用各类评价工具，对康养服务人员进行公正、客观的绩效考核。

（3）可设计符合机构特点的薪酬激励方案。

（4）具备组织康养服务政策宣讲与培训的能力。

3. 素养目标

（1）增强对康养服务职业的认同感与社会责任感。

（2）培养尊重、关爱老年人的职业素养。

（3）树立终身学习与职业发展的意识。

情景任务

2024年，某省会城市"松龄养老集团"计划在三年内新开5家高端养老社区，急需补充200名专业康养服务人才。集团人力资源部经理王女士面临三大挑战：一是如何快速培养一支兼具理论知识与实践技能的团队；二是怎样设计科学的晋升通道以留住核心人才；三是如何通过激励机制提升员工职业幸福感。作为即将入职该集团的养老管理专业毕业生，你需要协助王经理完成以下任务。

任务一：制定人才培养方案

要求：结合集团战略，设计"新员工入职培训＋骨干人才进阶培训＋管理人才储备计划"三级培养体系；确定各阶段培训内容、实施方式及考核标准；制定校企合作计划，与3所高职院校建立"订单班"培养模式。

任务二：优化岗位设置与薪酬体系

要求：

根据《养老机构管理办法》及地方标准,重新梳理护理员、康复师、社工等岗位的职责与任职资格;

设计包含"基础工资、技能津贴、绩效奖金及职业发展基金"在内的多元化薪酬结构,以增强薪酬的市场竞争力;

建立"初级护理员→中级护理员→高级护理员→护理主管"的职业晋升通道,明确每级晋升条件。

任务三:设计员工激励方案

要求:

结合马斯洛需求层次理论,提出非物质激励措施(如荣誉体系、职业发展支持等);

制定《优秀员工评选办法》,明确评选标准、奖励形式及宣传方案;

设计"时间银行"互助养老志愿服务积分兑换机制,增强员工参与感。

任务四:撰写政策建议报告

要求:

分析当前康养服务人才短缺的主要原因;

从政府、企业、高校三个层面提出系统性解决方案;

引用最新政策文件作为依据。

知识链接

知识点一　康养服务人才培养体系

一、学历教育与职业培训双轨制

1. 学历教育体系

(1) 中、高职院校:重点培养养老护理、老年康复、老年活动策划等应用型人才,实行"理论+实践的工学结合的人才"培养模式。

(2) 本科院校:培养养老机构管理、老龄产业运营等复合型人才,课程涵盖老年心理学、养老金融、政策法规等模块。

(3) 研究生教育:开展康养服务理论、政策创新等研究,为行业输送高端智库人才。

2. 职业培训体系

(1) 岗前培训:新入职员工需完成72学时的基础培训,内容包括老年人生活照料、急救技能、沟通技巧等。

(2) 技能提升培训:针对初级、中级、高级护理员分别设计120、180、240学时的进阶课程,重点培养失能老人护理、认知症干预等专项能力。

(3) 管理培训:面向养老机构院长、部门主管,开设战略规划、风险管理、团队建设等课程,可参考民政部《养老机构院长培训大纲》。

二、政策支持与资金保障

1. 学费减免与奖学金

(1) 对就读康养服务相关专业的学生,实施学费减免政策。例如,上海市对康养服务类专业学生给予每人每年6 000元的学费补贴。

(2) 设立"康养服务人才专项奖学金",奖励品学兼优的学生。如中国社会福利基金会每年评选100名优秀养老专业学生,每人奖励5 000元。

2. 培训补贴

(1) 企业组织员工参加职业技能培训,可申请培训补贴。例如,江苏省对中级养老护理员培训给予经费补贴。

（2）对取得职业资格证书的人员，给予一次性奖励。广西壮族自治区对取得技师证书的护理员奖励3 000元。

三、校企合作与产教融合

1. 订单班模式

企业与院校签订定向培养协议，学生在校期间接受企业课程培训，毕业后直接入职。

2. 实训基地建设

依托养老机构建立实训基地，为学生提供真实的工作场景。例如，广州某养老集团与5所高职院校共建实训基地，每年接纳200名学生实习。

3. 师资互聘

企业专家到院校授课，院校教师到企业挂职锻炼。例如，某高校聘请养老机构资深护理主管担任兼职教授，同时选派教师参与企业管理咨询。

知识点二　康养服务岗位设置与人员配备

一、岗位分类与职责

1. 核心岗位

（1）养老护理员：负责老年人日常生活照料、健康监测、康复训练等工作，须持有《养老护理员职业资格证书》。

（2）康复治疗师：制定老年人康复计划，指导开展物理治疗、作业治疗等，须具备康复治疗师资格证。

（3）老年社会工作者：提供心理疏导、家庭关系协调、社会资源链接等服务，须持有社会工作师资格证。

2. 支持岗位

（1）营养师：根据老年人健康状况制定个性化饮食方案，须具备公共营养师资格。

（2）护理管理师：负责护理团队管理、质量监督及培训，须具备5年以上护理经验。

二、人员配备标准

1. 养老机构

（1）根据《养老机构管理办法》，养老机构应根据服务内容和规模配备相应的管理人员、专业技术人员和服务人员。具体而言，养老机构需设置管理、专业技术、养老护理员、工勤四种类型的岗位，并满足人员配备比例要求，如养老护理员应根据实际入住老年人人数配备，确保提供直接护理服务。

（2）根据《养老机构岗位设置及人员配备规范》养老护理员与老年人的配备比例需视老年人自理情况而定，且各地标准不一，如某地区规定，养老护理员与老年人的配备比例为：完全不能自理老年人不低于1∶4，部分不能自理老年人不低于1∶6，自理老年人不低于1∶10。

2. 社区居家康养服务机构

社区居家康养服务机构应根据服务覆盖的老年人人数来配备相应数量的工作人员，原则上，每100名老年人应至少配备1名专业服务人员。

三、政策依据

1. 《养老机构管理办法》（2020年修订）

（1）明确养老机构应当配备与服务内容和规模相适应的管理人员、专业技术人员和服务人员。

（2）要求养老机构对工作人员进行培训和考核，确保其具备相应的专业能力。

2. 《关于加强养老服务人才队伍建设的意见》（2023年）

（1）该意见提出，到2025年，养老服务人才队伍规模壮大，素质提升，结构优化。

（2）推动建立康养服务人才"学历教育＋职业培训＋继续教育"的终身学习体系。

知识点三　康养服务人才评价与激励机制

一、评价体系构建

1. 绩效考核指标

（1）工作质量：包括老年人满意度、护理差错率、康复计划执行率等。

（2）专业能力：技能考核、理论知识测试、应急处理能力评估等。

（3）职业素养：服务态度、团队协作、学习成长等。

2. 评价方法

（1）360度反馈机制：涵盖老年人、家属、同事及上级的全方位评价。

（2）关键事件记录：记录员工在服务过程中的突出表现或失误。

（3）目标管理法：设定年度工作目标，定期评估完成情况。

二、激励机制设计

1. 薪酬激励

（1）岗位工资：根据岗位等级和技能水平确定，如初级护理员月薪3 000—4 000元，高级护理员5 000—7 000元。

（2）绩效奖金：根据绩效考核结果发放，占工资总额的20%～30%。

（3）职业发展基金：为员工提供学历提升、技能培训等补贴，如考取高级证书奖励2 000元。

2. 非物质激励

（1）荣誉体系：设立"月度服务之星""年度优秀员工"等称号，颁发证书和奖金。

（2）职业发展支持：为优秀员工提供晋升和参与行业交流活动的机会等。

（3）工作环境优化措施：致力于改善工作条件，为员工提供健康体检、心理咨询等全面福利。

三、政策支持

《养老服务人才队伍建设规划（2021—2025年）》

（1）建议设立康养服务人才表彰机制，表彰奖励表现杰出的个人及团队。

（2）倡导地方政府吸纳康养服务人才进入高层次人才引进范畴。

知识点四　国内外康养服务人才发展经验借鉴

一、国际经验

1. 德国双元制职业教育

（1）学生在职业学校学习理论知识，同时在养老机构进行实践培训，企业与学校共同制定培养计划。

（2）护理员需通过国家统一考试获得资格认证，待遇与护士相近。

2. 日本介护保险制度

（1）建立介护人员资格认证体系，分为介护福祉士、介护支援专门员等多个等级。

（2）政府对介护人员培训提供补贴，并设立介护人才奖励基金。

二、国内创新实践

1. "时间银行"互助养老模式

志愿者为老年人提供服务，服务时间可存入"时间银行"，未来可兑换他人服务。例如，杭州市已建立覆盖全市的"时间银行"系统，累计存储服务时间超过100万小时。

2. "互联网+养老"人才培养

（1）通过在线学习平台，如"养老通"APP，提供康养服务课程，整合全国优质师资与课程资源。

（2）开展虚拟现实（VR）培训，模拟失能老人护理场景，提升培训效果。

任务实施与评价

任务一：制定人才培养方案

1. 任务实施

(1) 全面调研集团当前的人员构成及能力不足之处。

(2) 协同合作院校，共同规划课程大纲，并明确师资配备及实训的具体安排。

(3) 设计并实施培训效果评估工具，包括但不限于问卷调查和技能考核。

2. 任务评价

(1) 方案完整性评估：检查方案是否全面覆盖三级培养体系，并包含校企合作的关键内容。

(2) 可行性分析：评估培训内容是否紧密贴合实际需求，以及实施方式是否切实可行。

(3) 创新性：是否引入新技术或新方法（如 VR 培训）。

任务二：优化岗位设置与薪酬体系

1. 任务实施

(1) 参考《养老机构管理办法》及地方标准，梳理岗位说明书。

(2) 开展薪酬市场调研，确定具有竞争力的薪酬水平。

(3) 设计晋升通道与考核标准。

2. 任务评价

(1) 合规性：是否符合相关政策法规要求。

(2) 科学性：岗位设置是否合理，薪酬结构是否公平。

(3) 激励性：能否有效激发员工积极性。

任务三：设计员工激励方案

1. 任务实施

(1) 分析员工需求层次，确定激励重点。

(2) 建立星级荣誉体系，推行职业导师制度。

(3) 应用"时间银行"积分兑换机制，激发员工价值认同。

2. 任务评价

(1) 针对性：是否满足员工多样化需求。

(2) 效果预期：能否提升员工满意度与留存率。

任务四：撰写政策建议报告

1. 任务实施

(1) 广泛搜集并整理最新的政策文件及行业相关数据。

(2) 深入分析导致人才短缺的关键因素，包括职业吸引力不足、培养体系不健全等。

(3) 基于分析结果，提出切实可行的建议，并准确引用相关政策依据作为支撑。

2. 任务评价

(1) 数据准确性：引用数据是否权威，分析是否深入。

(2) 建议可行性：提出的措施是否具有可操作性。

(3) 政策契合度：是否与国家最新政策方向一致。

课后练习与拓展

一、课后练习

（一）选择题

1. 我国康养服务人才培养实行（　　）双轨制。
   A. 学历教育与职业培训　　　　　　　B. 理论学习与实践操作
   C. 国内培养与国际交流　　　　　　　D. 政府主导与企业参与

2. 养老机构护理员与完全不能自理老年人的比例应不低于（　　）。
   A. 1∶4　　　　　　　　　　　　　　B. 1∶6
   C. 1∶8　　　　　　　　　　　　　　D. 1∶10

（二）简答题

1. 简述康养服务人才评价的主要标准和核心指标。
2. 如何通过校企合作提升康养服务人才培养质量？

二、课后拓展

1. 政策调研：调研本地康养服务人才政策，分析其亮点与不足，撰写调研报告。
2. 方案设计：为某社区康养服务中心设计一套涵盖薪酬体系、晋升通道、荣誉表彰等多维度的员工激励方案。
3. 模拟招聘：组织模拟招聘会，学生分别扮演招聘方与应聘者，练习岗位分析与面试技巧。

8-3

模块九

境外康养政策法规

模块导读

全球老龄化趋势加速，各国探索出特色鲜明的养老服务体系。本模块选取我国港澳台地区、东亚、北美、欧洲等典型区域，解析其康养服务法律体系的核心架构、创新实践与最新改革动态。通过情境化任务设计，掌握境外康养政策制定逻辑，培养跨文化政策分析能力，为我国康养服务体系优化提供借鉴。

思维导图

- 项目一：我国港澳台地区康养政策法规
  - 香港
    - 政策体系：双支柱社会保障（强积金、综合社会保障援助）、住房保障创新（安老按揭计划）
    - 服务递送：统一评估机制、服务券市场化改革
    - 安老院舍：四级服务网络（长者宿舍、安老院等）
  - 澳门
    - 经济保障：三层养老保障（基础养老金、非强制公积金等）、特色津贴（敬老金、医疗券）
    - 服务创新：跨境养老试点（横琴新街坊）、智慧养老（平安通系统）
  - 台湾
    - 政策体系：《老人福利法》为核心、长期照顾2.0计划
    - 经济安全：国民年金、中低收入津贴等
    - 照护模式：机构/社区/创新照护（青银共居、智慧养老）

- 项目二：东亚国家康养政策法规
  - 日本
    - 法律体系：三支柱（老人福利法、保健法、介护保险法）
    - 核心制度：介护保险（7级服务分级）、预防照护体系
    - 服务模式：居家/社区/机构照护三位一体、科技赋能
  - 韩国
    - 法律体系：《老人福利法》为核心、公共年金制度
    - 家庭支持：税收优惠、住房优先、护理假制度
    - 服务体系：社区服务、机构照护、文化嵌入政策

- 项目三：北美国家康养政策法规
  - 美国
    - 政策体系：三支柱法律体系（社会保障法等）
    - 核心制度：《美国老年人权益保障法》、401（k）计划
    - 服务体系：居家社区养老、机构养老分级、工作养老
  - 加拿大
    - 政策体系：《长期护理保险法案》、全民覆盖
    - 创新模式：魁北克时间银行、科技应用合规标准
    - 服务特征：全民性、层级化、协同性

- 项目四：欧洲国家康养政策法规
  - 德国
    - 政策体系：三支柱模式、《养老金保险法》
    - 核心制度：长期护理保险、时间储蓄制度
    - 服务体系：居家社区养老、机构照护分级、代际共融
  - 荷兰
    - 法律框架：《一般养老金法案》《特殊医疗费用保险金》
    - 产业细分：居家护理、失智症日托中心等多类型养老服务
  - 瑞典
    - 政策体系：《社会福利法》为核心、全民养老金体系
    - 高福利改革：延迟退休、养老金与收入挂钩

项目一　我国港澳台地区康养政策法规

学习目标

1. 知识目标

(1) 掌握我国香港、澳门、台湾三个地区康养政策的核心框架与差异化特点。

(2) 理解我国香港、澳门、台湾三个地区在社会保障、长期照护、医疗服务等方面的创新机制。

(3) 熟悉跨境养老服务的政策衔接与操作流程。

2. 能力目标

(1) 能够分析老年人跨境养老的权益保障与资源整合策略。

(2) 为跨境养老群体制定个性化保障方案，评估潜在风险。

(3) 运用政策工具（如福利计算器、APP操作手册）解决实际问题。

3. 素养目标

(1) 关注老龄化背景下的跨境养老需求，增强社会责任感。

(2) 培养对多元养老模式的深入理解和充分尊重，致力于推动区域养老服务的协同发展。

情景任务

陈女士，68岁，香港永久居民，持有澳门非永久居民身份，现计划退休后定居珠海横琴，需整合其跨境养老资源——香港权益：强积金账户余额120万港元（选择分139期领取），符合"广东计划"资格（4 060港元/月）；澳门关联：配偶为澳门永久居民，可共享50%澳门养老金（2 175澳门元/月）；大湾区医疗福利升级：香港医疗券可在广州和睦家医院直接结算，同时，珠海长者饭堂提供每餐8元的补贴优惠。

任务一：分析陈女士跨境养老保障情况

要求：详细分析陈女士在香港、澳门的现有养老保障权益，计算跨境福利叠加后的总收入，识别潜在风险（如税务、设备兼容性等），并解释政策依据。

目的：帮助陈女士清晰了解跨境养老的权益与挑战，为制定补充方案提供依据。

任务二：制定陈女士的跨境养老补充方案

要求：结合陈女士的经济状况、健康需求和居住意愿，制定包含香港安老按揭、澳门非强制公积金、大湾区智慧养老服务的综合方案。计算补充方案带来的收入增量，说明实施路径及风险防控措施。

目的：通过整合三地资源，提升陈女士退休后的生活质量，同时培养学生跨境政策分析与方案设计能力。

知识链接

知识点一　我国香港地区康养政策法规

一、制度构建的双重文化基因

香港老年服务体系呈现"殖民历史遗产＋中华传统伦理"的复合特征：一方面继承英国福利国家制度框架（如社会保障现金援助模式），另一方面保留"家庭为本"的华人养老文化（如优先保障家庭照护者权益）。截至2023年，香港65岁及以上老年人口占比已高达21.9%，严峻的老龄化形势迫使政府加快政策创新步伐。2000年实施的强制性公积金制度（强积金）构建了市场化养老储蓄机制，但实施时间尚短，老年群体目前仍侧重"服务保障，辅以现金保障"的模式。

二、多层级政策体系框架

（一）社会保障支柱

1. 现金援助制度

综合社会保障援助（综援）基于"收入调查"，为低收入老人提供每月4 000至9 000港元的基本生活保障。

公共福利金计划包括无须资产审查的高龄津贴（1 475港元/月）和长者生活津贴（3 915港元/月），覆盖130万老年人。

政策演进方面，2023年增设"长者医疗券"，年度额度提升至2 000港元，可用于私营医疗服务。

2. 住房保障创新

房屋委员会四项优先配屋计划：单身老人轮候期缩短至2年，2人家庭1年。

香港房屋协会"长者安居乐"：市场化运作的租赁型养老社区，融合医疗、康乐设施。

安老按揭计划：允许60岁以上业主抵押房产获取年金，最高贷款额达物业估值60%。

（二）服务递送体系

1. 统一评估机制（EASE）

2000年建立的国际标准化评估体系，由社工、护士、治疗师组成的跨专业团队，运用LTC-PAC工具评估：

身体机能（ADL/IADL）；

认知与行为能力（MMSE量表）；

环境风险（家居安全评估）实施成效：年均处理12万宗申请，服务匹配准确率达92%。

2. 服务券市场化改革

2013年推出的"长者小区照顾服务券"项目，为中度失能老人提供了每月2 500至5 000港元的服务购买能力，可选择：

居家服务（送餐、清洁、康复训练）；

日间护理中心（含暂托服务）；

混合服务包（家居+中心）：制度创新方面，成功引入了"钱随人走"的灵活机制，并计划于2025年全面覆盖全港18个区域，届时签约服务机构将超过300家。

三、安老院舍分类管理体系

依据护理需求强度构建四级服务网络（见表9-1-1）。

表9-1-1 四级服务网络

院舍类型	服务对象	服务内容	入住条件	政府补贴模式
长者宿舍	自理老人（65+）	群体住宿+社交活动	无护理依赖，需社交/住屋支持	全额津贴（12 000港元/月）
安老院	轻度失能老人	膳食+起居协助（2次/日）	需有限度照顾，适合群体生活	差额补贴（按收入分档）
护理安老院	中度失能/精神障碍老人	专业护理+康复训练（4次/日）	经EASE评估为中度护理需要	津助院舍（28 000港元/月）

知识点二　我国澳门地区康养政策法规

一、经济保障体系

1. 三层养老保障

(1) 基础层：全民养老金制度。

澳门社会保障制度的核心是基础养老金，覆盖所有65岁以上永久居民。该制度以《社会保障制度》(第4/2010号法律)为框架，采用"强制性供款+政府补贴"模式：雇员和雇主需按月缴纳定额供款，政府则从年度预算的经常性收入中拨出1%，以及博彩毛收入的3%(其中75%比例)注入基金。符合条件的长者无需means test(即对申请人的收入、资产、家庭经济状况等进行审核)，通过"补扣款"过渡机制可即时申领，确保全民共享经济发展成果。

(2) 补充层：非强制中央公积金(公积金)制度。

作为双层养老保障的第二支柱，公积金分为"共同计划"(雇主+雇员供款)及"个人计划"(个人自愿供款)。2024年政府为每位参与者年度注资7 000澳门元(计入"政府管理子账户")，允许提取账户结余用于医疗支出、适老化改造等康养用途。雇主供款以雇员基本工资5%为基准(2024年供款基数下限7 445澳门元、上限35 360澳门元)，雇员可自愿选择参与；个人计划月供款500—3 500澳门元，投资收益免税。

(3) 托底层：社会救济金制度

面向无收入来源、无其他保障的长者，提供兜底保障。申请人需通过社会工作局的经济审查，符合"最低维生指数"标准。救济金与其他津贴(如敬老金)可叠加申领，确保特困长者基本生活需求。

2. 特色津贴制度

(1) 敬老金：分层普惠型津贴。

津贴通过"澳门公共服务一户通"平台申请，每年10—12月发放。非本地居住长者需每年提交生存证明(可通过人脸识别线上办理)，逾期未提交者暂停发放。自2007年设立以来，澳门特区政府不断优化敬老金政策，金额从最初的每年1 200澳门元增长至目前的每年9 000澳门元，增长超过7倍，体现了特区政府对高龄群体的持续关怀。

(2) 医疗券：家庭共享型健康支持。

每位澳门居民发放电子医疗券补贴金额200澳门元，可用于中医、牙科、康复等私营医疗服务，允许直系亲属转赠。券值以电子形式存入"一户通"账户，有效期2年。政府推行医疗券计划，旨在促进公私营医疗领域的深度合作。2024年，该计划将新增AI健康评估模块，并与"澳门长者服务通"APP无缝对接，实现珠澳两地就医费用的直接结算，从而大幅提升慢病管理的精确性和效率。

二、服务创新实践

1. "跨境养老"试点

横琴澳门新街坊：2023年投入运营，实现"四跨境"——养老津贴、医疗服务、住房标准、法律保障与澳门本土衔接。社区内部配备了由粤澳两地共同建设的三级甲等康复中心，同时，专为长者服务的巴士每日设有6个班次，往返于澳门与社区之间。

珠澳医疗协同：澳门居民在珠海就医可凭"澳门长者服务通"APP直接结算，2024年新增AI健康评估模块，生成个性化慢病管理方案。

2. 智慧养老生态

"平安通"紧急呼叫系统集GPS定位、语音对讲及跌倒报警功能于一体，为长者提供全方位的安全保障。预计至2024年，该系统的覆盖率将达到90%以上。

社区长者饭堂：采用智能点餐系统，通过人脸识别自动扣除餐补(8澳门元/餐)，减少排队接触。

知识点三　我国台湾地区康养政策法规

我国台湾地区自20世纪80年代启动老龄化治理立法,历经40余年发展,形成以《老人福利法》为核心,融合社会保险、长期照护、健康促进的全周期政策体系。截至2024年,台湾65岁以上人口占比达16.8%,其"法律先行、科技赋能、社会参与"的治理模式为老龄化应对提供重要参考。

一、政策法规体系:法律框架与制度演进

(一)核心法律架构

1. 《老人福利法》(1980年颁布,历经8次修订)

定位:台湾老年服务"母法",涵盖经济保障、健康维护、服务提供三大支柱基础。

修订亮点:2022年新增"智慧养老"专节,规范智能设备应用与数据隐私。

2. 长期照护专项立法

《长期照顾服务法》(2017年):确立"政府主导、责任分担"原则,明定长照服务分级给付标准。

《长期照顾服务机构法人条例》(2018年):首创"非营利法人"制度,规定机构必须财务透明,并严格禁止盈余分配。

3. 配套法规群

社会保险:《劳工保险条例》《国民年金法》构建基础养老保障。

服务标准方面,通过《护理人员法》《居家照护服务规范》等系列子法详细规定了操作流程。

(二)政策目标导向

以"在地老化"(Aging in Place)为核心理念,通过"三化"路径实现尊严养老。

普惠化:全民健保覆盖99%老年人,且慢性病门诊费用全免。

专业化:护理人员需持证上岗(《护理人员法》第8条),长照机构分级认证。

科技化:推广智慧照护设备(如跌倒侦测)与应用,提升服务效率与安全性。

二、核心政策制度:三维保障体系

(一)经济安全:社会保险+特惠津贴

表9-1-2　我国台湾地区长者经济保障体系

制度类型	覆盖人群	保障内容	2024年数据
国民年金	全体公民	65岁起月领6 500新台币(最低)+农保/劳保叠加给付	参保率98%
中低收入津贴	家庭收入<低保1.5—2.5倍长者	6 000新台币(<1.5倍)/3 000新台币(1.5—2.5倍)	受益180万人(+20%)
失能特别津贴	重度失能未入住机构者	5 000新台币/月(叠加生活津贴)	覆盖8.2万人
原住民津贴	50岁以上原住民未领养老金者	3 000新台币/月(2024年扩龄至50岁)	受益4.1万人

(二)健康维护:预防—治疗—照护闭环

1. 健保适老化改革

门诊免负担:65岁以上免挂号费+药品全额给付。

失智症防治:建立失智症防治网络,提升早期诊断干预能力。

2. 专项健康补助

假牙补助:提供中低收入老人假牙安装补助。

住院护理:对低收入老人住院护理费用给予补贴。

(三) 生活照料:长期照顾 2.0 计划

1. 服务对象扩展(《长期照顾服务法》第 3 条)

服务对象扩展至 50 岁以上失能者(包括失智症、身心障碍者),并将轻度失智症(CDR 0.5—1 级)纳入专项服务范围。

2. 分级服务包设计

表 9-1-3 我国台湾地区长者生活照料分级服务包设计情况

失能等级	月补助(新台币)	服务内容(整合"15 分钟照护圈")	家庭负担比例
轻度	25 000	居家护理(3 次/周)+辅具租赁+线上认知训练	低收入家庭政府全部买单,中等收入家庭政府补贴 90%
中度	32 000	日间照护+营养餐配送+居家改造(补贴 50%)	
重度	40 000	机构全托+物理治疗+照护专员 1 对 1	

3. 喘息服务制度

家庭照护者每年可申请 14—21 天临时托护(政府每日补贴 1 000 新台币),2024 年使用量达 23 万天。

三、养老照护服务模式:三位一体供给体系

(一) 机构式照护:专业化分级服务

1. 医疗型

护理之家(由卫生部门监管,提供高医疗需求的 24 小时护理服务,部分费用由健保给付)。

2. 照料型

长期照护机构(由社会福利部门监管;提供生活照料为主的服务,养护机构数量最多)。

3. 优抚型

荣民之家(退辅会运营,12 所专属机构,服务退伍军人)。

(二) 社区式照护:在地化服务网络

1. 居家专业服务

医疗:居家护理(保健每两周访视)、社区物理治疗(环境适老化评估)。

根据家政服务行业 2024 年的标准服务协议,预计家务协助服务(包括家庭清洁、烹饪、洗衣等)将达到 1 200 万小时,同时,送餐服务将覆盖 78% 的独居老人。

2. 日间照护中心

台北"乐龄学园"模式:提供白天托顾、复康、社交活动等服务,晚上返家,如台北"乐龄学园"模式利用率高。

(三) 创新照护:科技赋能与代际共融

1. 智慧养老生态

安全防护:毫米波生命体征监测+AI 跌倒检测(误报率<1.2%),接入 119 系统。

情感支持:电子陪伴犬(月补 2 000 新台币),孤独感量表得分下降 19 分。

2. 青银共居计划(《社会住宅条例》第 18 条)

大学生免租金入住长者空房,每周 1 小时陪伴(服务换健保折扣),抑郁率下降 27%。

高雄"跨代学习村"利用废弃校舍进行改造,设有共享厨房和屋顶农园,已开展超过 20 个代际协作项目。

四、政策特色与治理启示

1. 法治先行，动态调适

建立以《老人福利法》为根基，《长照法》及配套子法为主干的法规体系，并持续修订，回应社会变迁。

2. 精准保障，分级负担

经济审查（家庭收入1.5/2.5倍分级）与失能评估（CDR量表）结合，财政补贴差异化。

3. 科技普惠，城乡均等

离岛地区实施了"医疗船舶计划"，每月巡回两次，至2024年，智慧设备覆盖率已达到65%。

4. 社会参与，代际互助

民间资本占长照服务68%，青银共居模式获联合国"最佳适老化社区"提名。

任务实施与评价

任务一：分析陈女士跨境养老保障情况

1. 任务实施

（1）数据收集：获取陈女士香港强积金账户余额（120万港元）、澳门配偶养老金（2175澳门元/月）、内地居住证明等信息。

（2）权益计算：

香港强积金月领取额：120万港元÷139≈8633港元。

广东计划津贴：4060港元/月。

澳门配偶养老金：2175澳门元/月（按汇率0.89换算为1936元人民币）。

综合月收入≈8633港元+4060港元+1936元人民币≈15200元人民币（按汇率0.92/0.89换算）。

（3）风险评估。

税务申报：需向香港税务局申报内地居住证明，避免双重征税。

设备兼容性：香港AI跌倒预警手环可能无法对接广州社区急救系统，建议加装本地设备。

（4）方案制定。

医疗资源：签约港大深圳医院家庭医生，同步纳入广州社区健康档案。

居住选择：申请横琴"澳门新街坊"跨境养老社区，享受澳门标准护理服务。

2. 任务评价

（1）知识运用准确性：正确计算跨境福利叠加金额，得分20。

（2）风险识别全面性：明确识别税务风险及设备兼容性挑战，得分15。

（3）方案合理性：提出的社区选定与医疗资源优化整合方案具备可行性，得分15。

任务二：制定跨境养老补充方案

1. 任务实施

（1）需求分析

陈女士希望维持现有生活水平，偏好医疗资源优质的大湾区城市。

（2）产品推荐

香港安老按揭计划：抵押房产获取终身年金，补充养老收入。以500万港元房产为例，预计可获约2.5万港元/月的年金收入。

澳门非强制公积金：政府每年注入7000澳门元，可用于适老化家居改造。

预期收益计算：叠加现有福利，月总收入超2万元人民币。

风险提示：汇率波动影响港币/人民币兑换收益，需关注政策调整(如强积金提取规则变化)。

2. 任务评价

(1) 需求分析能力：准确把握陈女士对医疗与生活品质的需求。

(2) 产品匹配度：推荐的安老按揭与公积金方案符合其财务状况。

(3) 沟通清晰度：清晰解释方案收益与风险。

课后练习与拓展

9-1

一、课后练习

(一) 选择题

1. 香港强积金制度中，雇主与雇员的缴费比例分别为(　　)。

A. 5%、5% 　　B. 6%、4% 　　C. 7%、3% 　　D. 8%、2%

2. 澳门2024年养老金标准为(　　)。

A. 3 500澳门元/月 　　　　　　B. 4 350澳门元/月

C. 5 000澳门元/月 　　　　　　D. 6 000澳门元/月

(二) 填空题

1. 台湾长期照顾2.0计划中，重度失能者月补助额度为_____新台币。

2. 香港"广东计划"长者津贴月领_____港元。

(三) 简答题

1. 简述香港安老按揭计划的主要特点。

2. 澳门横琴"新街坊"社区实现了哪些跨境服务衔接？

(四) 讨论题

1. 结合案例，分析跨境养老中福利叠加的挑战与解决方案。

2. 探讨智慧养老技术在港澳台地区的应用对内地的启示。

二、课后拓展

1. 调研实践：选择本地港澳居民社区，调研其跨境养老需求与政策使用情况，撰写调研报告。重点关注医疗资源利用情况、津贴申请的具体流程以及老年人的文化适应难题。

2. 政策宣讲：组织专题讲座，向老年人详细介绍跨境养老政策，包括医疗券的领取与使用、津贴申请的具体步骤，并现场演示"澳门长者服务通"APP的操作方法。

3. 政策跟踪：关注2025年港澳台地区施政报告，分析养老政策新动向，撰写评论文章。例如，香港可能会进一步扩大"广东计划"的覆盖范围，而澳门则可能优化其跨境医疗结算系统，提升服务效率。

项目二　东亚国家康养政策法规

学习目标

1. 知识目标

(1) 掌握日本与韩国康养服务政策的核心框架及其各自的差异化特点。

(2) 理解日本与韩国在长期照护、医疗保障及家庭支持等多个方面所实施的创新机制与举措。

(3) 熟悉东亚文化背景下的养老服务模式与政策衔接逻辑。

2. 能力目标

(1) 能够分析老年人在东亚国家的权益保障与资源整合策略。

(2) 针对跨境养老群体的具体需求，量身定制个性化的保障方案，并全面评估可能面临的潜在风险。

(3) 运用政策工具（如介护保险申请流程、税收优惠计算）解决实际问题。

3. 素养目标

(1) 密切关注东亚地区老龄化趋势所带来的养老挑战，不断提升自身的跨文化政策分析与应对能力。

(2) 培养对家庭养老与社会养老协同发展的理解，推动社区互助模式创新

情景任务

田中裕子，72岁，日本东京居民，独居且患有轻度阿尔茨海默病。其子女均在韩国首尔工作，计划将母亲接至首尔居住，同时保留东京的养老权益。田中裕子在日本参加了介护保险，每月领取养老金28万日元；在韩国，其子可享受赡养老人税收减免。此外，根据韩国政府的政策，赡养父母的家庭可获得购房优先权。例如：赡养65岁以上父母达一年以上者，可优先获得国民租赁住宅，其租金仅为市场价的50%~70%；赡养三年以上者，可优先以低价获得由各级公共机构建设的85平方米以下的公共住宅。此外，本人或配偶与直系亲属老人共同生活两年以上者，在购置、改造和新建住房时，也可获得政府优惠贷款。

任务一：分析田中裕子跨境养老保障情况

要求：详细分析田中裕子在日本的介护保险权益、养老金收入，以及在韩国可享受的税收优惠与住房政策。计算跨境福利叠加后的总收入，识别潜在风险（如介护服务衔接、居住证明办理等），并解释政策依据。

目的：帮助田中裕子及其家人清晰了解跨境养老的权益与挑战，为制定补充方案提供依据。

任务二：制定田中裕子的跨境养老补充方案

要求：需综合考虑田中裕子的健康状况、家庭意愿及居住规划，制定一套涵盖日本介护保险延续、韩国税收优惠最大化利用及跨境医疗无缝衔接的综合养老方案。计算补充方案带来的收入增量，说明实施路径及风险防控措施。

目的：通过整合日韩资源，提升田中裕子退休后的生活质量，同时培养学生跨境政策分析与方案设计能力，并借鉴日韩经验为我国养老服务提供参考。

知识链接

知识点一　日本康养政策法规

日本作为全球首个进入超老龄社会的亚洲国家（2024年65岁以上人口占比29.3%），历经60余年立法探索，形成以《老人福利法》《老人保健法》《长期介护保险法》为支柱的"福利-保健-保险"三位一体制度体系。其"预防-照护-尊严"的法治逻辑，为全球老龄化治理提供了"东方范式"。

一、法律体系：从"家庭责任"到"社会共责"的演进

(一)《老人福利法》(1963年，第164号法律)

1. 立法定位

日本首部老龄专门法，确立了"政府主导、家庭协同"的基本原则，因此被誉为"老人宪章"。

2. 核心内容

责任主体：明确规定了国家及地方政府对老年人福利的直接责任。

象征制度：设立"敬老日"（9月15日）及敬老周，强化社会敬老意识。

服务网络:市町村须建立老年人信息数据库,提供居家服务、健康咨询等基础福利。

3. 修订发展

2018年修订,新增"介护预防"专节,将服务对象扩展至45岁以上亚健康人群。

(二)《老人保健法》(1982年,第78号法律)

1. 理念革新

提出了"40岁注重保健,70岁注重医疗"的原则,旨在构建覆盖全生命周期的健康管理体系。

2. 制度创新

免费体检:40岁以上国民每年1次免费健康筛查(含癌症、心血管疾病)。

医疗减负:70岁以上老人在门诊就医时需自付10%的费用(低收入者免付),住院则需自付5%的费用。

社区康复:推动"医疗-康复-护理"一体化,社区康复据点覆盖大多数市町村。

(三)《长期介护保险法》(2000年,第123号法律)

1. 制度设计

全球首个强制性介护保险制度,形成"保险金+公费"共担机制。

表9-2-1 《介护保险法》要素表

要素	内容
参保对象	第一被保险者(65岁+)、第二被保险者(40—64岁,特定失能)
费用分担	保险金(47%)+公费(国家25%+都道府县12%+市町村16%)
服务分级	7级介护需求(要支援1—2级+要介护1—5级),对应132项服务包
使用者负担	服务费用一般承担10%(低收入者5%—10%,高收入者20%—30%),住宿费、伙食费自付

2. 实施成效

2024年参保人数达7400万,介护服务利用率82%,家庭照护负担减轻41%。

二、核心制度:预防-照护-尊严的闭环设计

(一)介护预防体系(《介护保险法》第4条)

1. 早期干预

包括从40岁起纳入肌肉训练和认知筛查项目,大幅提升MCI(轻度认知障碍)的早期识别率。

2. 环境改造

政府提供50%的补贴用于居家适老化改造,如安装无障碍卫浴设施和紧急呼叫系统等。

3. 社区网络

建设"30分钟介护圈",整合诊所、日间中心、居家服务(2024年覆盖率95%)。

(二)分级照护服务体系

表9-2-2 分级照护服务体系一览表

介护等级	服务类型	典型项目	服务场景
要支援1级	居家预防	健康讲座、远程监测	社区活动中心
要介护3级	访问介护	每日1小时生活协助(洗澡、用餐)	家庭
要介护5级	机构全托	24小时医疗照护(管路管理、康复训练)	介护疗养型医疗设施
特殊需求	痴呆症专项	怀旧疗法、防走失手环	认知症共同生活单元

(三)尊严保障机制

1. 人权保护

《介护保险法》明确"禁止虐待、尊重自主决定权",设立介护人权委员会。

2. 选择自由

使用者可自主选择12类服务机构(含民营、NPO)。

3. 职业尊严

为了保障介护士的职业尊严,他们必须通过国家资格考试,2024年,介护士平均年薪已达400万日元左右(约合人民币20万元)。

三、服务模式:"居家-社区-机构"三位一体

(一)居家养老:90%老年人的选择

1. 居家服务包

访问介护(每日1次)+居家护理(每周3次)+送餐服务(365天无休)。

科技赋能:智能马桶(监测健康数据)、机器人助手(提醒服药),预计普及率将显著增长。

2. 家庭支持

税收优惠:为赡养65岁以上父母的家庭提供税收优惠,每年可减免所得税高达48万日元。

喘息服务:推出喘息服务,家庭照护者每年可申请93天的临时托护服务,政府将补贴80%的费用。

(二)社区照护:15分钟服务圈

1. 多功能社区中心

日间照护(含康复训练)+短期托老(3天/次)+健康讲堂。

案例:东京葛饰区"银发人才中心",老年人教授传统手工艺,实现社会参与。

2. 地域医疗联携

社区诊所与介护机构数据共享,2024年电子病历互通率90%。

紧急响应:"介护预防情报系统"接入119急救,平均响应时间7分钟。

(三)机构照护:专业化分级供给

1. 三类核心机构

介护老人福利设施(厚生劳动省认证):收住轻中度失能者,侧重生活照料(月费30万—50万日元)。

介护疗养型医疗设施(医保定点):收住重度失能者,提供24小时医疗照护(健保给付80%)。

认知症专门设施(厚生劳动省指定):采用"小规模多机能"模式(10—15人/单元),配备防走失设计。

2. 质量监管

第三方认证:日本介护设施协会(JANCA)实施星级评定(1—5星),截至2024年,获得3星及以上评级的机构占比达到61%。

透明化管理:所有机构公开服务内容、费用、员工资质(政府网站可查)。

四、政策特色:法治引领下的可持续发展

1. 动态立法机制

每5年全面修订《介护保险法》,2022年新增"介护预防AI评估""远程介护"等条款。

法律衔接方面,《介护保险法》与《劳动基准法》相互协同,共同保障介护人员的劳动权益,明确规定每周工时不超过40小时。

2. 科技深度融合

研发出"介护预防机器人"(例如RIBA系列),这些机器人能够承担30%的重物搬运工作,有效降低了照护人员的工伤率。

数据治理:建立全国介护大数据中心,利用大数据技术预测未来5年服务需求,误差率控制在5%以内。

3. 社会力量激活

非营利组织(NPO)在社区服务中占据主导地位,占比达到45%,政府每年购买其服务的金额高达1.2万亿日元。

银发人力资源:65岁以上就业率25%,"老年介护指导员"制度培养50万老年志愿者。

五、启示中国的四大经验

1. 立法先行

构建"福利-保健-保险"法律闭环,我国《长期护理保险法》立法可借鉴日本"预防-照护"融合模式。

2. 精准分级

构建了一个融合ADL(日常生活能力)与IADL(工具性日常生活能力)的六级评估框架,参考自日本的七级评估体系。

3. 科技赋能

推行"时间银行"模式(借鉴东京经验),并引入远程监测技术,旨在降低居家照护成本。

4. 社会参与

鼓励并培育"老年友好型企业",例如7-11便利店提供的照护服务,以此激活并利用宝贵的银发人力资源。

知识点二　韩国康养政策法规

一、老龄化背景与法律体系

韩国正迅速成为东亚地区老龄化最严重的国家之一,据韩国行政安全部发布的《2024年居民登记人口统计》,2024年,65岁及以上人口占比已达到20.3%,预计到2026年这一比例将上升至20%以上。构建了以《老年人福利法》(1981年)为核心、家庭责任为基础的养老保障体系,其法律框架分为两大支柱。

1. 社会保险支柱

韩国的公共年金制度旨在为全体劳动者提供退休保障,但实际中,65岁起月领的养老金金额仅相当于平均工资的50%,且这一金额远低于个人养老最低生活费用的一半。

2. 社会福利支柱

政府主导的养老保障制度(《老年人福利法》及《国民基础生活保障法》)。

二、核心法律制度

(一)《老年人福利法》(1981年制定,2018年修订)

1. 责任定位

确立"家庭优先,政府辅助"的原则,地方政府需为老年人提供包括健康管理、休闲活动等在内的12类服务(第4条)。

2. 经济保障

随着韩国即将迈入超高龄社会(65岁及以上老人占总人口比例不低于20%),政府计划为这些老年人提供每月20万韩元的津贴(低收入者增至30万韩元),以应对日益增长的老年人口和财政负担,预计到2024年该政策的覆盖率将达到92%。丧葬补助:直系亲属去世可申领100万韩元(《国民基础生活保障法》)。

(二)公共年金制度

1. 覆盖范围

雇员年金(私营企业)、公务员年金、军人年金、农民年金,合计参保率85%。

2. 给付标准

根据韩国政府宣布的国民年金保险费基数调整,缴费满20年者,月领工资最高可达500万韩元,即50%的月工资。2024年7月1日起,标准收入月额的上下限将调整,上限从590万韩元提升至617万韩元,下限从37万韩元提升至39万韩元。此外,2024年平均年金预计为230万韩元。

三、家庭养老支持政策(儒家文化导向)

1. 税收优惠

(1) 遗产税:赡养老人5年以上的三代同堂家庭,继承住宅用地时可减免50%—90%税费(《遗产税法》第18条)。

(2) 所得税:赡养60岁以上直系亲属每年扣除48万韩元(《所得税法》第53条)。

2. 住房优先

《住宅法》及相关地方政策:赡养长辈家庭购房加3分(满分10分),2024年惠及12万户。

3. 护理假制度

每年90天带薪护理假(《劳动基准法》第76条),工资支付60%(政府补贴30%)。

四、养老服务体系

1. 社区服务

根据韩国保健福祉部的数据,2023年韩国老年人福利设施数量达到93 056处,比2022年增加3.7%,比2019年增加17.2%。在人口老龄化的背景下,韩国计划继续扩大老年人综合福祉馆数量,这些设施将提供包括健康体检和文化活动(如书法、茶道)在内的服务。

送餐服务:独居老人每日配送1餐(政府补贴50%),覆盖率达到78%。

2. 机构照护

(1) 养护设施:收住失能老人,政府补贴60%费用(月均80万韩元)。

(2) 老年公寓:租赁型养老社区(如"爱之林"项目),配套医疗站、便利店。

五、政策特色与挑战

1. 文化嵌入

儒家"孝道"立法:韩国在2007年通过《孝行奖励资助法》,以立法形式褒扬孝行,推动孝文化教育和孝道推广,保护老年人权利。

伦理激励:评选"孝子家庭",授予总统表彰(2024年表彰200户)。

2. 现存挑战

(1) 财政压力:养老支出占GDP 7.8%(2023年韩国统计厅数据),预计2050年升至18%。

(2) 服务缺口:农村地区的养老设施密度仅为城市的40%,同时照护人员短缺达30万人。

六、对中国的启示

1. 文化适配

将家庭赡养纳入《中华人民共和国民法典》配套政策(如税收减免、住房优先)。

2. 精准保障

建立"基础年金+补充津贴"双层体系,向农村、低收入群体倾斜。

3. 科技赋能

推广"智慧养老家庭"(紧急呼叫、健康监测),覆盖80%独居老人。

任务实施与评价

任务一:分析田中裕子跨境养老保障情况

1. 任务实施

(1) 数据收集。

获取田中裕子日本介护保险等级(假设为3级)、养老金收入(28万日元/月)、韩国税收减免资格(其子年所得税减免48万韩元)。

(2) 权益计算。

日本养老金:28万日元/月(约1.6万元人民币)。

介护保险服务:每月免费享受30次访问介护(市场价约90万日元,个人支付9万日元)。

韩国税收减免:48万韩元/年(约2600元人民币)。

(3) 风险评估。

关于介护服务的衔接,田中裕子若想在韩国享受相应服务,需重新申请介护资格,这可能会因评估标准的不同而带来挑战。

居住证明:需提供连续居住证明以享受韩国住房优先政策。

(4) 方案制定。

医疗资源:保留日本介护保险,同时在韩国申请社区健康管理服务。

居住选择:申请首尔多代同堂住宅,利用税收减免补贴购房。

2. 任务评价

(1) 知识运用准确性:正确计算跨境福利叠加金额。

(2) 风险识别全面性:准确指出介护服务衔接与居住证明风险。

(3) 方案合理性:提出的医疗与居住方案切实可行。

任务二:制定跨境养老补充方案

1. 任务实施

(1) 需求分析:田中裕子需要专业介护服务,其子希望减轻照护压力并利用政策优惠。

(2) 产品推荐。

日本介护保险延续:申请跨境医疗认证,确保在韩期间紧急介护服务可报销。

韩国时间银行:其子参与志愿服务,积累时长兑换未来照护服务。

预期收益概览:叠加现有福利政策,月总收入可达2万元人民币以上,同时,通过韩国时间银行计划,每月可兑换10小时的照护服务。

风险提示:请注意,汇率波动可能影响日元与韩元的兑换收益,同时,需密切关注相关政策调整,如介护保险跨境使用规则的变动。

2. 任务评价

(1) 需求分析能力:准确把握田中裕子对医疗与家庭支持的需求。

(2) 产品匹配度:推荐的介护保险与时间银行方案符合其财务状况。

(3) 沟通清晰度:清晰解释方案收益与风险。

课后练习与拓展

一、课后练习

(一) 选择题

1. 日本介护保险制度中,个人需承担的服务费用比例为(　　)。

A. 10%　　　　　B. 20%　　　　　C. 30%　　　　　D. 40%

2. 韩国赡养老人的家庭在购房时可获得最高(　　)加分。

A. 2分　　　　　B. 3分　　　　　C. 5分　　　　　D. 10分

(二) 填空题

1. 日本《老人保健法》提出的原则是"40岁保健,_____医疗"。

2. 韩国《老年人福利法》规定,国家或地方政府向_____岁以上老年人支付老龄津贴。

（三）简答题

1. 简述日本介护保险制度的参保条件与服务内容。
2. 韩国政府如何通过税收政策鼓励家庭养老？

（四）讨论题

1. 结合案例，分析东亚国家家庭养老与社会养老的协同机制。
2. 探讨非营利组织在东亚养老服务中的角色与发展趋势。

二、课后拓展

1. 调研实践：选择某一日本或韩国社区，调研其养老服务需求与政策使用情况，撰写调研报告。
2. 政策宣讲：组织面向老年人的东亚养老政策讲座，重点讲解介护保险、税收优惠申请流程。
3. 政策跟踪：关注东亚国家养老政策新动向，撰写评论文章。

项目三 北美国家康养政策法规

学习目标

1. 知识目标

（1）了解美国《老年人法案》（OAA）的内容，包括其核心条款、资金分配机制以及服务网络的全国性覆盖范围。

（2）理解加拿大《长期护理保险法案》的全民覆盖原则、筹资模式及服务分级标准。

（3）熟悉北美社区居家养老与机构养老的政策支持体系。

2. 能力目标

（1）能够对比分析美加两国养老政策在覆盖人群、资金来源、服务模式等方面的差异，并判断其适用场景。

（2）能够根据老年人的健康状况、经济能力和文化背景，匹配相应的政策支持资源。

3. 素养目标

（1）培养对多元文化背景下老年人需求的敏感度，尊重不同群体的养老习惯与权益。

（2）树立政策导向的养老服务创新意识，关注科技与政策融合对养老行业的影响。

（3）增强养老从业者对法律风险的防范意识，确保所提供的服务严格遵循伦理准则和法律法规。

情景任务

案例一：杰克逊夫妇（82岁/79岁）：退休大学教授，定居加拿大温哥华，希望居家养老但子女在美国。需解决慢性病管理（高血压、糖尿病）和紧急照护问题，同时希望利用科技手段降低照护成本。

案例二：林女士（68岁）：加拿大新移民，普通话为母语，独居且患有轻度认知障碍。需低成本社区支持服务，包括语言协助、日间照料及安全监护。

任务一：政策匹配分析

1. 结合《加拿大长期护理法案》和BC省《老年人支持计划》，为杰克逊夫妇设计"居家＋远程医疗"方案，明确政府补贴比例及服务申请流程。

2. 参照温哥华市发布的《多元文化养老服务指南》，为林女士制定接入语言支持型日间照料中心的详细方案。

任务二：风险预案制定

1. 分析杰克逊夫妇选择私营家庭护理公司的合同条款合规性(参考《加拿大消费者护理服务保护法》)。

2. 评估林女士使用政府资助智能手环(跌倒监测)的数据隐私风险(依据《个人信息保护与电子文件法》)。

知识链接

知识点一　美国康养政策法规体系

一、老龄化治理的法治框架：三支柱法律体系

美国作为全球老龄化治理的先驱，构建了以《社会保障法》(1935)为基石、《美国老年人权益保障法》(1965)为核心、市场机制为补充的"三支柱"法律体系。

1. 政府主导层

OASDI(即老年、遗属及残障保险)提供基础保障，其替代率为40%。

2. 市场补充层

401(k)计划(企业年金)与个人储蓄(IRA 账户)构成收入主体(占60%)。

3. 服务兜底层

《美国老年人法》构建社区服务网络，配套《医疗保障法》(Medicare)，覆盖98%老年人。

立法演进：1935 年《社会保障法》→1965 年《美国老年人法》→1974 年《雇员退休收入保障法》(ERISA)→2006 年《养老金保护法案》，形成"保障—服务—监管"闭环。

二、核心法律制度解析

(一)《社会保障法》：全民安全网的支柱

其制度设计如下。

1. 缴费

工薪税(雇员/雇主各 6.2%)，信托基金储备 2.8 万亿美元。

2. 待遇

退休年金：根据美国的退休金领取规则，工作 10 年以上者，法定的全额社安金领取年龄为 67 岁，此时每月可领取约 1 827 美元。若在 62 岁时选择提前领取，每月领取的金额将减少至全额的 70%。

遗嘱保障：根据 2023 年遗属补助新标准，配偶可领取 50% 的补助，而子女(未满 18 岁)可领取 75%。对于单亲家庭，月均补助可达 2 600 美元。

3. 动态调整

年度 CPI 调涨(2023 年 8.7%)，2024 年月最高福利金额根据 COLA 调整后预计接近 5 000 美元，低收入者替代率 55%。

(二)《美国老年人权益保障法》：服务体系的蓝图

表 9-3-1　《美国老年人法》六大核心内容

章节	核心内容	2023年实施成效
第一章	老年人10项权利(收入、健康、反歧视等)	90%老年人享受社区送餐服务
第二章	设立联邦老龄署(AoA)及472个地方机构，统筹服务资源	覆盖98%郡县，年度预算32亿美元

(续表)

章节	核心内容	2023年实施成效
第三章	社区服务(居家护理、老年中心),经费联邦/州/地方5:3:2分担	服务2 200万老人,满意度85%
第四章	支持NPO参与养老研究(如阿尔茨海默病防治)	科研投入年增7%,新药上市周期缩短30%
第五章	专业人才培训(护理员、社工),全国统一认证标准	持证护理员210万,流失率12%
第六章	跨部门咨询委员会,协调医疗、福利、就业政策	Medicare-Medicaid整合覆盖1 200万人

(三) 401(k)计划:市场化养老的典范

1. 运作机制

缴费:雇员税前缴薪1%~15%(2023年上限2.25万美元),雇主平均匹配3%。

投资配置:51%的资金配置于股票基金,截至2023年,总资产达到23万亿美元,家庭中位数的养老账户余额为14.9万美元。

税收优惠:年均减税1 200亿美元,59.5岁前提取罚10%,72岁强制提取(RMD)。

2. 制度优势

市场化运作:私营机构管理80%资产,市场化投资组合收益。

便携性:账户可随工作转移,覆盖62%家庭(2023年)。

三、养老服务体系:多元模式协同发展

(一) 居家社区养老(70%老年人选择)

1. 服务网络

社区中心(Area Agency on Aging):提供膳食(每餐政府补贴3美元)、交通(老年公交半价)、健康监测(远程医疗覆盖65%社区)。

居家支持:护理员上门服务(Medicaid补贴80%),电动床辅具租赁普及72%,Life Alert紧急呼叫系统响应迅速(<5分钟)。

2. 政策支持

反向抵押贷款(HECM):62岁以上房主每月可获1 800美元补贴(2023年惠及12万户)。

税收优惠政策:赡养老人家庭可享受房产税最高5 000美元/年的减免,医疗支出超出7.5%部分可抵扣个税。

(二) 机构养老:专业化分级供给

表9-3-2 机构养老专业化分级供给情况表

机构类型	收住对象	服务特色	监管标准
独立生活社区(ILC)	健康老人	公寓+社交活动(健身、课程)	州政府认证,staff配比1:10
辅助生活设施(ALF)	轻中度失能	24小时照护+药物管理(月费4 000—8 000美元)	联邦医保定点,护士持证上岗
护理院(SNF)	重度失能+医疗需求	专业护理(康复治疗、管路管理)	CMS五星评级,最低staffing 3.2 h/人/天
持续照料社区(CCRC)	全龄老人	从独立生活到护理院的无缝过渡(入门费20万—50万美元)	行业协会认证,服务包定制化

(三)工作养老：弹性退休制度

无强制退休年龄,65 岁领全额社安金,70 岁后延退每年增 8% 年金。

老年就业保护:《就业年龄歧视法》禁止对 65 岁以下员工的不当解雇,2023 年 55 岁及以上人群就业率为 32%(科技行业高达 45%)。

四、政策特色与挑战

(一)制度优势

1. 市场深度

私营机构提供 60% 养老服务,政府通过 Medicaid(年支出 3 800 亿美元)购买服务。

2. 科技赋能

AI 健康监测(跌倒检测准确率 95%)、机器人照护(RedZone Robotics 降低工伤率 40%)。

3. 风险分散

"三条腿板凳"(社安金 40% + 企业年金 35% + 个人储蓄 25%),高收入群体替代率超 80%。

(二)现存挑战

1. 财政可持续性

根据美国社会保障局的精算假设,预计到 2034 年,美国社会基本养老保险 OASDI 项目相关的社保税收已不足以覆盖其养老金的给付,需要动用相关基金的资产储备。为确保财政可持续性,可能需要提高缴费上限或考虑延迟退休年龄。

2. 服务不均

农村护理院床位密度与城市相比存在显著差异。

3. 认知缺口

根据 ICI 的调查,40% 的老年人未能充分认识到养老储蓄的重要性,低估了养老所需的资金,而仅有 28% 的家庭制定了长期的养老规划。这一现象与养老储蓄金融产品调研报告中老年人对金融产品利率和风险承受能力的考虑相吻合,也与养老金缺口分析中提到的个人养老金需求计算和缺口估算方法相呼应。

五、对中国的启示：多层次养老法治路径

1. 立法协同

推进《养老保险法》立法,明确"基本保险(保基本) + 企业年金(促公平) + 个人储蓄(提品质)"责任。

试点"个人养老金账户"(参照 401(k)税收递延),2022 年中国已启动,需扩大税收优惠范围。

2. 服务创新

推动构建"15 分钟智慧养老圈",通过整合社区医疗、物流和安防等资源,提升养老服务质量(例如,美国 PACE 计划成功降低了 20% 的医疗成本)。

推广"时间银行""反向抵押贷款",激活家庭和社会资源。

3. 精准保障

建立"收入-健康-家庭"三维评估体系,对失能老人实施"服务包"定制(如美国 HCBS 计划)。

强化农村养老:借鉴美国"农村医疗诊所计划",提高基层服务可及性。

4. 监管强化

制定《养老服务机构法》,建立星级评级制度(参照 CMS 五星标准),严管资金使用。

知识点二　加拿大长期护理政策

一、《长期护理服务保障体系》

加拿大长期护理服务由各省医保体系覆盖,联邦通过《加拿大卫生法》设定基础标准,构建全民覆盖的长期护理保障体系。服务体系采用分级管理模式:Level 1(居家支持)涵盖每周 14 小时的家政服务及护士的定期巡诊;而 Level 4(失智症专护)则提供全天候的监护服务,并融入多感官刺激疗法,如音乐治

疗、回忆疗法等，以满足患者的专业照护需求。

法案强化文化包容性，例如安大略省强制护理机构提供原住民草药疗法、粤语/旁遮普语定制菜单，尊重多元文化需求，确保服务适配不同族裔的生活习惯与健康理念。

二、地方创新：魁北克"时间银行"模式

魁北克省首创"时间银行"互助护理机制，青年志愿者通过"CareShare"政府认证平台提供陪伴、助浴等非医疗服务（1小时服务累积1积分），积分可兑换未来本人或亲属的护理时长。该模式实现跨省通兑，2023年参与人数突破42万，节省政府护理成本12%。政策配套支持包括：志愿者服务时长计入社会服务学分，企业参与可获税收减免，形成"代际互助+社会协同"的可持续模式，有效缓解护理人力资源短缺问题。

三、科技应用合规标准

1. 设备认证

远程监护设备需通过CSA Class Ⅱ医疗认证（例如Telus Health Home Hub），以确保其生理数据采集的准确性与设备安全性，满足医疗级标准。根据加拿大医疗器械注册要求，此类设备必须符合相应的质量管理体系认证，如ISO 13485，并通过专业机构的审核，以确保其设计和制造过程符合法规要求。

2. 数据主权保护

依据《数字宪章实施法案》，护理机器人采集的健康信息禁止存储于境外（如美国）服务器，强制本地化存储，保障公民健康数据主权。政府建立数据跨境审查机制，违规机构将面临行政处罚，强化隐私保护与技术伦理。

四、制度特征与发展趋势

加拿大长期护理政策呈现三大特征：全民性（覆盖居住满10年居民）、层级化（服务分级精准匹配需求）、协同性（政府主导+社会参与+科技赋能）。近年来，政策持续优化：2023年修订法案扩大失智症专项护理覆盖范围，新增认知训练服务；强化家庭护理支持，将亲属照护培训纳入补贴范畴。未来趋势将更加注重科技与健康管理的深度融合，例如通过智能穿戴设备实现AI健康监测，以及通过科技手段提升健康管理的个性化和精准度。

任务实施与评价

一、任务实施

1. 政策检索

登录加拿大卫生部数据库，下载最新版《长期护理服务补贴计算表》，确认杰克逊夫妇的收入是否符合补贴条件。

2. 方案设计

（1）杰克逊夫妇。

根据加拿大政府的家庭看护福利政策，符合条件的个人可以申请家庭看护福利，以获得相当于之前工作时缴纳失业保险收入55%的补贴，上限不超过每周562美元。此外，居家护理补贴为每月1200美元，覆盖80%的家政服务费用。

BC省远程医疗包：免费提供AI血糖仪、血压计，对接家庭医生远程问诊（Medicare报销）。

（2）林女士。

温哥华市设立"跨文化日托中心"，提供中文服务，并依据《多元文化养老服务指南》减免70%的费用。

3. 风险核查

使用Health Canada合同审查工具，标记私营公司"预付年费"条款违规（《加拿大消费者护理服务保护法》第12条：禁止预收超过3个月费用）。

评估智能手环数据隐私风险：确认数据存储于加拿大服务器，符合《个人信息保护与电子文件法》。

二、任务评价

评价标准维度	评分标准	分值
政策匹配度	服务组合是否最大化利用政府资源（如补贴比例、服务覆盖范围）。	30分
合规性	合同条款与数据管理是否符合最新法规（如费用预收限制、数据存储要求）。	20分
文化敏感性	方案是否尊重少数族裔生活习惯（如语言服务、饮食需求）。	10分

课后练习与拓展

一、课后练习

（一）选择题

1. 美国 Medicare 不覆盖以下哪项服务？（　　）

A. 心脏搭桥手术　　　　　　　　B. 认知症日间照料

C. 居家物理治疗　　　　　　　　D. 胰岛素泵

2. 加拿大魁北克省"时间银行"的兑换规则是（　　）。

A. 1 积分＝10 美元现金　　　　　B. 1 小时服务＝1 积分

C. 仅限本地使用　　　　　　　　D. 需缴纳所得税

（二）案例分析题

场景：温哥华某养老院欲引入日本 PARO 治疗海豹机器人，但面临《医疗器械法》合规性质疑。

问题：

1. 列出加拿大卫生部对情感辅助机器人的三类准入标准；

2. 设计一份员工操作培训大纲（含伦理条款）。

二、课后拓展

1. 登录美国 CMS 官网，下载最新版《养老机构质量报告》，深入分析并识别你所在州在养老机构质量方面的三项关键薄弱指标。

2. 模拟制定加拿大安大略省某养老院的"多元文化服务优化方案"，特别关注宗教饮食习俗的尊重与多语言服务的提供。

项目四　欧洲国家康养政策法规

学习目标

1. 知识目标

（1）深入研究荷兰的福利保障系统、瑞典的社会保障制度以及德国的居家养老法律，掌握这些欧洲国家康养政策法规的核心框架和主要内容。

（2）理解欧洲国家在养老保障、医疗服务、长期护理等方面的制度设计和创新举措。

（3）掌握欧洲国家针对老年人的税收优惠、住房支持、社会参与等政策工具。

(4) 了解欧洲国家健康养老服务体系的运营模式和监管机制。

2. 能力目标

(1) 能够分析欧洲康养政策对不同老年群体的适用性。

(2) 能够评估欧洲康养服务模式在我国本土化应用的可行性。

(3) 能够运用欧洲政策工具为老年人设计个性化养老方案。

(4) 能够识别跨国养老服务中的法律风险并提出应对策略。

3. 素养目标

(1) 培养对多元文化养老模式的尊重与包容。

(2) 增强对老龄化社会问题的社会责任感。

(3) 树立依法保障老年人权益的职业意识。

情景任务

某跨国养老服务集团计划拓展欧洲市场,需要深入了解德国、荷兰和瑞典的康养政策法规,以便设计符合当地需求的服务方案。集团总部选派你作为代表,负责调研三国的康养政策体系,并为潜在合作项目提供政策合规性建议。

任务一:分析德国、荷兰、瑞典康养政策体系的异同

要求:比较三国在养老保障、医疗服务、长期护理、税收优惠等方面的核心政策,制作对比表格。

目的:为集团制定差异化市场策略提供依据。

任务二:设计跨国养老服务合规方案

要求:针对集团拟推出的"候鸟式养老"服务(老年人在中欧国家之间季节性居住并享受两地康养服务),分析可能涉及的政策壁垒,提出合规性解决方案。

目的:确保服务模式符合三国法律要求,规避运营风险。

知识链接

知识点一 德国康养政策法规体系

一、超老龄社会的法治奠基:制度演进与挑战

德国作为先行者(2023年65岁及以上人口占比22.2%),历经134年立法探索,构建了以伤残和《养老金保险法》(1889)为基石、"代际契约"为核心理念的养老保障体系。德国的法律框架历经四次重大改革(1957年、1992年、2001年、2014年),形成了"法定保险(70%)+企业年金(20%)+个人储蓄(10%)"的三支柱模式,以应对预期寿命的挑战。根据联邦统计局的数据,2023年德国女性的平均预期寿命为83.3岁,男性为78.6岁,平均预期寿命约为81岁,这表明德国社会正面临超老龄化的挑战。

二、核心法律制度解析

(一)《养老金保险法》:代际契约的法治根基

1. 制度设计

缴费机制:雇员与雇主均需缴纳9.3%的工资税,其中2023年的缴费上限设定为每月6300欧元。该机制采用现收现付制,2023年参保人数达到了4200万人。

待遇计算:养老金的计算方式为将缴费年限与年均缴费工资的乘积除以120,再乘以替代率。以2023年为例,平均养老金为1400欧元/月,替代率为48%。

2. 改革历程

1957年"养老金改革":引入"可持续因子",待遇与缴费年限、经济增长挂钩。2001年Riester改革:

增设私人养老金(政府补贴 200—400 欧元/年),形成"法定＋补充"双轨。

(二) 长期护理保险:社会共担的创新(1995 年《护理保险法》)

1. 制度亮点

表 9-4-1　德国长期护理保险

要素	内容	2023 年数据
参保范围	90%人口(法定医保强制参保),覆盖失能程度≥50%的老人	参保 7 400 万人
费用分担	保费 3.05%工资(雇主/雇员各半),政府补贴 15%	基金规模 320 亿欧元
服务分级	3 级失能(需要协助/需要护理/需要全面护理),匹配 12 类服务包	服务利用率 78%
待遇标准	居家护理:一级失能月补贴 316 欧元	

2. 服务网络

居家服务:护理员上门(每日 1—4 小时),辅具适配(政府补贴 70%),紧急呼叫系统(响应时间＜10 分钟)。

机构服务:护理院(44 万张床位,单人间≥12 m²),失智症专区(配备防走失系统)。

(三) "时间储蓄"制度:人力资源的跨代配置

1. 运作机制

18 岁以上公民累计服务时间(1 小时＝1 点),65 岁后可兑换等值护理服务(1 点＝1 欧元)。

服务内容涵盖陪伴、家务和健康监测等方面。截至 2023 年,已有 120 万志愿者注册参与,累计储蓄服务时间达到了 2.3 亿小时。

2. 政策创新

跨地区转移机制:实现时间储蓄账户全国范围内的通用性,并拓展至跨国服务兑换(例如,在欧盟国家间)。

激励机制:个人服务时间可用于抵扣个人所得税,上限为每年 500 欧元,同时,鼓励企业提供带薪志愿服务假期。

三、养老服务体系:代际共融与专业照护

(一) 居家社区养老(65%老年人选择)

1. 服务包设计

基础包:包含每周三次家务协助服务及每月一次的健康检查,由护理保险覆盖。

升级包:AI 健康监测(血压/血糖自动上传)＋机器人清洁(icarebot 普及率 35%)。

2. 政策支持

税收优惠:赡养父母家庭减免房产税(最高 2 000 欧元/年),医疗支出超 2%部分抵扣个税。

住房改造:政府将补贴 50%的适老化改造费用,涵盖无障碍卫浴设施、智能照明系统等。

(二) 机构照护:专业化分级供给

表 9-4-2　德国专业化分级

机构类型	收住对象	服务特色	监管标准
老年公寓	健康老人	共享厨房＋兴趣社团(绘画、园艺)	州政府认证,绿化≥30%
护理院	失能老人	24 小时专业护理(康复训练、管路管理)	联邦医保定点,护士配比 1∶3
代际共居社区	全龄家庭	青年租客提供陪伴服务(减免 30%租金)	非营利组织运营,代际活动周制度

(三)多代同堂模式:社会资本激活

1. 运作模式

社区中心:整合托儿所、老年活动站、共享办公(如柏林"Generationenhaus"),代际互动活动占比40%。

资金来源:政府补贴40%+社会捐赠30%+服务收费30%,2023年全国运营850所。

2. 模式成效

通过代际互动,老年人抑郁情绪的发生率显著下降,同时,青年志愿者的同理心指数也大幅提升。这表明代际互动不仅有助于改善老年人的心理健康,也促进了青年志愿者的情感发展。

四、制度挑战与改革方向

(一)现存挑战

1. 财政可持续

养老金支出占GDP 10.2%(2023年),2040年赡养比将达1:1.6(在职:退休)。

2. 人力资源紧张

2023年,护理人员缺口已达28万,为此,计划引入菲律宾护理员,并要求其通过德语B1水平考试以确保服务质量。

3. 代际公平

1960年代出生群体养老金比80后高18%,引发"代际契约"争议。

(二)改革举措(2021—2030计划)

1. 养老金改革

提高退休年龄:2031年达67岁(原为65岁),延迟退休每年增6%年金。

引入"名义账户制":缴费与待遇完全挂钩,增强个人责任(2024年试点)。

2. 护理体系升级

机器人替代:2025年护理机器人覆盖率40%,承担30%重物搬运工作。

加强培训力度:为提高护理质量,护理员薪资将上调15%,平均年薪达到3.8万欧元,并推动职业认证体系的全国统一。

3. 移民政策调整

放宽护理专业移民配额(每年2万签证),设立"欧盟护理走廊"(东欧-德国人才流动)。

五、对中国的启示:代际契约的法治创新

1. 长期护理保险立法

借鉴德国"强制参保+分级服务"模式,建立"失能评估—服务给付—质量监管"标准。

2. 时间银行制度

推广"时间储蓄"跨区域兑换机制(例如长三角地区试点),并将其纳入《志愿服务条例》,以激励青年积极参与养老服务。

3. 代际共居模式

修订《城市居住区规划标准》,强制新建社区配建"代际共享空间",税收减免鼓励开发区建设多代同堂住宅。

4. 财政可持续性

德国通过划转国有资本充实养老保险基金,例如2004年划转600亿欧元,建立了"养老金储备基金",以强化公共养老金体系。

知识点二　荷兰康养政策法规体系

一、核心法律框架

1. 《全民养老金法案》(1957年)

国家老年金计划,为老年人提供基本收入保障。

2. 《养老金法案》(2007年)

取代《养老金和储蓄基金法案》,进一步完善养老金制度。

3. 《长期护理法》

全面涵盖老年人社会福利服务,彰显了荷兰高福利制度的精髓。

二、养老产业细分

1. 居家护理

(1) 每天上门服务0.5—2.5小时,包括家政、护理和辅助医疗服务。

(2) 对服务人员有着严格的专业素质和道德水准要求。

2. 失智症老人日托中心

为具备一定活动能力的失智症老人提供日间活动及餐饮服务,晚间则安排其返回家中。

3. 康复中心

专为50岁以上需康复人群设计,对建筑布局、设备配置及人员资质均有高标准要求。

4. 护理宾馆

为产后、术后、大病后需要静养的客户提供护理服务,要求服务人员兼具护理技能与酒店管理能力。

5. 失智症老人住宅

为不同阶段的失智症老人提供集体生活环境,减缓智障进程。

6. 传统护理院

针对低收入阶层,收费低廉,提供基本护理服务。

7. 高端私立养老院

为高收入老年人提供高品质服务,软硬件投资高,收费昂贵。

8. 适老性住宅

为能自理的中产阶级老年人设计,提供无障碍设施、监控和警报系统。

知识点三　瑞典康养政策法规体系

一、核心法律框架

1. 《社会服务法》(1956年)

明确子女和亲属不再负有赡养和照料老年人的义务,强调社会福利的责任。

2. 《健康与医疗服务法》

(1) 规定市政府需确保为全体居民提供高质量的健康保健与医疗服务。

(2) 要求为居住在特殊住房中的老年人提供良好的健康服务。

3. 《瑞典养老金制度》

由基本年金和补充年金组成,基本年金与物价水平挂钩,补充年金与退休前工资水平挂钩。

二、高福利政策

1. 全民养老金体系

(1) 覆盖所有瑞典公民,年满65岁即可领取基本年金。

(2) 养老金费用主要源于工薪税,实施高税收政策。

2. 居家养老支持
（1）地方政府大力推行居家养老，提供生活便利和家庭护理支持。
（2）鼓励家庭成员参与老年人的照顾，但贡献是自愿的。

三、高福利的弊端与改革

1. 弊端
（1）高福利导致效率低下，部分人依赖福利救济而不愿工作。
（2）高额保障税增加企业负担，降低产品国际竞争力。
2. 改革措施
（1）延迟退休年龄，降低福利支出和养老金替代率。
（2）使养老金与劳动者工作收入挂钩，激励工作积极性。

任务实施与评价

任务一：分析德国、荷兰、瑞典康养政策体系的异同

1. 任务实施
（1）收集三国政策文本（如《养老金保险法》《一般养老金法案》《社会福利法》）。
（2）对比三国在养老保障、医疗、长期护理、税收等方面的政策目标、覆盖范围、资金来源。
（3）制作对比表格，突出差异点（如德国的护理保险、荷兰的 AWBZ 保险金、瑞典的全民养老金）。
2. 任务评价
准确性：确保政策内容描述的准确无误，并引用最新数据（例如，2023 年最新的养老金发放标准）。
全面性：是否涵盖主要政策领域，是否遗漏关键条款。
逻辑性：对比结构是否清晰，差异分析是否有说服力。
创新性：是否能够从独特视角出发，提出新颖见解，如探讨文化因素如何影响政策的制定与实施。

任务二：设计跨国养老服务合规方案

1. 任务实施
（1）分析"候鸟式养老"涉及的政策风险（如医保异地报销、税务居民身份认定）。
（2）研究三国互惠医疗协议（如欧盟国家间的医疗互惠）。
（3）提出解决方案（如购买国际医疗保险、合理规划居住时间以符合税务居民条件）。
2. 任务评价
（1）合规性：评估方案是否符合三国法律框架，并有效规避潜在的法律风险。
（2）可行性：考量建议的实际可操作性及其成本效益的合理性。
（3）创新性：是否提出突破性解决方案（如利用数字医疗平台实现跨境服务）。
（4）沟通能力：方案表述是否清晰，是否便于非法律专业人员理解。

课后练习与拓展

一、课后练习

（一）选择题

1. 德国的护理保险保费由（　　）承担？
A. 雇主   B. 雇员
C. 雇主和雇员各 50%   D. 政府

2. 荷兰的《长期护理法》涵盖哪些内容？（　　）

A. 养老保险   B. 失业保险

C. 老年人社会福利服务   D. 工伤保险

（二）填空题

1. 德国的"储存个人服务时间"制度允许公民义务为老年人提供护理服务，服务时间可储存，未来自己需要时可_____。

2. 瑞典的养老金由_____和_____组成。

（三）简答题

1. 简述荷兰养老产业的细分类型及其特点。

2. 分析瑞典高福利政策对其经济和社会的影响。

二、课后拓展

1. 政策模拟调研：分组模拟德国、荷兰及瑞典的养老政策制定流程，针对"人口老龄化应对策略"提出具体政策建议。

2. 案例分析：深入剖析"老人之家"模式在德国成功的核心要素，并探讨该模式在中国本土化推广的现实可行性。

3. 政策动态追踪：密切关注欧盟最新发布的《欧洲老年保障战略》动态，撰写深度分析报告。

参考文献

References

1. 杜鹏等.中国老龄化社会20年:成就、挑战与展望[M].北京:人民出版社,2021.
2. 刘利君.老年服务法律法规与标准[M].北京:机械工业出版社,2017.
3. 杨根来.老年政策法规和标准[M].北京:北京师范大学出版社,2023.
4. 纪晓岚,曾莉,刘晓梅.社会化养老服务模式研究[M].北京:中国社会科学出版社,2017.
5. 党俊武,王莉莉.中国老龄产业发展报告(2021—2022)[M].北京:社会科学文献出版社,2023.
6. 徐建中.中国银发经济发展报告(2024)[M].北京:社会科学文献出版社,2024.

声明

　　本教材在撰写过程中已尽可能准确引用和标注相关参考文献,教材中涉及的政策法规、国家标准及地方条例等内容,均基于我国现行有效的规范性文件进行解读,未直接引用受著作权保护的教材、专著或学术论文。若在编写过程中因疏忽遗漏引用来源,请相关著作权人联系作者,我们将及时补充或修正。本文档内容仅用于教学研究,不涉及商业用途,特此声明。

图书在版编目(CIP)数据

康养政策法规与标准/雷志华,张雅静,王思主编.
上海:复旦大学出版社,2025.6. -- ISBN 978-7-309
-18009-1

Ⅰ.D669.6;D922.182.3

中国国家版本馆 CIP 数据核字第 2025L53S98 号

康养政策法规与标准

雷志华　张雅静　王　思　主编
责任编辑/谢少卿

复旦大学出版社有限公司出版发行
上海市国权路 579 号　邮编:200433
网址:fupnet@fudanpress.com　http://www.fudanpress.com
门市零售:86-21-65102580　　团体订购:86-21-65104505
出版部电话:86-21-65642845
上海华业装潢印刷厂有限公司

开本 890 毫米×1240 毫米　1/16　印张 15.25　字数 429 千字
2025 年 6 月第 1 版第 1 次印刷

ISBN 978-7-309-18009-1/D·1225
定价:59.00 元

如有印装质量问题,请向复旦大学出版社有限公司出版部调换。
版权所有　　侵权必究